古典文獻研究輯刊

三五編

潘美月・杜潔祥 主編

第 24 冊

黑水城漢文佛教文獻研究
——以定名、目錄為中心（上）

樓曉尉 著

國家圖書館出版品預行編目資料

黑水城漢文佛教文獻研究——以定名、目錄為中心（上）／樓曉尉 著 -- 初版 -- 新北市：花木蘭文化事業有限公司，2022〔民111〕

目 4+234 面；19×26 公分

（古典文獻研究輯刊 三五編；第24冊）

ISBN 978-626-344-126-2（精裝）

1.CST：佛教 2.CST：文獻 3.CST：研究考訂 4.CST：西夏

011.08　　　　　　　　　　　　　　111010312

ISBN-978-626-344-126-2

9 786263 441262

古典文獻研究輯刊

三五編　第二四冊　　　　　　ISBN：978-626-344-126-2

黑水城漢文佛教文獻研究
——以定名、目錄為中心（上）

作　者　樓曉尉

主　編　潘美月、杜潔祥

總 編 輯　杜潔祥

副總編輯　楊嘉樂

編輯主任　許郁翎

編　輯　張雅淋、潘玟靜、劉子瑄　美術編輯　陳逸婷

出　版　花木蘭文化事業有限公司

發 行 人　高小娟

聯絡地址　235 新北市中和區中安街七二號十三樓

　　　　　電話：02-2923-1455／傳真：02-2923-1452

網　址　http://www.huamulan.tw 信箱 service@huamulans.com

印　刷　普羅文化出版廣告事業

初　版　2022 年 9 月

定　價　三五編 39 冊（精裝）新台幣 98,000 元

黑水城漢文佛教文獻研究
——以定名、目錄為中心（上）

樓曉尉　著

作者簡介

樓曉尉，蘇州人，2016 年畢業於戒幢佛學研究所。現為戒幢佛學研究所講師，兼任戒幢圖書館館長助理。主要從事佛教文獻學、佛教目錄學、佛教戒律學等領域的教學與研究。迄今已發表學術論文 7 篇，並作為主要成員參與《日寫本〈玄應音義〉校證》《北朝時期的佛教與民族關係》等國家社科項目。

提　　要

　　自 1908 年，科茲洛夫發掘黑水城（哈喇浩特），迄今凡百十四年。其與殷墟甲骨、敦煌吐魯番文獻、漢晉簡牘、清宮內閣檔案、徽州文書齊名，謂中國近百餘年中最重大之文獻考古發現。然其命運多舛，流失海外，現分藏於世界各國圖書館、博物館，以中國、俄國、英國收藏黑水城文獻最豐。

　　黑水城西夏文、漢文佛教文獻占總藏量之九成，而西夏學研究是以西夏歷史、西夏文語言文獻、西夏考古為主導，漢文佛教文獻整理、研究，及相關佛教歷史、義理研究尚未得到充分地展開。零星的文獻題名勘定有之，然目前尚無系統全面漢文佛教文獻題名的勘定、目錄編纂之基礎研究。

　　本書是以黑水城漢文佛教文獻定名、目錄編纂為主要對象的系統、全面的研究。基於全面普查中國藏、俄藏、英藏已公佈漢文黑水城文獻的基礎上，對 106 號黑水城漢文佛教文獻予以錄文、題名勘定，包括中國藏 26 號，英藏 50 號，俄藏 30 號，並基於此對現存 1058 號黑水城漢文佛教文獻重新編目。

　　又，為便於研究者查檢黑水城漢文佛教文獻，及明瞭、利用黑水城考古、文獻題名考訂、西夏佛教等研究訊息，筆者於書末附載《黑水城漢文佛教文獻音序目錄》《黑水城文獻發掘大事記》《西夏文獻題名考訂論文目錄》《西夏佛教研究論著目錄》等。

目次

上 冊

緒 論 …………………………………………………… 1
　一、研究動機與意義 ……………………………… 1
　二、研究範圍之界定 ……………………………… 2
　三、研究史之回顧 ………………………………… 3
　四、研究之基礎材料與研究方法 ………………… 16

第一章　黑水城和黑水城佛教文獻 ………………… 19
　第一節　黑水城和黑水城文獻 …………………… 19
　　一、黑水城之簡況 ……………………………… 19
　　二、黑水城之發掘歷史 ………………………… 20
　　三、黑水城文獻之散藏情形 …………………… 23
　第二節　西夏佛教和黑水城佛教文獻 …………… 28
　　一、西夏之佛教活動 …………………………… 28
　　二、黑水城西夏文佛教文獻 …………………… 34
　　三、黑水城漢文佛教文獻 ……………………… 36

第二章　黑水城漢文佛教文獻之定名 ……………… 39
　第一節　中國藏黑水城漢文佛教文獻定名 ……… 39
　　一、《中國藏黑水城漢文文獻》之佛教文獻
　　　　定名 ………………………………………… 39

二、《黑城出土文書（漢文文書卷）》佛教
文獻定名 ··· 64
第二節　英藏黑水城漢文佛教文獻定名 ············· 74
一、Or.8212 特藏系列中黑水城漢文佛教
文獻定名 ··· 74
二、Or.12380 特藏系列中黑水城漢文
文獻定名 ··· 93
第三節　俄藏黑水城漢文佛教文獻定名 ············· 141
一、《俄藏黑水城文獻》中漢文佛教文獻
定名 ·· 141
二、《俄藏敦煌文獻》中黑水城漢文佛教
文獻定名 ··· 166
第三章　黑水城漢文佛教文獻目錄 ················· 183
第一節　諸家藏黑水城漢文佛教文獻分錄 ········· 183
一、中國藏黑水城漢文佛教文獻目錄 ············ 183
二、俄藏黑水城漢文佛教文獻目錄 ············· 194
三、英藏黑水城漢文佛教文獻目錄 ············· 207
第二節　黑水城漢文佛教文獻分類總錄 ············· 231
一、黑水城漢文佛教文獻分類類目及其
品種數簡表 ·· 231
二、黑水城漢文佛教文獻分類目錄 ············· 233

下　冊
黑水城漢文佛教文獻分類目錄（初編） ············ 235
1. 經及經疏部 ·· 235
1.1　小乘經部 ··· 235
1.2　大乘經部 ··· 236
2. 律及律疏部 ·· 249
2.1　小乘律部 ··· 249
2.2　大乘律部 ··· 249
3. 論及論疏部 ·· 249
3.1　小乘論部 ··· 249
4. 密教部 ·· 251
4.1　密典部（續部）······································ 251

　　　4.2　咒語部‧‧‧‧‧‧‧‧‧‧‧‧‧‧‧‧‧‧‧‧‧‧‧‧‧‧‧‧254

　　　4.3　修持部‧‧‧‧‧‧‧‧‧‧‧‧‧‧‧‧‧‧‧‧‧‧‧‧‧‧‧‧256

　5. 佛教宗派‧‧‧‧‧‧‧‧‧‧‧‧‧‧‧‧‧‧‧‧‧‧‧‧‧‧‧‧‧‧‧261

　　　5.1　華嚴宗‧‧‧‧‧‧‧‧‧‧‧‧‧‧‧‧‧‧‧‧‧‧‧‧‧‧‧‧261

　　　5.2　禪宗‧‧‧‧‧‧‧‧‧‧‧‧‧‧‧‧‧‧‧‧‧‧‧‧‧‧‧‧‧‧262

　　　5.3　其他‧‧‧‧‧‧‧‧‧‧‧‧‧‧‧‧‧‧‧‧‧‧‧‧‧‧‧‧‧‧264

　6. 佛教工具書‧‧‧‧‧‧‧‧‧‧‧‧‧‧‧‧‧‧‧‧‧‧‧‧‧‧‧‧‧264

　　　6.1　目錄‧辭書‧‧‧‧‧‧‧‧‧‧‧‧‧‧‧‧‧‧‧‧‧‧‧‧264

　　　6.2　類書‧‧‧‧‧‧‧‧‧‧‧‧‧‧‧‧‧‧‧‧‧‧‧‧‧‧‧‧‧‧264

　7. 佛教儀注‧‧‧‧‧‧‧‧‧‧‧‧‧‧‧‧‧‧‧‧‧‧‧‧‧‧‧‧‧‧‧264

　8. 佛教語文、佛教文藝‧‧‧‧‧‧‧‧‧‧‧‧‧‧‧‧‧‧‧‧‧268

　　　8.1　佛教語文（音義）‧‧‧‧‧‧‧‧‧‧‧‧‧‧‧‧‧‧268

　　　8.2　佛教文學‧‧‧‧‧‧‧‧‧‧‧‧‧‧‧‧‧‧‧‧‧‧‧‧‧‧269

　9. 佛教藝術（繪畫）‧‧‧‧‧‧‧‧‧‧‧‧‧‧‧‧‧‧‧‧‧‧269

　10. 佛教史傳‧‧‧‧‧‧‧‧‧‧‧‧‧‧‧‧‧‧‧‧‧‧‧‧‧‧‧‧‧‧274

　11. 佛教寺院‧‧‧‧‧‧‧‧‧‧‧‧‧‧‧‧‧‧‧‧‧‧‧‧‧‧‧‧‧‧274

　12. 未定名佛教文獻‧‧‧‧‧‧‧‧‧‧‧‧‧‧‧‧‧‧‧‧‧‧‧274

結　語‧‧‧‧‧‧‧‧‧‧‧‧‧‧‧‧‧‧‧‧‧‧‧‧‧‧‧‧‧‧‧‧‧‧‧‧‧277

參考文獻‧‧‧‧‧‧‧‧‧‧‧‧‧‧‧‧‧‧‧‧‧‧‧‧‧‧‧‧‧‧‧‧‧281

附錄一　黑水城漢文佛教文獻音序目錄‧‧‧‧‧‧‧291

附錄二　黑水城文獻發掘大事記（1908～
　　　　1990 年）‧‧‧‧‧‧‧‧‧‧‧‧‧‧‧‧‧‧‧‧‧‧‧‧325

附錄三　西夏文獻題名考訂論文目錄‧‧‧‧‧‧‧‧331

附錄四　西夏佛教研究論著目錄‧‧‧‧‧‧‧‧‧‧‧‧359

附錄五　黑水城漢文佛教文獻待定名總錄及其
　　　　錄文‧‧‧‧‧‧‧‧‧‧‧‧‧‧‧‧‧‧‧‧‧‧‧‧‧‧‧375

附錄六　黑水城漢文佛教已定名文獻中錄文、
　　　　校勘異議文獻‧‧‧‧‧‧‧‧‧‧‧‧‧‧‧‧‧‧401

附錄七　補　遺‧‧‧‧‧‧‧‧‧‧‧‧‧‧‧‧‧‧‧‧‧‧‧‧‧‧415

後　記‧‧‧‧‧‧‧‧‧‧‧‧‧‧‧‧‧‧‧‧‧‧‧‧‧‧‧‧‧‧‧‧‧‧417

附　記‧‧‧‧‧‧‧‧‧‧‧‧‧‧‧‧‧‧‧‧‧‧‧‧‧‧‧‧‧‧‧‧‧‧419

緒　論

一、研究動機與意義

　　黑水城文獻是二十世紀初中國重要的文獻考古發現，與之齊名的包括殷墟甲骨、敦煌吐魯番文獻、漢晉簡牘、清宮內閣檔案、徽州文書。〔註1〕陳寅恪先生謂：「一時代之學術，必有其新材料與新問題，取用此材料，以研求問題，則為此時代學術之新潮流。治學之士，得預於此潮流者，謂之預流（借用佛教初果之名）。其未得預者，謂之未入流。此古今學術史之通義，非彼閉門造車之徒，所能同喻者也。」〔註2〕由於黑水城文獻等西夏國文獻

〔註1〕五大文獻發現之說為孫繼民先生所提（孫繼民「俄藏黑水城漢文文書研究的回顧與展望」講座，首都師範大學歷史學院 2010 年 3 月 26 日；另參見孫繼民、劉廣瑞：《黑水城文獻：中國近代新材料的第五大發現》，薛正昌主編：《西夏歷史與文化——第三屆西夏學國際學術研討會論文集》，蘭州：甘肅人民出版社，2010 年，第 293～299 頁），亦有學者將之與殷墟甲骨文、居延漢簡、敦煌遺書並稱為二十世紀初最為重大的考古發現。（謝玉傑：《英藏黑水城文獻·序言》第一冊，上海：上海古籍出版社，2005 年，第 2 頁）
二十世紀 20 年代，著名學者王國維在《最近二三十年中中國新發見之學問》一文稱：「自漢以來，中國學問上之最大發現有三：一為孔子壁中書；二為汲塚書；三則今之殷墟甲骨文字，敦煌塞上及西域各處之漢晉木簡，敦煌千佛洞之六朝及唐人寫本書卷，內閣大庫之元明以來書籍檔冊」，並認為「此四者之一已足當孔壁、汲塚所出，而各地零星發見之金石書籍，于學術之大有關係者，尚不予焉」，從而得出了「近日之時代可謂之『發見時代』，自來未有能比者」的卓識。（王國維：《靜安文集續編·最近二三十年中中國新發見之學問》，《王國維遺書》第 5 冊，上海：上海古籍出版社，1983 年，第 65～66 頁）
〔註2〕陳寅恪：《陳垣敦煌劫餘錄序》，《陳寅恪集·金明館叢稿二編》，北京：生活·讀書·新知三聯書店，2001 年，第 266 頁。

的發掘，使得遺忘的西夏語得以重現天地，迷離的西夏史得以廓清，並逐步形成以新材料為中心橫跨多個學科的「西夏學」〔註3〕，甚至有學者提出「黑城學」〔註4〕。既有材料，則需對材料予以整理、刊行，非此，研究者無從利用。佛教乃西夏之國教，西夏存世雖僅195年，然其不但創造了文字，且僅用半個世紀卻翻譯了三千餘卷西夏文大藏經，如此神奇民族，我們無法莫然視之。

　　欲治西夏佛教，及研漢傳、藏傳佛教之傳播，無材料殊難成就。梁任公云：「凡立一義，必憑證據，無證據而以臆度者，所在必擯。」〔註5〕傅斯年先生於史學研究中強調「史學便是史料學」。〔註6〕又言：「我們反對疏通，我們只是要把材料整理好，則事實自然顯明了。一分材料出一分貨，十分材料出十分貨，沒有材料便不出貨」。〔註7〕史學尚如此，佛學亦然。故本文將黑水城漢文佛教文獻之定名、目錄納入視野，正是基於對材料的梳理，以便學人利用之初衷。王鳴盛云：「目錄之學，學中第一緊要事，必從此問塗，方能得其門而入。」〔註8〕又，「凡讀書最切要者目錄之學，目錄明方可讀書，不明終是亂讀。」〔註9〕由是之故，為西夏佛學研究奠定堅實的史料基礎，一者，基於全面查核文獻定名，並製作目錄，可較為完整地呈現漢文佛教文獻在西夏國的流傳情況；二者，可按圖索驥檢尋所需文獻，以為研究之用，尤為省多處翻檢之勞；三者，為日後編纂西夏國佛教文獻總目，乃至西夏國文獻總目奠定堅實的基礎。

二、研究範圍之界定

　　黑水城文獻是指中國內蒙古自治區額濟納旗境內黑水城遺址的古代文獻

〔註3〕關於「西夏學」概念之論述，可參見王天順《西夏學概論》之「西夏字學和西夏學」。（蘭州：甘肅文化出版社，1995年，第1～4頁）

〔註4〕孫繼民：《黑城學：一個更為貼切的學科命名》，《河北學刊》2007年第4期，第91～95頁。

〔註5〕梁啟超：《清代學術概論》，上海：上海古籍出版社，1998年，第47頁。

〔註6〕傅斯年：《史料論略》，雷頤點校：《史學方法導論：傅斯年史學文輯》，北京：中國人民大學出版社，2004年，第2頁。

〔註7〕傅斯年：《歷史語言研究所工作之旨趣》，歐陽哲生主編：《傅斯年全集》第三卷，長沙：湖南教育出版社，2003年，第9～10頁。

〔註8〕〔清〕王鳴盛著、黃曙輝點校：《十七史商榷》卷一，上海：上海書店，2005年，第1頁。

〔註9〕《十七史商榷》卷七，第45頁。

遺存，〔註10〕本文研究對象僅限於出土自黑水城漢文文獻中佛教類文獻，亦含雙語文獻，如漢梵並舉之陀羅尼，A20 唐梵般若心經、TK262 大黑根本命咒、Or.12380-3500（K.K.Ⅱ.0293.a）漢梵陀羅尼等。載體形態上，包括漢文刻本、抄本。兼及附於經卷之上的佛教版畫，或抄本之上白描佛像等佛教美術類文獻。

　　論文以漢文佛教文獻定名、目錄為之主要研究內容，即對現存黑水城漢文佛教文獻中未定名或定名有誤、不當的文獻予以錄文、校勘，並重新勘定文獻題名；在完成文獻定名後，遂將所有黑水城漢文佛教文獻予以匯總，並編製諸家館藏黑水城漢文佛教文獻對照表，及編纂黑水城漢文佛教文獻分類總目。

三、研究史之回顧

（一）館藏文獻來源地辨析之研究

　　辨析文獻是否屬於黑水城，是開展以黑水城為中心之西夏研究之基礎環節，非此將影響由文獻所構成歷史、宗教等問題之研判。

　　由於諸多緣由導致部份俄藏黑水城文獻混入俄藏敦煌文獻中，〔註11〕最早由孟列夫在整理俄藏敦煌、黑水城文獻時予以發現、分辨，其稱：「還有些藏卷（15 個藏錄號）偶然地（由於外表相似）收入敦煌特藏中。」〔註12〕並先後發表於《俄藏敦煌漢文寫卷敘錄》（上下冊，1963 年、1967 年），〔註13〕後又於 1984 年《黑城出土漢文遺書敘錄》〔註14〕中發表研究成果。

〔註10〕白濱：《黑水城文獻的考證與還原》，《河北學刊》2007 年 4 月，第 88 頁。

〔註11〕關於兩種文獻混淆的原因探討本文不再贅述，可參見府憲展《敦煌文獻辨疑錄》（《敦煌研究》1996 年第 2 期，第 84～85 頁）；榮新江《〈俄藏敦煌文獻〉中的黑水城文獻》（《辨偽與存真：敦煌學論集》，上海：上海古籍出版社，2010年，第 165 頁）；惠宏：《英藏黑水城文獻 Or.8212／1343 號脈法殘片考──兼論黑水城文獻與敦煌文獻的互串問題》（《西夏學》第一輯，銀川：寧夏人民出版社，2006 年，第 106～108 頁）。

〔註12〕〈導言〉，《黑城出土漢文遺書敘錄》，第 2 頁。

〔註13〕袁席箴、陳華平譯，上海：上海古籍出版社，1999 年。（Л.Н. Меньшиков, *ОПИСАНИЕ КИТАЙСКИХ РУКОПИСЕЙ ДУНЬХУАНСКОГО ФОНДА ИНСТИТУТА НАРОДОВ АЗИИ*, Москва: ИЗДАТЕЛСТВО ВОСТОЧНОЙ ЛИТЕРАТУРЫ, 1963／1967.）

〔註14〕王克孝譯，銀川：寧夏人民出版社，1994 年。（Л. Н Меньшиков, *Описание китайской части коллекции из Хара-хото*, Москва: Наука, 1984.）

　　《俄藏敦煌漢文寫卷敍錄》〈譯者前言〉稱:「Дх-9585 至 Дх-10150,共566 號,非敦煌所出。外加孟錄 9 號,亦出於黑水城,共 575 號。」〔註15〕然據筆者統計,應為 15 號,其中 2 號為版畫。除 Дх2158 為社會文書,餘皆為佛教。細目如次,Ф123а(上冊,第 2～3 頁)、Ф229б+Ф241б(上冊,第 360頁)、Ф214(上冊,第 363 頁)、Дх1447(上冊,第 429 頁)、Дх1336(上冊,第 469～470 頁)、Дх284(上冊,第 519 頁)、Ф281(疑,上冊,第 520 頁)、Дх591(上冊,第 521 頁)、Дх1390(上冊,第 550 頁)、Ф315(下冊,第 332頁)、Ф311(下冊,第 435～436 頁)、Дх2158(下冊,第 502 頁)、Ф308I(下冊,第 514 頁)、Ф312I(下冊,第 514 頁)。《黑城出土漢文遺書敍錄》將俄藏敦煌文獻中的黑水城漢文佛教文獻重新編入書中,共 14 號,其中社會文書3 號,餘皆為佛教。細目如次:Ф214(第 149 頁)、Ф315(第 161 頁)、Ф311(第 169 頁)、Дх3185(第 172 頁)、Дх591(第 173 頁)、Дх2823(第 179 頁)、Ф337(第 183 頁)、Ф249(第 196 頁)、Ф327(第 196 頁)、Ф308(第 233～234 頁)、Ф312I(第 234 頁),Дх10279(第 291 頁)、Дх1339(第 297 頁)、Дх2158(第 298 頁)。孟列夫於二書中,共列出俄藏敦煌文獻中黑水城漢文佛教文獻 19 號,Ф123а、Ф214、Ф229б+Ф241б、Ф249、Ф281、Ф311、Ф315、Ф308I、Ф312I、Ф327、Ф337、Дх284、Дх591、Дх1336、Дх1390、Дх1447、Дх2823、Дх3185。又,除 Ф281,餘之經研究皆歸入黑水城文獻。隨著俄藏敦煌文獻的逐步開放並刊印出版圖版,中國學者們有了更多地接觸機會,在研究過程中亦注意分辨文獻之來源。1992 年,方廣錩《俄藏〈大乘入藏錄卷上〉研究》中考訂 Ф221+Ф228+Ф266R 為黑水城文獻。〔註16〕1995 年,方廣錩《八種粗重犯墮》又考訂 Ф221V.1 為黑水城文獻。〔註17〕1996 年,府憲展《敦煌文獻辨疑錄》中,共考訂 30 號屬於黑水城文獻;〔註18〕榮新江《俄藏〈景德傳燈錄〉非敦煌寫本辨》中,對孟列夫於《俄藏敦煌漢文寫卷敍錄》中認定Ф229+Ф241 為黑水城文獻,經研究再次予以確認;〔註19〕同年,榮新江《〈俄

〔註15〕西北師範大學敦煌學研究所:《譯者前言》,《俄藏敦煌漢文寫卷敍錄》上,上海:上海古籍出版社,1999 年,第 3 頁。

〔註16〕《北京圖書館館刊》1992 年第 1 期,第 72～82 頁。

〔註17〕方廣錩主編:《藏外佛教文獻》第一輯,北京:宗教文化出版社,1995 年,第60～63 頁。

〔註18〕《敦煌研究》1996 年第 2 期,第 84～95 頁。

〔註19〕敦煌研究院編:《段文傑敦煌研究五十年紀念文集》,北京:世界圖書出版公司北京公司,1996 年,第 250～253 頁。

藏敦煌文獻〉第 1～5 冊》中，對孟列夫於《俄藏敦煌漢文寫卷敘錄》中認定 Ф214 親誦儀、Ф311 親集耳傳觀音供養讚嘆為黑水城文獻，再次予以確認。〔註20〕2003 年，金瀅坤《〈俄藏敦煌文獻〉中黑水城文書考證及相關問題的討論》中，對《俄藏敦煌文獻》第 16、17 冊中的部份黑水城文獻予以考訂，包括 Дх19067、Дх18993、Дх19043、Дх19070、Дх16714、Дх19073、Дх19072R、Дх19022、Дх19042、Дх19077、Дх19068、Дх18992、Дх18995、Дх19071、Дх19053R、Дх12238、Дх19076R，計 17 號社會文書。〔註21〕同年，金瀅坤《從黑城文書看元代的養濟院制度——兼論元代的亦集乃路》中，對 Дх19072R 單獨予以考證；〔註22〕2007 年，張湧泉《俄敦 18974 號等字書碎片綴合研究》中，對 Дх.18974、Дх.18976、Дх.18977、Дх.18981、Дх.19007、Дх.19010、Дх.19027、Дх.19033、Дх.19052 九號考訂為華嚴經音，並通過「月」避諱用例認定殘片出土自黑水城。〔註23〕2011 年，郭兆斌《黑水城所出兩件與養老制度有關文書研究》中，再次對 Дх19072R 予以研究。〔註24〕2007 年，榮新江《〈俄藏敦煌文獻〉中的黑水城文獻》中，對混入俄藏敦煌文獻中的黑水城文獻進行階段總結性研究，對認識俄藏敦煌文獻中的黑水城文獻情況具有里程碑之意義，其列表中未將《俄藏敦煌漢文寫卷敘錄》（上冊，頁 519）Дх284，孟列夫所認定黑水城文獻列入。2013 年，董大學《俄 Дх.284 號〈稍釋金剛科儀要偈三十二分〉考辨》，〔註25〕對孟列夫於《俄藏敦煌漢文寫卷敘錄》中認定 Дх.284 為黑水城文獻，再次開展研究。2015 年，馬振穎、鄭炳林《〈俄藏敦煌文獻〉中的黑水城文獻補釋》中，考訂 Дх1357、Дх8595、Дх12752、Дх12853 為黑水城文獻，又對 39 號黑水城文獻予以重新定名。〔註26〕

　　英藏黑水城文獻藏於英國國家圖書館，在 Or.8212 特藏系列中，黑水城（Khara-Khoto）與新疆吐魯番哈喇和卓（Khara-Khoja）標記皆作 K.K，易與混淆，然辨析二處所出文獻較易，凡佉盧文、龜茲文、巴利文、婆羅米文等中

〔註20〕《敦煌吐魯番研究》第一卷，北京：北京大學出版社，1996 年，第 372～373 頁。

〔註21〕《敦煌學》第二十四輯（2003 年 6 月），第 61～81 頁。

〔註22〕《中央民族大學學報（哲學社會科學版）》2003 年第 2 期，第 67～70 頁。

〔註23〕《浙江大學學報（人文社會科學版）》2007 年 5 月，第 26～35 頁。

〔註24〕《西夏學》第 8 輯，上海：上海古籍出版社，2011 年，第 250～255 頁。

〔註25〕《寧夏大學學報（人文社會科學版）》2013 年第 1 期，第 85～87 頁。

〔註26〕《敦煌學輯刊》2015 年第 2 期，第 129～150 頁。

亞語言只能出現在哈喇和卓。〔註27〕

（二）漢文佛教文獻定名之研究

西夏文獻題名考訂研究中，漢文佛教文獻並非主流，據筆者統計僅占16%。〔註28〕共九篇論文涉及於此，計93號漢文佛教文獻題名重新勘定。其中宗舜法師《〈俄藏黑水城文獻〉漢文佛教文獻擬題考辨》、〔註29〕《〈俄藏黑水城文獻〉之漢文佛教文獻續考》，〔註30〕二文合計36號佛教文獻重定名；馬振穎、鄭炳林《〈俄藏敦煌文獻〉中的黑水城文獻補釋》，〔註31〕計33號佛教文獻重定名，二人所重定名佛教文獻為諸人之冠。餘之，聶鴻音《黑城所出〈續一切經音義〉殘片考》1號〔註32〕，張湧泉《俄敦18974號等字書碎片綴合研究》9號，彭海濤《黑水城所出八件佛經殘片定名及復原》8號，〔註33〕吳超《中國藏黑水城漢文文獻所見〈慈悲道場懺法〉考釋》2號，〔註34〕譚翠《英藏黑水城文獻所見佛經音義殘片考》2號，〔註35〕劉波《黑水城漢文刻本文獻定名商補》2號〔註36〕。

（三）黑水城文獻目錄之編纂

目錄既是讀書治學之門徑，亦是研究之指南。黑水城文獻研究亦是如此，迄今為止尚無一個完整的西夏文獻總目，即涵蓋漢、夏、藏及其他語言文獻的西夏文獻總目，故今仍以俄藏、英藏、中國藏黑水城各地分藏目錄分述如次。

1. 中國藏黑水城文獻目錄

目前所編纂中國藏西夏文獻（黑水城）目錄，僅限於西夏文文獻。最早見於1932年，周叔迦編《館藏西夏文經典目錄》，共錄100號出土寧夏靈武

〔註27〕束錫紅：《西夏文獻學研究》，南京：南京師範大學博士論文，2007年，第5頁。
〔註28〕詳見附錄二，筆者編製《西夏文獻題名考訂論文目錄》。
〔註29〕《敦煌研究》2001年1期，第82～92頁。
〔註30〕《敦煌研究》2004年第5期，第90～93頁。
〔註31〕《敦煌學輯刊》2015年第2期，第129～150頁。
〔註32〕《北方文物》2001年第1期，第95～96頁。
〔註33〕《西夏學》第8輯，第284～290頁。
〔註34〕《赤峰學院學報（漢文哲學社會科學版）》2011年8月第32卷第八期，第29～33頁。
〔註35〕《文獻》2012年第2期，第34～37頁。
〔註36〕《文獻》2013年第2期，第69～76頁。

西夏文文獻，其後附羅福成《館藏西夏文經典目錄考略》、《各家藏西夏文書籍略記》。〔註37〕2002 年，史金波、王菡、全桂花、林世田《國內現存出土西夏文獻簡明目錄》。〔註38〕爾後，隨著史金波，陳育甯總主編《中國藏西夏文獻》（第1～20 冊）出版。〔註39〕2008 年，刊佈《〈中國藏西夏文獻〉總目錄》，〔註40〕此錄以西夏文文獻為主要部份，亦包括碑銘、題記（夏、漢）、印章、符牌、錢幣。同年，杜建錄《中國藏西夏文獻敘錄》，〔註41〕此錄與《〈中國藏西夏文獻〉總目錄》配合使用，二者相得益彰。

漢文文獻，李逸友編著《黑城出土文書（漢文文書卷）：內蒙古額濟納旗黑城考古報告之一》，〔註42〕刊佈內容是以 1983 年和 1984 年在黑城發掘所得文書為對象。其中「下篇　黑城出土文書（漢文文書卷）」具有分類敘錄性質。雖有林世田主編《國家圖書館藏西夏文獻中漢文文獻釋錄》，〔註43〕後又出版過《中國藏黑水城漢文文獻》（第1～10 冊）、《中國藏黑水城民族文字文獻》，〔註44〕及杜建錄據《中國藏黑水城漢文文獻》撰《黑水城漢文文獻綜述》，〔註45〕但迄今尚未見中國藏黑水城文獻總目（敘錄）。

2. 俄藏黑水城文獻目錄

1911 年，伯希和逗留彼得堡其間，黑城漢文書籍和寫本引起其關注。他

〔註37〕《國立北平圖書館館刊》第 4 卷第 3 號（西夏文專號）（1932），北京：書目文獻出版社，1992 年，第 259～329 頁（2763～2833），第 341～360 頁（2845～2864），第 361～366 頁（2865～2870）。另，羅福萇編《禱時軒叢刊》之《西夏國書略說》附錄載，《北平圖書館藏河西藏經略目》（十三種）、《蘇聯亞細亞博物館藏西夏文經籍目錄》（四十種）。北圖藏，民國二十六年（1937）墨緣堂石印本。參見趙志堅、褚曉明《北京地區所藏西夏學文獻專題書目》（《寧夏圖書館通訊》1981 年第 3 期，第 52 頁）

〔註38〕《國家圖書館學刊·2002 年西夏研究專刊》，第 225～226 頁。

〔註39〕蘭州：甘肅人民出版社，敦煌文藝出版社，2005～2006 年。

〔註40〕《西夏學》第 3 輯，銀川：寧夏人民出版社，2008 年，第 51～71 頁。

〔註41〕《西夏學》第 3 輯，第 72～158 頁。另，可參見杜建錄《中國藏西夏文獻概論》，《中國藏西夏文獻綜述》（《西夏學》第 2 輯，銀川：寧夏人民出版社，2007 年，第 17～33，34～79 頁）杜建錄編著《中國藏西夏文獻研究》（上海：上海古籍出版社，2012 年）第一、二章。

〔註42〕北京：科學出版社，1991 年。

〔註43〕北京：北京圖書館出版社，2005 年。另，可參見林世田、全桂花、李際寧、鄭賢蘭《國家圖書館西夏文獻所見漢文文獻（提要）》（《文津流觴》2011 年第 4 期（總第三十六期）。

〔註44〕北京：國家圖書館出版社，2008 年；天津：天津古籍出版社，2013 年。

〔註45〕《西夏學》第 4 輯，銀川：寧夏人民出版社，2009 年，第 3～14 頁。

還公佈了某些漢文文書的第一個簡明目錄。〔註46〕即於1914年，伯希和將《科茲洛夫探險隊在黑水城所得漢文文書》發表於《亞西亞雜誌》第十一卷第3期，〔註47〕此錄僅公佈了23號文獻，涉及佛教、道教、儒家等，如首次公佈了智冥《四分律行事集要顯用記》，本卷為《行事鈔》之注疏，諸藏未收，亦未見於經錄。1932年，《國立北平圖書館館刊》第4卷第3號（西夏文專號），發佈了三種俄藏黑水城西夏文目錄，一者，聶歷山（N. A. Nevsky）《亞細亞博物館西夏書籍目錄》（1931年），錄41種，又《國立北平圖書館館刊》編者按：「聶君此目以一九三一年五月十日以前所調查者為限，可與王靜如君譯釋比照，以遞到過遲附刊於此，竝致歉忱。」〔註48〕二、三者，於「蘇俄研究院亞洲博物館藏西夏文書籍目錄二則」標目下，其一，聶歷山《蘇俄研究院亞洲博物館所藏西夏文書籍目錄》，著錄佛經21種、字書及其他14種；〔註49〕其二，龍果夫（得拉古諾夫）《列寧格勒科學院亞洲博物館西夏文書籍目錄》（A Catalogue of His-Hsia（Tangut） Works in the Asiatic Museum, Academy of Sciences, Lenigrad.），著錄41種。〔註50〕又，王靜如《蘇俄研究院亞洲博物館所藏西夏文書目譯釋》，〔註51〕此譯自龍果夫目，並予釋之。

　　1963年，З. И. 戈爾巴喬娃和 Е. И. 克恰諾夫合作編撰《西夏文寫本和刊本》，對部份西夏文文獻進行編目和研究。〔註52〕1977年，日本學者西田龍雄編製《西

〔註46〕參孟列夫《漢文版序言》，《黑城出土漢文遺書敘錄》，第1頁。

〔註47〕《亞西亞雜誌》第11卷第3期，1914年，5～6月號，第503～518頁.（M. Paul Pelliot, Les Documents Chinois Trouvés par La Mission Kozlov Á Kharakhoto，Journal asiatique, (SER11, T3) Mai-Juin, 1914, pp503～518. 孟列夫《黑城出土漢文遺書敘錄》所用 P·伯希和：《柯茲洛夫探察隊在黑城所得漢文文書》，《亞細亞雜誌》1914年5～6月號，第1～20頁。（單印本）（第312頁）另，可參見聶鴻音漢譯本《科茲洛夫考察隊黑城所獲漢文文獻考》，孫伯君編：《國外早期西夏學論集》（一），北京：民族出版社，2005年，第169～179頁。

〔註48〕王靜如譯，《國立北平圖書館館刊》第4卷第3號，第385～388頁（2889～2892）。

〔註49〕《國立北平圖書館館刊》第4卷第3號，第368～372頁（2871～2876）。

〔註50〕《國立北平圖書館館刊》第4卷第3號，第373～377頁（2877～2881）。

〔註51〕《國立北平圖書館館刊》第4卷第3號，第379～383頁（2883～2887）。

〔註52〕З. И. Горбачева, Е. И. Кычанов: *Тангутские рукописи и ксилографы*, Москва, 1963. 另，參見漢譯本《西夏文寫本和刊本》，《民族史譯文集》第3集，中國社會科學院民族研究所社會歷史室資料組，1978年，第1～113頁。其中「佛經目錄」從第69至88頁。

夏訳仏典目錄》，附於《西夏文華嚴經》第Ⅲ卷後，〔註53〕然此份目錄並未囊括
所有黑水城西夏文佛教文獻。1984 年，孟列夫著《黑水城出土漢文遺書敘錄》，
〔註54〕是第一部俄藏黑水城漢文文獻分類目錄，編製西夏、梵文、漢文、俄文
索引，使用方便。1998 年，史金波、聶鴻音《俄藏西夏文世俗文獻目錄》，以《俄
藏黑水城文獻》第 7～11 冊及 Нив.No.8117 曆書（第 6 冊）等，共收西夏世俗
文獻 46 種。〔註55〕1999 年，克恰諾夫編《俄羅斯科學院東方學研究所西夏佛
教文獻目錄》，這是一份目前俄藏黑水城西夏文佛教文獻較為全面的目錄。〔註
56〕崔紅芬認為：「此敘錄基本上涵蓋了俄藏西夏文佛經文獻的主要內容，很多
內容屬首次公佈。特別是所錄經文的西夏文題記，包括有豐富的信息，對西夏
學研究的各個方面，尤其是對西夏佛教研究具有極高的參考價值」。〔註57〕西田
龍雄先生歸納了該書的特徵，並認為：「佛典目錄是全西夏文獻的一個組成部份，
總目錄也應仿漢典之制，按照經、史、子、集分四大類。」〔註58〕2014 年，魏

〔註53〕《西夏文華嚴經》第Ⅲ卷，京都：京都大学文学部，昭和 52 年（1977）（付
西夏訳仏典目錄・西夏語漢語対照語彙）。

〔註54〕王克孝譯，寧夏人民出版社，1994 年。另，可參見〔蘇〕緬希科夫：《黑城遺
書（漢文）詮注目錄・導言》（一、二、三、四），王克孝譯，《敦煌研究》1988
年第 4 期，第 104～110 頁；《敦煌研究》1989 年第 1 期，第 109～113 頁；
《敦煌研究》1989 年第 2 期，第 111～117 頁；《敦煌研究》1989 年第 3 期，
第 111～118 頁。按：緬希科夫，即孟列夫。

〔註55〕《傳統文化與現代化》1998 年第 2 期，第 87～95 頁。另，文中述「補入原
收於卷六的曆書一種（Нив.No.8085）」（第 88 頁），經檢原書，應作
Нив.No.8117，故改之。

〔註56〕京都：京都大学，1999 年（Е. И. Кычанов, *Каталог тангутских буддийских
памятников*, Киото: Университет Киото, 1999; Каталог тангутских
буддийских памятников Института востоковедения Российской Академии
Наук c_kychanov_1999.）另，可參見克恰諾夫《俄藏黑水城西夏文佛經文獻
敘錄・緒論》（1）（2），崔紅芬譯，《西夏研究》2011 年第 4 期，第 20～29
頁；《西夏研究》2011 年第 1 期，第 33～47 頁。
關於《西夏文寫本和刊本》、《西夏訳仏典目錄》、《俄羅斯科學院東方學研究
所西夏佛教文獻目錄》論述，筆者部份參考崔紅芬《〈俄藏黑水城出土西夏文
佛經文獻敘錄〉介評》（《圖書館理論與實踐》2004 年第 5 期，第 78 頁）

〔註57〕《〈俄藏黑水城出土西夏文佛經文獻敘錄〉介評》，《圖書館理論與實踐》2004
年第 5 期，第 78～79、92 頁。

〔註58〕《西夏語佛典目錄編纂諸問題》劉紅軍譯，《西夏學》第 4 輯，銀川：寧夏人
民出版社，2009 年，第 17 頁。全文從第 15 至 28 頁。原文收錄 Е. И. Кычанов,
Каталог тангутских буддийских памятников, Киото: Университет Киото,
1999, pp9～47.
其他關於俄藏黑水城文獻、聖彼得堡東方研究所藏文獻論文如：

文在《西夏文上樂系密法文獻敘錄》中，此目編撰對象是黑水城出土的西夏文上樂密法類文獻。〔註59〕

2000年，《俄藏黑水城文獻（漢文部份）》第6冊附錄，孟列夫、蔣維崧、白濱編製〈敘錄〉，府憲展編製〈分類目錄〉。〔註60〕此二錄是基於《俄藏黑水城文獻（漢文部份）》第1～6冊所刊佈文獻所編製的，極大地方便學人查檢黑水城漢文文獻，及瞭解文獻梗概。雖《俄藏黑水城文獻（漢文部份）》第6冊中收錄部份俄藏敦煌文獻中的黑水城文獻，但由於分辨工作的困難，並未全部收錄，故而，二錄非為俄藏漢文黑水城文獻之總目。另，〈分類目錄〉中4號文獻未定名，或部份文獻重入二部，如Инв..No.951A入於兩個類目，一者華嚴部，二者未定名佛經；或分類有誤，如將《阿彌陀經》入於經集部，應入寶積部；或〈敘錄〉已有述及改定名，而〈分類目錄〉仍依舊名錄之，如TK321.1密教儀軌（重定名「鐵髮亥頭欲護神求修」）；或有失收，如Инв.274.3-5，等等，故亦未盡善。2001年，魏靈芝《俄藏黑水城文獻漢文世俗部份敘錄》，〔註61〕此錄僅記俄藏黑水城文獻中TK部份，簡明扼要，但其將TK220、

轟歷山：《西夏文文獻及其收藏》（Тангутская письменность и еефонды）1935年。（〔俄〕克恰諾夫：《俄羅斯科學院東方寫本研究所西夏文文獻之收藏與研究》，楊富學、裴蕾譯，《西夏研究》2010年第3期，第17頁）；〔俄〕孟列夫（Меньшиков, Лев Николаевич, 1926～2005）《黑水城出土的早期出版物（蘇聯科學院亞洲民族研究所藏科茲洛夫收集品漢文部份）》《亞洲民族研究所簡報》第57期，1961年；〔俄〕弗魯格（К・К・Флуг／Флуг, Константин Константинович, 1893～1942）《關於西夏刻印的漢文經文》，《東方書目》第2～4輯，1934年（Флуг К. К. *По поводу китайских текстов, изданных в Си Ся*, Библиография Востока. Вып. 2～4 (1933). М.—Л., 1934. С. 158～163.）；《蘇聯科學院東方學研究室藏漢文寫本非佛教部份概述》，《東方書目》第7輯，1935年（Флуг К. К. *Краткий обзор небуддийской части китайского рукописного фонда Института востоковедения Академии наук СССР*, Библиография Востока. Вып. 7 (1934). М.—Л., 1935. .С. 87～92.）；《蘇聯科學院東方學研究室藏漢文寫本佛經簡明目錄》，《東方書目》第8～9輯，1936年。（Флуг К. К. *Краткая опись древних буддийских рукописей на китайском языке из собрания Института востоковедения Академии наук СССР*, Библиография Востока. Вып. 8～9 (1935). 1936. С. 96～115.）

〔註59〕魏文：《西夏文上樂系密法文獻敘錄（一）》，沈衛榮主編：《大喜樂與大圓滿：慶祝談錫永先生八十華誕漢藏佛學研究論集》，北京：中國藏學出版社，2014年，第147～157頁。

〔註60〕《俄藏黑水城文獻（漢文部份）》第6冊附錄，上海：上海古籍出版社，2000年，第1～66，75～83頁。

〔註61〕《圖書館理論與實踐》2001年第3期，第57～58頁。

TK241、TK321 三號佛教文獻誤錄其中。2005 年，魏靈芝《俄藏黑水城文獻西夏文世俗部份敘錄》。〔註 62〕

3. 英藏黑水城文獻目錄

1936 年，馬伯樂《斯坦因第三次中亞探險所獲漢文文書》中，〔註 63〕刊佈 Or.8212 特藏系列屬於黑水城文獻之 572～607 號，具有敘錄性質，包括題名、尺寸、內容等。此是首次公佈部份英藏黑水城漢文文獻。1993 年，郭鋒〈大英圖書館斯坦因三探所獲甘肅新疆出土文書記注目錄（初稿）〉，〔註 64〕此錄包含 Or.8212 特藏系列黑水城文獻。馬伯樂已刊佈 200—855（黑水城文獻 572～607 號），此錄僅作標記號數，未記細目。2010 年，《英藏黑水城文獻》第 5 冊附錄，束錫紅等編製〈敘錄〉，〔註 65〕僅收錄 Or.12380 特藏系列黑水城文獻，Or.8212 特藏系列黑水城文獻未予收錄，故此錄並非英藏黑水城文獻之總目。〔註 66〕

4. 日本藏黑水城西夏文文獻

日本藏西夏文文獻資料，分佈於東京、京都、大阪和奈良四座城市的七處大學圖書館及博物館。其中僅天理大學附屬天理圖書館藏有 26 號黑水城西夏文文獻。另，編纂有《日本藏西夏文文獻詳細目錄》、《日本藏西夏文文獻尺寸》。〔註 67〕

（四）黑水城漢文佛教文獻之研究

黑水城漢文佛教文獻研究，若從文獻考釋觀之，文獻定名之研究相對較

〔註 62〕《圖書館理論與實踐》2005 年第 2 期，第 118～119 頁。

〔註 63〕Henri Maspero: *Les Documents Chinois*：*De La Troisième Expédition De Sir Aurel Stein En Asia Centrale*. London: The Trustees of British Museum, 1953, pp. 192～231.

〔註 64〕《斯坦因第三次中亞探險所獲甘肅新疆出土漢文文書——未經馬斯伯樂刊佈的部分》，蘭州：甘肅人民出版社，1993 年，第 203～237 頁。

〔註 65〕上海：上海古籍出版社，2010 年，第 1～65 頁。

〔註 66〕另有一書一文，乃關於英藏黑水城文獻目錄，筆者暫未獲得。書名如次。胡若飛《英藏黑水城文獻甄錄》（內蒙古大學出版社，2004 年），及胡若飛《A·斯坦因西夏文獻目錄及主題索引》。此文胡若飛《英藏黑水城文獻概述》（《固原師專學報（社會科學版）》2005 年 9 月，第 82 頁）中，僅述題名，未具名發表於何刊。另，潘德利《學人海外訪回古籍目錄總匯》（《瀋陽師範大學學報（社會科學版）》2010 年第 4 期，第 130 頁）中，所載胡文題名作《斯坦因文庫主題目錄和索引》（大英博物館，1996 年）。

〔註 67〕《日本藏西夏文文獻》下冊，北京：中華書局，2011 年，第 1～19，21～32 頁。

多，此不予贅述，可參見前文。目前，基於黑水城漢文佛教文獻，所進行的研究主要基於單件文獻或一組文獻開展文獻及相關研究，主要集中於藏內文獻、漢譯密教文獻、漢傳禪宗文獻等為主要研究對象。

佛教經典文獻進行文獻研究，如新井慧誉《黑水城発見の〈父母恩重経〉（俄藏 TK120）〈略称黑 20〉について》，〔註68〕新井慧誉《小報経（報父母恩重経）（俄 TK119）〈略称黑 19〉について》；〔註69〕汤君《俄藏黑水城文獻之漢文《阿含經》考論》，〔註70〕湯君《俄藏黑水城文獻之漢文佛經〈般若波羅蜜多經〉敘錄》，〔註71〕俄藏阿含經 16 號、俄藏般若經 62 號，二文分別討論 8 種和 39 種。吳超《中國藏黑水城漢文文獻所見〈慈悲道場懺法〉考釋》，〔註72〕文中錄文、定名，並對《慈悲道場懺法》流傳有所討論，其選《龍藏》為錄文之對校本，似可商榷。韋兵《俄藏黑水城文獻〈佛說壽生經〉錄文——兼論十一——十四世紀的壽生會與壽生寄庫信仰》，〔註73〕韋兵《黑水城文獻漢文普禮類禮懺文研究》，〔註74〕韋氏二文皆以文獻研究為基展開佛教禮懺研究。

黑水城漢譯密教文獻研究，如沈衛榮《西夏黑水城所見藏傳佛教瑜伽修習儀軌文書研究 I：〈夢幻身要門〉》，〔註75〕沈衛榮《序說有關西夏、元朝所傳藏傳密法之漢文文獻——以黑水城所見漢譯藏傳佛教儀軌文書為中心》。〔註76〕黃傑華《黑水城出土藏傳佛教實修文書〈慈烏大黑要門〉試釋》，〔註77〕黃傑華《黑水城出土藏傳佛教實修文書《慈烏大黑要門》初探》，〔註78〕吳超《中國藏黑水城漢文文獻所見大黑天信仰》，〔註79〕宋坤《俄藏黑水

〔註68〕《二松學舍大學論集》42，1999，第 135～161 頁。
〔註69〕《二松學舍大學論集》43，2000，第 127～164 頁。
〔註70〕《敦煌學輯刊》2013 年第 2 輯，第 121～131 頁。
〔註71〕《西夏學》第 5 輯，上海：上海古籍出版社，2010 年，第 100～115 頁。
〔註72〕《赤峰學院學報（漢文哲學社會科學版）》2011 年 8 月，第 29～33 頁。
〔註73〕《西夏學》第 5 輯，第 92～99 頁。
〔註74〕《西夏學》第 8 輯，上海：上海古籍出版社，2011 年，第 264～275 頁。
〔註75〕《當代西藏學學術研討會論文集》，臺北：蒙藏委員會，2004 年，第 61～89 頁。
〔註76〕佘太山、李錦繡主編：《歐亞學刊》第七輯（古代內陸歐亞與中國文化國際學術研討會論文集（下）），北京：中華書局，2007 年，第 159～179 頁。
〔註77〕《西夏學》第 4 輯，銀川：寧夏人民出版社，2009 年，第 70～77 頁。
〔註78〕《中國藏學》2009 年第 3 期，第 114～120 頁。
〔註79〕《西藏民族學院學報（哲學社會科學版）》2012 年第 1 期，第 24～29 頁。

城所出兩件〈多聞天王修習儀軌〉綴合及復原〉，〔註80〕曾漢辰《西夏大黑天傳承初探——以黑水城文書〈大黑求修並作法〉為中心》〔註81〕。大黑天信仰在西夏佛教是比較有特色，黑水城所存均為大黑天修法儀軌抄本，論文亦多集中於此，且多運用藏文資料予以比勘，實為解決西夏漢譯藏密文獻問題不二法門。〔註82〕

古德著述文獻研究，如釋慧達《新校黑水城本〈劫外錄〉》，〔註83〕馮國棟、李輝.《〈俄藏黑水城文獻〉中通理大師著作考》，〔註84〕李輝、馮國棟《俄藏黑水城文獻〈慈覺禪師勸化集〉考》，〔註85〕馬格俠《俄藏黑城出土寫本〈景德傳燈錄〉年代考》，〔註86〕宋坤《俄藏黑水城宋慈覺禪師〈勸化集〉研究》，〔註87〕馮國棟、李輝《〈俄藏黑水城文獻〉遼代高僧海山思孝著作考》，〔註88〕崔紅芬《俄藏黑水城文献〈密咒圓因往生集〉相關問題考論》〔註89〕。除《密咒圓因往生集》，餘論皆以漢傳佛教禪宗文獻為開展研究。

基於單一對象對黑水城漢文佛教文獻展開全面性研究，有段玉泉《西夏佛教發願文初探》、〔註90〕范立君《俄藏黑水城發願文研究》〔註91〕。此二文在全面校錄《俄藏黑水城文獻》中附於佛經上發願文，並基於此開展西夏歷史、佛教等相關的研究，對今後利用此類文獻奠定堅實地基礎。

白寧寧《英藏黑水城漢文文獻的整理研究》，〔註92〕是以英藏黑水城漢文文獻予以統計、編號、出土地、文獻構成、價值等開展研究，論述集中於社會文書，未論及佛教文獻及定名問題。另，文中未予指出《英藏黑水城文獻·敘

〔註80〕《西夏學》第 10 輯，上海：上海古籍出版社，2014 年，第 115～120 頁。

〔註81〕《中國藏學》2014 年第 1 期，第 151～158 頁。

〔註82〕關於漢譯藏密文獻研究中語文學方法之運用參見沈衛榮、安海燕《明代漢譯藏傳密教文獻和西域僧團》（《清華大學學報（哲學社會科學版）》2011 年第 2 期，第 81～93 頁）。

〔註83〕《中華佛學研究》第六期（2002），第 127～172 頁。

〔註84〕《文獻》2011 年第 3 期，第 162～169 頁。

〔註85〕《敦煌研究》2004 年第 2 期，第 104～106 頁。

〔註86〕《敦煌學輯刊》2005 年第 2 期，第 249～252 頁。

〔註87〕石家莊：河北師範大學碩士論文，2010 年。

〔註88〕《西夏學》第 8 輯，上海：上海古籍出版社，2011 年，第 276～280 頁。

〔註89〕《文獻》2013 年第 6 期，第 45～51 頁。

〔註90〕《圖書館理論與實踐》2008 年第 1 期，第 125～128 頁。

〔註91〕蘭州：蘭州大學碩士論文，2011 年。

〔註92〕石家莊：河北師範大學碩士論文，2012 年。

錄》與圖版不一致的文獻。又白文英藏黑水城漢文統計的數量，與筆者核實並不一致，如馬伯樂刊佈佛教文獻因館藏缺失 604、605 二號，〔註93〕實為 34 號，而白文誤作 35 號。又，郭鋒刊佈號／件數，白文統計 107 號／108 件，然 Or.8212／1135 下有二件殘片，則有 109 件。Or.8212／1154a-p，說明有云：「此號下有碎紙 20 餘片，字或二、三，潦草難識，其中一片有蒙文，知為元代文書。尺寸大者不過 8×4cm。今錄文字可讀者十六件。」〔註94〕即便不計入 Or.8212／1154a-p 餘下的碎片，亦應 109 件，而非 108 件。

束錫紅《西夏文獻學研究》，〔註95〕主要以西夏國出土漢、夏文獻為研究對象，其中有三分之一以上的材料為黑水城漢文文獻，而漢文文獻中佛教文獻又占六成。〔註96〕研究範圍涉及各地館藏文獻關係、版本學等，同時兼及西夏佛教文獻所呈現的教派特徵，並編纂〈西夏文獻總目〉。本文是首次全面清理散藏各地西夏文獻情形，及彼此關係。然因並未對黑水城文獻定名情況予以全面的審查，故在〈西夏文獻總目〉中僅據圖版原定名予以著錄。附表9〈西夏文獻總目〉，中國藏黑水城文獻並未著錄，而俄藏、英藏黑水城文獻二家皆有失收情況，如並未將所有俄藏敦煌文獻中黑水城文獻全部著錄，著者稱：「涅槃部是禪宗佛性和頓悟的主要理論基礎，故漢文部份缺失是很奇怪的現象」，〔註97〕然而，混入俄藏敦煌文獻即有漢文《涅槃經》，Дx.9241、Дx.9225 二號皆為「大般涅槃經迦葉菩薩品殘片」（俄敦 14）；英藏黑水城文獻中，僅著錄 Or.12380 特藏中黑水城文獻，而 Or.8212 特藏中黑水城文獻均失收；另外，英俄兩國所藏黑水城文獻未定名文獻亦未著錄。又，著者於西夏文獻國外收藏中，英國 Or.8212，「其中黑水城出土的漢文文獻編入在第 1101～1344 號，總共 243 件」，〔註98〕然而，依據郭鋒目錄黑水

〔註93〕 *Les Documents Chinois*: *De La Troisième Expédition De Sir Aurel Stein En Asia Centrale*. p231.

〔註94〕《斯坦因第三次中亞探險所獲甘肅新疆出土漢文文書──未經馬斯伯樂刊佈的部份》，第 138 頁。

〔註95〕南京：南京師範大學博士論文，2007 年。後修訂出版，束錫紅《黑水城西夏文獻研究》，北京：商務印書館，2013 年。

〔註96〕其研究材料包括《俄藏黑水城文獻（漢文部份）》（1～6 冊）、《俄藏黑水城文獻（西夏文世俗部份）》（7～11 冊）、《英藏黑水城文獻》（1～5 冊）、《法藏敦煌西夏文文獻》（1 冊），及《中國國家圖書館藏西夏文獻》。

〔註97〕《西夏文獻學研究》，南京：南京師範大學博士論文，2007 年，第 112 頁。

〔註98〕《西夏文獻學研究》，第 18 頁。

城文獻應從 1105 號開始。〔註99〕

（五）關於黑水城漢文文獻的研究課題

　　河北大學宋史研究中心張春蘭主持「黑水城所出漢文佛教文獻整理與研究」，為 2011 年國家社科基金重大項目「黑水城漢文文獻整理與研究」（項目批准號：11&ZD098）子課題。〔註100〕相同研究課題為馮國棟、李輝、宗舜「俄藏黑水城漢文佛教文獻」輯校（屬於「2011～2020 年國家古籍整理出版規劃」）。〔註101〕杜建錄主持「中國藏黑水城漢文文獻整理與研究」（2010 年國家社科基金重點項目，批准號：10AZS001）之「俄藏黑水城漢文佛教文

〔註99〕　郭鋒：〈大英圖書館斯坦因三探所獲甘肅新疆出土文書記注目錄（初稿）〉，《斯坦因第三次中亞探顯所獲甘肅新疆出土漢文文書——未經馬斯伯樂刊布的部分》，蘭州：甘肅人民出版社，1993 年，第 213 頁。

〔註100〕另外三個子課題，分別為河北社科院歷史所陳瑞青主持的「黑水城宋、夏、金時期漢文世俗文獻整理與研究」、中國社科院歷史所張國旺主持的「黑水城所出元代漢文經濟類文獻整理與研究」、濱州學院黃河三角洲文化研究所杜立暉主持的「黑水城所出元代漢文軍政文書整理與研究」。（「2011 年度重大專案（第二批）開題報告之四十九：黑水城漢文文獻整理與研究」。http://www.npopss-cn.gov.cn/GB/219506/219507/18093657.html，2013-06-06；「《黑水城漢文文獻整理與研究》開題報告會在省社科院召開」http://www.hebsky.gov.cn/web/ggldetail.aspx?ID=847，2013-06-06）

〔註101〕全國古籍整理出版規劃領導小組組織編製：《2011～2020 年國家古籍整理出版規劃》，http://www.guji.cn/pic/upload/files/20120719153223571.pdf，2013-06-06。
　　　　史金波、杜建錄主持國家社科基金特別委託項目《西夏文獻文物研究》（批准號：11@ZH001），目前包括陳育寧主持《西夏建築研究》、黎大祥、張振華主持《武威境內西夏遺址調查研究》、梁繼紅主持《武威出土西夏文獻研究》、崔紅芬主持《西夏密教文獻整理研究》、史金波主持《西夏文教程稿》、《西夏文物》（寧夏編、甘肅編、內蒙古編）、杜建錄主持《黑水城社會文獻釋錄》、孫昌盛《西夏文《吉祥遍至口和本續》整理研究》、段玉泉《基於中古漢字理論與實踐的西夏文字構形研究》、楊志高《西夏文《經律異相》整理研究》、《西夏姓氏整理研究》、楊浣《西夏地理叢考》十三個子課題。（「國家社科基金特別委託項目《西夏文獻文物研究》部分子課題開題論證會暨專家委員會會議在京召開」http://xixia.nxu.edu.cn/pageInfo?id=645，2013-06-06；「中國專家將首次分類釋錄整理黑水城西夏漢文文獻」，http://news.xinhuanet.com/society/2011-05/10/c_121397633_2.htm，2013-06-06；「國家社科基金特別委託項目《西夏文獻文物研究》在呼和浩特召開《西夏文物》編纂工作會議」，http://xixia.nxu.edu.cn/pageInfo?id=899，2013-06-06；《寧夏大學科研簡訊》2011 年第 2 期（總第 67，http://kjc.nxu.edu.cn/kyjx/UploadFiles_6908/201110/2011103110085013.doc，2013-06-06）。

獻（佛經除外）整理」與前二項研究課題內容存在重疊之處。〔註102〕

四、研究之基礎材料與研究方法

（一）研究之基礎材料

本文所使用的基礎材料主要是已刊印出版的黑水城文獻，書名細目如次。

李逸友編《黑城出土文書（漢文文書卷）：內蒙古額濟納旗黑城考古報告之一》，北京：科學出版社，1991年。

林世田主編《國家圖書館藏西夏文獻中漢文文獻釋錄》，北京：北京圖書館出版社，2005年。《中國藏黑水城漢文文獻》（第1～10冊），北京：國家圖書館出版社，2008年。

《俄藏黑水城文獻（漢文部份）》（第1～6冊），上海：上海古籍出版社，1996～2000年。

《俄藏敦煌文獻》（第1～17冊），上海：上海古籍出版社，1992～2001年。

馬伯樂《斯坦因第三次中亞探險所獲漢文文書》（Henri Maspero: *Les Documents Chinois*: *De La Troisième Expédition De Sir Aurel Stein En Asia Centrale*. London: The Trustees of British Museum, 1953.）

郭鋒《斯坦因第三次中亞探險所獲甘肅新疆出土漢文文書──未經馬斯伯樂刊佈的部份》，蘭州：甘肅人民出版社，1993年。

沙知、吳芳思主編《斯坦因第三次中亞考古所獲漢文文獻（非佛經部分）》（第1、2冊）上海：上海辭書出版社，2005年。

北方民族大學、上海古籍出版社、英國國家圖書館《英藏黑水城文獻》第1～5冊，上海：上海古籍出版社，2005～2010年。

（二）研究方法與步驟

吳汝鈞先生於《佛學研究方法論》中，提出文獻學、考據學、思想史、哲學等現代佛教研究的方法。若依此類比的話，由於本文研究集中於文獻本身，

〔註102〕本課題另外有五項子課題，分別是中國藏黑水城漢文文獻整理、英藏及混入俄藏敦煌文獻中黑水城漢文文獻整理、黑水城所出土元代漢文經濟類文獻研究、黑水城所出宋夏金時期漢文社會文獻研究、黑水城所出元代漢文軍政文獻研究。（王瑄：《「黑水城漢文文獻整理與研究」結項成果價值厚重》，《光明日報》2014年3月3日11版「國家社科基金」）

故而，文獻學的研究方法自然是必備的利器，然而，西方佛教研究中的文獻學（Philology，或譯作語文學）研究法，主要是以歷史比較語言學為基礎展開的，而本文所研究的材料是以漢文書寫，因此，於方法上可謂名同法異，即通過傳統的目錄、版本、校勘三學，並結合文字、音韻二學，勘定黑城文獻之錄文、定名，繼而編製目錄。

王鳴盛謂：「予謂欲讀書必先識字。」〔註103〕黑水城漢文文獻包括刻本、抄本，無量何種形態的文獻類型，此與敦煌文獻相同皆會涉及文字的識別，潘重規先生云：「凡欲研究某一時代的作品，必須通曉那一時代人寫字的習慣，必須通曉那一時代人用字的習慣，才能看清楚作品的真面目，才不會斫傷作品的真面目」。〔註104〕尤其是抄本，由於抄寫人的文化水平，以致滿眼俗字，加之紙張歷經滄桑，破損、漫漶更加大了辨識的難度，為此需要藉助文字學、音韻學、書法，某些音譯詞彙，則須借力梵語，以勘定字詞。於勘定俗字，筆者將以業師王繼如先生和張湧泉先生所述研究法依予以分析勘定。〔註105〕又，文獻內容的比定則依賴校勘、版本二學。黑水城漢文中存在大量密教儀軌文獻節抄本，其譯自於藏文，此則需要通過相似文獻的比對，方可確定內容並定名。

本文研究步驟，首先，按照中國藏、俄藏、英藏黑水城文獻已刊行圖錄逐一進行查檢，即以圖錄所載目錄與圖版核實，以確定二者是否一致，並核

〔註103〕《十七史商榷》，第 161 頁。

〔註104〕潘重規：《敦煌卷子俗寫文字之研究》，1990 年敦煌研究院國際學術討論會論文，轉引自張湧泉《試論審辨敦煌寫本俗字的方法》，《敦煌研究》1994 年第 4 期，第 146 頁。

〔註105〕王繼如：《敦煌俗字研究法》，《2000 年敦煌學國際學術討論會論文集》。筆者所用文本為王師上《訓詁學》之打印本；王繼如：《敦煌通讀字研究芻議》，《文史》2003 年第 2 期，第 212～231 頁；《試論審辨敦煌寫本俗字的方法》，張湧泉：《試論審辨敦煌寫本俗字的方法》，《敦煌研究》1994 年第 4 期，第 146～155 頁；張湧泉：《漢語俗字研究》，長沙：嶽麓書社，1995 年；張湧泉：《漢語俗字研究》（增訂本），北京：商務印書館，2010 年；張湧泉：《敦煌俗字研究導論》，臺北：新文豐出版股份有限公司，1996 年；張湧泉：《俗字裏的學問》，北京：語文出版社，2000 年。另，參考杜愛英：《敦煌遺書中俗體字的諸種類型》，《敦煌研究》1992 年第 3 期，第 117～127 頁；黃征：《敦煌語言文字學研究》，蘭州：甘肅教育出版社，2001 年；黃征：《敦煌俗字種類考辨》，〔日〕石塚晴通編：《敦煌學日本學——石塚晴通教授退職紀念論文集》，上海：上海辭書出版社，2005 年，第 112～126 頁；蔡忠霖：《敦煌漢文寫卷俗字及其現象》，臺北：文津出版社，2002 年。

對文獻內容，以確定是否需要重新定名；其次，依據前期文獻檢索並編製成
目錄，通過比對目錄以排除已重定名文獻，依此最後確定需要本文所需解決
定名的文獻，並逐一進行錄文、定名；再次，依據定名研究的結果，編纂黑水
城漢文佛教文獻目錄，並對中國藏、俄藏、英藏黑水城佛教文獻予以統計。

第一章　黑水城和黑水城佛教文獻

第一節　黑水城和黑水城文獻

一、黑水城之簡況

　　黑水城，蒙古語名為哈拉浩特（Khara-Khoto、Kharaghai〔註1〕），即「黑城」之意，另，城外河名曰弱水，又名「Khara-gol」，意為黑水，故名「黑水城」。又名 Baishen-khoto，有禁城之義。〔註2〕西夏語音為「亦集乃」（「嗠則乃」〔註3〕），「亦集」，即「水」意，「乃」，即「黑」意，譯成漢語為「黑水」。元代沿用西夏舊稱，今稱額濟納旗的「額濟納」（Etsin-Gol）三字，實為「亦集乃」之異寫，其源仍為西夏語音。這是中國至今保存西夏語音的重要地名。黑水城是西夏西北邊防的軍事重鎮，設有黑水鎮燕軍司，位於今內蒙古自治區阿拉善盟額濟納旗政府所在地達賴庫布鎮東南二十五公里的荒漠中。西夏寶義元年（1226）蒙古軍攻破黑水城，元世祖至元二十三年（1286）在此設亦

〔註1〕幹羅孩〔此名當可重造為* Kharaghai，或即哈喇霍記 Khara-Khoto 譯言「黑城」。〕（王靜如：《引論》，《西夏研究》第一輯，北平：國立中央研究院歷史語言研究所，民國二十一年（1932），VI）

〔註2〕向達：《斯坦因黑水獲古紀略》，《國立北平圖書館館刊》第4卷第3號，第7頁（2509）。

〔註3〕「亦集乃」是西夏主體民族黨項羌語「黑水」的音譯——「水」音「嗠則」，「黑」音近「乃」，而黨項語的形容詞一般是在被修飾的名詞之後，「黑水」讀為「水黑」，音「嗠則乃」，與「亦集乃」音近。（陳炳應：《西夏文物研究》，銀川：寧夏人民出版社，1985年，第90頁）

集乃路總管府。〔註4〕故而，黑水城遺址由小城和大城兩個部份組成，是為早、晚兩座城址迭壓而成。小城為大城所圈圍，小城為西夏舊城，而外圍大城（亦集乃路）為元代所建。〔註5〕

二、黑水城之發掘歷史

黑水城歷經多次考察發掘，考察隊主要來自中瑞英俄四國。據聞日本的探險隊曾造訪過此，〔註6〕但在橘瑞超和大谷光瑞的考察遊記中並未發現相關的記載〔註7〕。俄國皇家地理學會組織蒙古四川考察隊，并由科茲洛夫（Петр Кузьмич Козлов／P.K.Kozlov，亦作格茲洛夫、科欽洛夫）帶領對黑水城進行了三次發掘，分別是 1908 年 4 月、1909 年 6 月和 1926 年。〔註8〕由

〔註4〕參見史金波：《俄藏黑水城文獻》第一冊（前言），上海古籍出版社，1996 年，第 2～3 頁。

馬可·波羅在其遊記中黑水城稱之為 Etzina（The Travels of Marco Polo the Venetian London: J. M. Dent & Sons, Ltd; New York: E.P.Dutton & Co.1908, pp114～115.）Deguignes 稱為 Yetsina, Pauthier 稱之 Itsinai，（Footnotes 1, The Travels of Marco Polo by Marco Polo, translated by Henry Yule, http://en.wikisource.org/wiki/The_Travels_of_Marco_Polo/Book_1/Chapter_45, 2012-12-26.）

〔註5〕內蒙古文物考古研究所、阿拉善盟文物工作站：《內蒙古黑城考古發掘紀要》，《文物》1987 年，第 1～2 頁。貝格曼於 1931 年初（「1 月 29 日轉向喀拉浩特——黑城」）考察測量黑水城時對新舊城迭壓的情況已有所發現。（〔瑞典〕貝格曼：《考古探險手記》，張鳴譯，烏魯木齊：新疆人民出版社，2000 年，第 161～162 頁）

〔註6〕張泊寒：《黑水城：西夏歷史的見證者》，《北方新報》2007 年 1 月 20 日，http://www.northnews.cn/2007/0627/24813.shtml，2013-03-25（內蒙古日報傳媒集團正北方網）

〔註7〕參見〔日〕大谷光瑞等：《絲路探險記》，章瑩譯，烏魯木齊：新疆人民出版社，1998 年；〔日〕橘瑞超：《橘瑞超西行記》，柳洪亮譯，烏魯木齊：新疆人民出版社，1999 年。

松澤博稱：「在龍谷大學圖書館中收藏有一張正反面用草書書寫的西夏文文書，這張文書是大谷探險隊的成員之一——從樓蘭遺址發現《李柏文書》的橘瑞超手中得到的。（原文注：22 百濟森安《桔資料目錄》，第 56 頁）」（〔日〕松澤博：《西夏文〈瓜州監軍司審判案〉遺文——橘瑞超帶來在龍谷大學大宮圖書館館藏品為中心》，文婧、石尚濤譯，《國家圖書館學刊》2002 年西夏研究專號，第 73 頁）然其並未說明文書來源。另則，《日本藏西夏文文獻》龍谷大學藏品亦未說明文獻來源。（荒川慎太郎：《日本藏西夏文文獻·序》，北京：中華書局，2011 年，第 16、28 頁）

〔註8〕「探險隊在黑水城從 1908 年 4 月 1 日逗留到 13 日，探察和發掘基本上未按考古學要求進行。……對發掘品未作嚴格記錄。」（第 5 頁）「1909 年 5 月底 6 月初，科茲洛夫執行地理學會的要求，回到了黑水城地區。」（第 7 頁）（Е.И.

於考察隊未按照考古學方法進行發掘，導致俄藏黑水城文獻與文物的發掘地標示不清，〔註9〕而其餘三國考察隊皆依考古學方法進行發掘工作。

英籍匈牙利人斯坦因（A.Stein）在得知科茲洛夫發掘黑城後，1913 至 1915 年第三次中亞探險期間，於 1914 年 5 月至 6 月對黑城進行了考察。〔註10〕1927 年 5 月至 1935 年 3 月中國和瑞典合作，由斯文·赫定（Sven Hedin）和徐炳昶（又名徐旭生）領導的中瑞西北科學考察團（The Sino-Swedish Expedition）對內蒙古、甘肅、新疆等西北地區進行科學考察，其成員黃文弼於 1928 年、1933 年，〔註11〕貝格曼於 1930 年五月、1931 年一月底至二月中

克恰諾夫：《俄藏黑水城文獻·前言》第一冊，陳鵬譯，黃振華校，上海古籍出版社，1996 年）

科茲洛夫前兩次發掘所得文獻為其所獲總量的絕大部份，而第三次前往主要是由於第二次發掘的數量過於龐大，難以一次性運出，故科茲洛夫將一部份文物和文獻遺留在黑水城，并做好了標記，但第三次前往雖發掘到一些文物和文獻，但并未尋找到先前埋藏的文物和文獻。（參見 Е·И·魯勃·列斯尼切夫欽科、Т·К·沙弗拉諾夫斯卡婭：《黑水死城（上）》，崔紅芬、文志勇譯，《西北第二民族學院學報》2006 年第 1 期，第 36 頁）一般只提及前二次，或許是由於俄藏黑城文物和文獻主要來自於前兩次，而第三次只獲得了少量的文物和文獻。

〔註 9〕杜建錄先生稱，「科茲洛夫不是考古發掘，他沒有做考古學記錄，極大地破壞了地層關係，給黑城考古研究留下了無法挽回的損失。」（杜建錄：《黑水城漢文文獻綜述》，《西夏學》第四輯，銀川：寧夏人民出版社，2009 年，第 2 頁）

〔註10〕「1914 年 5 月至 1914 年 6 月中旬，由於天氣炎熱斯坦因不得不放棄繼續發掘。」（〔英〕斯坦因：《斯坦因西域考古紀·第十六章　從額濟納河到天山》，向達譯，上海：中華書局，民 25 年，第 174～177 頁）

〔註11〕（1927 年）「9 月尾，抵額濟納河畔，休息月餘」，「當大隊抵額濟納河休息，我則乘間出發考查，先由額濟勒河故道北行，途中發現一古廟，採拾殘紙甚多」。（黃文弼：《略述內蒙古、新疆第一次考古之經過及發現》，《西北史地論叢》，上海人民出版社，1981 年，第 23～24 頁）另文載，「當 1928 年，我等赴西北考查時路經黑城，因往探查。當晚藉地圍坐於黑城之隅……（黑城西距額濟納河約 30 餘里）次晨巡視城周，發現有乾河川在南，繞城東隅北去」。「後 1933 年我又赴黑城考察，由黑城東北行，距黑城約 10 餘里，有一廣大乾河川，東北向。我沿河西東北行，累發現古代陶片。」（黃文弼：《河西古地新證》，《西北史地論叢》，上海人民出版社，1981 年，第 100～101 頁）依據黃文弼先生的敘述，雖對黑城進行了兩次考察（城池周圍），但並未言及進入黑城，且其所發現的文獻亦非在黑城內，在額濟納河附近的古廟。從地理位置而言，應屬於黑城附近。

黃文弼在其考察日記中記錄了黑城考察的情況，《黃文弼蒙新考察日記（1927～1930）》雖載「黑城之探查」，時間 1927 年 9 月 27 日至 10 月 7 日，然而，依記載實際上在黑城考察的時間僅為兩天，即 9 月 27 日至 9 月 28 日。另外，考察活動亦非黃文弼一人完成，而是由其他考察成員一同前往，據記載有名

旬，〔註12〕二人各獨自考察了黑城。〔註13〕新中國成立後，文物考古工作人

者為，劉春舫、莊永成、王殿丞、馮考爾、郝德、赫斯隆。在黑城考察期間
所發掘的文物包括銅錢、碎銅片、瓷片、碎紙片，「余在城內又拾紙片一張，
內有『課程已』數字，又有『十三年二月』諸字。……又有文書類梵，文字
待考。」未言及西夏文。而在離開黑城後，於 10 月 6 日抵果什根廟考察時卻
記載了西夏文獻的信息，「余在廢紙堆中拾殘經卷甚多，中有非藏非蒙文字，
喇嘛謂為唐公字紙，必為唐古特文字之音訛。……惜余不識唐古特文字，略
述之以待知者。」（黃文弼遺著，黃烈整理：《黃文弼蒙新考察日記（1927～
1930）》，北京：文物出版社，1990 年，第 76～89 頁）

〔註12〕瑞典考古學家沃爾克·貝格曼（Folke Bergman）參加了中瑞西北科學考察團，
於 1930 年五月就曾在黑水城採集到一些物品（《考古探險手記》，第 122 頁），
但未說明具體情況。又於 1931 年 1 月 29 日至 2 月 5 日，2 月 9 日至 2 月 14
日再次進入黑水城考察，貝格曼寫到，「我考察喀拉浩特的用意不是為採集前
輩科茲洛夫、斯坦因和蘭登·華爾納留下的殘羹剩飯，而是嘗試著探尋廢墟
是否還有更古老的特徵，也就是說，是否有唐或漢代的遺跡」，「除了諸多各
種材質的小文物，我們還挖掘出相當一部分紙本漢文文稿，其中也有藏文、
回鶻文、蒙文和西夏文的印刷及手寫文稿碎片。」（《考古探險手記》，第 161
～162 頁）「返回奧布頓的營地的路上，發現了一些在遠處並不被人注意的廢
墟，還有一座廢棄的佛塔，王在這裡找到一些西夏文稿和許多元朝錢幣。」
所獲文獻的種類、數量，貝格曼亦未作出說明。
貝格曼在西北考察所獲收集品，按照中瑞協議部份留存中國，部份贈與瑞典，
另有部份收集品依據補充協議被瑞典方借出作為研究之用，且應於 1939 年
歸還，而事實上直至 1950 年，中國政府經多次交涉，瑞典才歸還部份。（參
見張九辰《中國科學院接受「中國西北科學考查團」的經過》，《中國科技史
雜誌》第 27 卷第 3 期（2006），第 238～246 頁；王新春《貝格曼與中國西北
考古》，《中國邊疆史地研究》2011 年 9 月，第 133～142 頁；王新春《中國
西北科學考查團考古史研究》，第 124～130 頁）至於黑城所發現文獻現有七
種西夏文佛教文獻藏於瑞典斯德哥爾摩民俗博物館。（束錫紅《黑水城西夏文
獻研究》，第 36 頁）

〔註13〕1927 年，以瑞典人斯文赫定和中國北京大學教務長徐炳昶為首組成的中瑞西
北科學考察團，到額濟納河下游以黑水城為中心進行考察，黃文弼在此又發
掘出一批文書。（史金波：《俄藏黑水城文獻》第一冊（前言），上海古籍出版
社，1996 年，第 4 頁。西北科學考察團情況可參見王可雲《中瑞西北科學考
察團研究》〔華東師範大學碩士學位論文 2005 年，第 14～18 頁〕，但文中未
提及黃文弼考察黑水城及其發現文獻之事。）
一般認為，二十世紀五十年代瑞典依協議（中瑞西北考察團協議第十四條，
收羅或採掘所得之物件，其處分方法規定如左：（一）關於考古學者，統須交
與中國團長或其所委託之中國團員運歸本會保存。（二）關於地質學者，其辦
法同上，但將來運回北京之後，經理事會之審查，得以副本一份贈與斯文·
赫定博士。〔王可雲：《中瑞西北科學考察團研究》，華東師範大學碩士學位論
文，2005 年，第 13 頁〕）將瑞典保存的科考文物歸還中方，現藏於中國國家
博物館。（http://idp.nlc.gov.cn/pages/collections_other.a4d，2013-03-08）但實際

員對黑水城進行了多次考古發掘，其中規模最大的兩次分別是 1983 年和 1984
年，內蒙古文物考古研究所聯合阿拉善盟文物工作站共同發掘。〔註 14〕黑水
城考察所發掘的文獻、文物除中瑞聯合科考（部份）和 80 年代中國研究機構
發掘保存於國內之外，其餘大部份皆流散俄英兩國。

三、黑水城文獻之散藏情形

自 1908 年俄國探險家科茲洛夫於今內蒙古額濟納旗黑水城遺址發現大

瑞方並未歸還全部科考文物，理由有三：

一、當時有少部份允許保留在瑞典，（Hedin's Central Asian Expeditions, IDP
News Issue No.21 Summer 2002.p.3. http://idp.nlc.gov.cndownloadsnewslettersID
PNews21.pdf, 2013-03-08.）。

二、貝格曼黑水城所發現的西夏文佛經及漢簡現存於臺灣中研院史語所，
（「臺灣藏品」，《國內現存出土西夏文獻簡明目錄》，《國家圖書館學刊》2002
年增刊「西夏研究專號」，第 230 頁；林英津《史語所藏西夏文佛經殘本初
探》，《古今論衡》第六期（2001），第 25 頁）。

三、《西夏佛教史略》中亦載有「瑞典藏西夏文佛經」名錄七種。（史金波：
《西夏佛教史略》，銀川：寧夏人民出版社，1988 年，第 412 頁）

另，可參見張九辰《中國科學院接受「中國西北科學考查團」的經過》（《中
國科技史雜誌》第 27 卷第 3 期（2006），第 242 頁）和王新春《貝格曼與中
國西北考古》中關於考查物品處理之論述。（《中國邊疆史地研究》2011 年 9
月，第 136 頁）

〔註 14〕經 1983 年和 1984 年兩次發掘，基本上將全城勘察完畢，重點發掘面積 11000
多平方米，揭露出房屋基址 280 多處，出土有大量文物標本及文書。（李逸
友編著：《黑城出土文書》（漢文文書卷），北京：科學出版社，1991 年，第
5 頁）

黑城出土的文書，已經編號的近三千份。部份集中出土於總管府架閣庫
（F116）內，大部份散見於全城，尤其屋角牆根為多見。公文、契約、訴狀、
帳冊和人丁名單、書信、寶鈔、柬帖、票引、典籍圖書類、佛經類、雜類。
（內蒙古文物考古研究所、阿拉善盟文物工作站：《內蒙古黑城考古發掘紀
要》，《文物》1987 年，第 17～18、19～23 頁）

新中國建立後，額濟納旗曾先後歸甘肅省和內蒙古自治區管轄、1962 年和
1963 年內蒙古文物工作隊（內蒙古文物考古研究所前身），曾兩次派員到黑
城進行考古調查，1963 年秋季的調查持續時間較長，採集到少量文書。1976
年，甘肅省文物工作隊（甘肅省文物考古研究所前身）組成考古隊前往黑城
及周圍地區進行考古調查，採集有少量文書；1976 年又曾在黑城內獲取少量
文書。（李逸友編著：《黑城出土文書》（漢文文書卷），北京：科學出版社，
1991 年，第 2 頁）1976 年和 1979 年甘肅省文物工作隊兩次到黑水城調查，
分別採集到少量文書，現藏甘肅省博物館。（陳炳應：《黑城出土的一批元代
文書》，《考古與文物》，1983 年 1 期，轉引杜建錄：《黑水城漢文文獻綜述》，
《西夏學》第四輯，銀川：寧夏人民出版社，2009 年，第 4 頁）

量西夏文獻、文物迄今已一百餘年，自此這座西夏國故城黑水城逐漸進入了人們的視野，隱秘於史籍之上的西夏歷史，失憶的西夏語言文字、宗教、政治等也逐步浮現出世，為中外學人所關注與研究，并形成了「西夏學」（Tangutology 或 Tangut studies）〔註15〕。

黑水城文獻是指中國內蒙古自治區額濟納旗境內黑水城遺址的古代文獻遺存。〔註16〕依書寫文字而論，黑水城文獻主要由漢文和西夏文兩種文字構成，其他還包括少量的畏兀兒體蒙古文、八思巴字、藏文、亦思替非字、古阿拉伯文等民族文字文書。若依文獻的內容而論，包括佛教文獻和世俗文獻兩大部份，其中世俗文獻又包括社會文書、語言文字、文學、宗教、法律等。

目前黑水城文獻主要收藏於中俄英三國，一般稱為中國藏黑水城文獻、俄藏黑水城文獻和英藏黑水城文獻。中國藏黑水城文獻分散多處，主要收藏機構為國家圖書館、內蒙古自治區文物考古所、阿拉善盟博物館、額濟納旗文物管理所、中國社會科學院考古研究所，現已公佈漢文文獻 4518 件（不含國圖和社科院考古所），〔註17〕《中國藏西夏文獻》收錄黑水城出土文獻 73

〔註15〕 孫繼民先生提出在西夏學之外再建立「黑城學」（黑水城文獻學），其稱黑城學「所對應的研究對象應是所有黑水城出土的文獻材料（包括唐、五代、遼、宋、金、偽齊、元、北元等所有文字和文獻），所有圍繞黑水城文獻研究涉及的論題均應屬於這一學科範圍」。（《黑城學：一個更為貼切的學科命名》，《河北學刊》2007 年第 4 期，第 91～95 頁）筆者認為，這一描述縮小了黑水城研究的範圍，即如同敦煌學不僅限於文獻的研究，還包括石窟藝術、文物、歷史、宗教、民俗等方面。如此一來，對於黑水城文物的研究是應歸屬西夏學，還是其他學科呢？因而，如是有礙於黑水城研究，乃至西夏歷史文化研究的整體性（易導致研究的碎片化傾向），且「學科是相對獨立的知識體系」（《中華人民共和國國家標準學科分類與代碼（GB／T13745～92）》），所謂的「黑城學」是否具備獨立的知識體系，孫先生對此並未論證，故而「黑城學」可否成為一門獨立的學科，筆者認為確有商榷的空間。

〔註16〕 白濱：《黑水城文獻的考證與還原》，《河北學刊》2007 年 4 月，第 88 頁。

〔註17〕 中國藏黑水城漢文文獻數量依《中國藏黑水城漢文文獻》（第 1 冊「凡例」，國家圖書館出版社 2008 年，第 9 頁）所載 4213 件，《中國藏黑水城民族文字文獻》（天津：天津古籍出版社，2013 年）公佈 305 件（〈前言〉，第 3 頁）中國藏黑水城文獻包括 1927 年黃文弼發掘文獻（現藏社科院考古所），1949 年以來中國政府組織的 5 次文物考察所獲文獻，以及 1957 年前後蘇聯政府捐贈。1983 年和 1984 年在黑城發掘所得的文書，均按出土坑位編了順序號，共有近 3000 件。這批文書中，漢文文書的數量最多，其他依次為西夏文，畏兀兒體蒙古文、八思巴字、藏文、亦思替非字、古阿拉伯文等民族文字文書。（李逸友編著：《黑城出土文書》（漢文文書卷），北京：科學出版社，1991 年，第 5 頁）此次發掘所得文書，除少量屬於西夏時代的佛經外，其餘都是元代

號，〔註18〕《中國藏黑水城民族文字文獻》收錄 261 號，計 305 件〔註19〕。
俄藏黑水城文獻藏俄羅斯東方學研究所聖彼得堡分所，其收藏 8000 多個編
號，〔註20〕有部份混入俄藏敦煌文獻中。英藏黑水城文獻藏於英國國家圖書
館東方部，其收藏 7543 件以上。〔註21〕俄英兩國的收藏量占黑水城文獻總

至北元初期的遺物。（《黑城出土文書》，第 10 頁）
《國家圖書館藏西夏文獻中漢文文獻釋錄・前言》中稱：「前蘇聯政府捐贈的
黑水城文獻中漢文文獻共計 5 件，其中《劉知遠諸宮調》30 年代即已公佈，
不在本文收錄範圍，剩下的 4 件中，3 件是佛教文獻，1 件殘損嚴重，無法辨
別文獻類型。」（北京：北京圖書館出版社 2005 年，第 1 頁）
國圖藏黑城出土西夏文《大般若波羅蜜多經》共 21 卷，為 1972 年整理館藏
西夏文獻時發現的，（史金波：「國家圖書館藏卷綜述」，《中國藏西夏文獻綜
述》，杜建錄主編《西夏學》第 2 輯，銀川：寧夏人民出版社，2007 年，第
35、39 頁）史先生另文載，卷子上「多鈐有俄羅斯東亞圖書館藏書印及該館
編號，但至今尚不清楚這些寫本何時進入國圖」（史金波、王菡：《國家圖書
館藏西夏文獻整理續記》，「華夏記憶」，http://www.nlc.gov.cn/newhxjy/wjsy/
yj/gjyj/201104/t20110428_42221.htm，2013-02-25）
〔註18〕《中國藏西夏文獻》（第 1～20 冊），蘭州：甘肅人民出版社，敦煌文藝出版
社，2005～2006 年；杜建錄主編：《中國藏西夏文獻研究》，上海：上海古籍
出版社，第 59～62，67，115～121 頁。
〔註19〕《中國藏黑水城民族文字文獻・前言》，天津：天津古籍出版社，2013 年，第
3 頁。
〔註20〕史金波：《俄藏黑水城文獻》第一冊（前言），上海古籍出版社，1996 年，第
1 頁。謝玉傑：《英藏黑水城文獻・序言》第一冊，上海古舊出版社，2005 年，
第 2～3 頁。
「黑水城文獻編目有 8465 個編號，文獻總數有 15 萬份以上。」（張洪鋼、王
鳳娥：《中國黑水城文獻的百年滄桑》，《圖書情報工作》第 54 卷第 7 期 2010
年 4 月，第 16 頁。此數據著者引自趙彥榮：《黑城―將被黃沙淹沒的金字塔》，
http://blog.sina.com.cn/s/blog_49954e050100dnbm.html，2012-03-01）
「前蘇聯戈爾巴切姓等所著《西夏文寫本和刊本目錄》，俄藏黑水城文獻 90%
為西夏文，10%為漢文及其它民族文字。在已登錄的 8090 件文獻中可考知西
夏文文獻目錄有 405 種，含佛經 345 種，世俗文獻 60 種。」（張玉珍：《西夏
文佛教文獻述略》，《圖書館理論與實踐》2005 年第 1 期，第 111 頁）8090 件。
1963 年戈爾芭切娃和克恰諾夫編《蘇聯科學院民族研究所藏西夏文寫本和刊
本考定書目》收錄的文獻編號是 8090 號，其中西夏文文獻占 90%。（轉引孫
繼民《黑水城西夏文獻價值研究》，《中國社會科學報》2012 年 11 月 23 日，
A-O5）
〔註21〕英國國家圖書館的斯坦因黑水城所獲資料的情況是，西夏文代號為 Or.12380，
其中包括總共 0001～3949 號，有的文件缺號，有的指明了已經和某某號綴
合，有的編號下有多個甚至幾十個上百個殘片，即總共有 7300 多件；斯坦因
第三次中亞探險的各地漢文文獻編入 OR.8212 系列，其中黑水城出土的漢文
文獻編在第 1101～1344 號，總共 243 件（有少量漢文文書被編在了 Or.12380

量的八成以上，另有少量黑水城文獻散藏於日瑞等國的博物館或大學圖書館中。〔註22〕

三大黑水城文獻收藏地的館藏文獻雖絕大部份已出版，〔註23〕但統計所

西夏文序列中）。(束錫紅、府憲展：《英藏黑水城文獻和法藏敦煌西夏文文獻的版本學價值》，《敦煌研究》2005 年第 5 期，第 44 頁)「而實際上，現有英國國家圖書館西夏文文獻的編號為 4000 號以上。」(謝玉傑：《英藏黑水城文獻·序言》第一冊，上海古舊出版社，2005 年，第 3 頁)英藏黑城文獻約 4000 號，7300 件。另則「英藏編號的次序有二三處出現不統一的地方，主要是指編號的重複，這不利於藏品的系統性整理，也影響到英藏編號的可行性。此外，有的英藏編號下有十個、上百個乃至數百個文書殘片，且內容有的不相連屬，有的兩個號下有一個殘片。」(參見胡若飛：《英藏黑水城文獻概述》，《固原師專學報（社會科學版）》第 26 卷第 5 期（2005 年 9 月），第 78～82 頁)翟麗萍《近十年以來黑水城漢文文書研究綜述》一文中稱，俄藏文獻共八千個編號，漢文文獻 500 多件；英藏文獻 1400 件，100 多件漢文文獻；中國藏漢文文獻 4200 多件。(《中國史研究動態》2010 年第 4 期，第 2 頁)《英藏黑水城文獻》第 5 冊「敘錄」中實際載 3958 號。

按：件數和號數並非一致，且件數大於號數。不同著者在論述館藏文獻數量時所使用計量單位並不統一，故而，在各國館藏數量，因計量單位不一而有所差別。由此也導致了統計黑水城文獻總量上的困難，這一情況需要通過對各地現存黑水城文獻全面清點後，方能圓滿解決。

〔註22〕列斯尼切欽科稱：「1923 年美國考察探險隊在黑水城進行考察，1927—1928 年貝格曼率瑞典考察探險隊也對黑水城進行了考察」。(Е·И·魯勃·列斯尼切欽科、Т·К·沙弗拉諾夫斯卡婭：《黑水死城（上）》，崔紅芬、文志勇譯，《西北第二民族學院學報》2006 年第 1 期，第 37 頁)美瑞兩國考察情況如下：美國考察探險隊是由華爾納帶領，1923 年 11 月華爾納（Langdon Warner，蘭登·華爾納，亦作南陀·華爾納）和翟蔭（Hornace Jayne，霍拉斯·翟蔭，亦作雷勒斯·傑恩，或霍勒斯·傑恩）在黑水城待了十餘天，挖掘到了少量文物（無文獻）。(參見〔美〕蘭登·華爾納：《在中國漫長的古道上》，姜洪源、魏宏舉譯，烏魯木齊：新疆人民出版社，2001 年，第 63～84 頁)瑞典考古學家貝格曼考察及文獻貯藏情況參見註釋 12。

日本藏西夏文文獻資料，分佈於東京、京都、大阪和奈良四座城市的七處大學圖書館及博物館。(武宇林：《日本藏西夏文文獻》上冊（前言），北京：中華書局，2011 年，第 7 頁)其主體為西夏文，只有少量的漢文。然其文獻來源大都不甚明瞭，而天理大學附屬天理圖書館編號 222 イ 279 西夏文獻記載為出土於黑水城，內容分別為聖摩利天母總持經殘片、聖摩利天母總持經扉繪殘片、妙法蓮華經心殘片、佛頂心觀世音陀羅尼經殘片、未詳佛典殘片。(參見「寧夏省黑城發現西夏經」，《日本藏西夏文文獻》下冊，北京：中華書局，2011 年，第 394～462 頁)

〔註23〕戈爾芭切娃（З.И.Горбачева）和克恰諾夫（Е.И.Кычанов）編著《蘇聯科學院民族研究所藏西夏文寫本和刊本考定書目》，Л·Н·緬什科夫（孟列夫）《哈拉浩特特藏中漢文部份敘錄》（莫斯科：科學出版社 1984 年。漢譯本：孟列

使用的計量單位（件、號）不統一，故致使黑水城文獻的總量難以精確統計，孫繼民先生認為，「全部加起來不到 2 萬個編號（件）」〔註 24〕但實際上，若以「號」為單位統計，按照《俄藏黑水城文獻》、《英藏黑水城文獻》之「前言」上所列號數，即 8000 多號和 4000 多號，混入俄藏敦煌文獻 141 號〔註 25〕；《內蒙古黑城考古發掘紀要》近 3000 號〔註 26〕；俄政府捐贈現藏國圖 5 號〔註 27〕；日本天理圖書館 26 號；黃文弼採集現分藏於中科院考古所 5 號〔註 28〕和中研院史語所 2 號（16 件），〔註 29〕及黃文弼尚未公佈數量，總計

夫：《黑城出土漢文遺書敘錄》，王克孝譯，銀川：寧夏人民出版社，1994 年），但二者並非完整著錄。林世田主編《國家圖書館藏西夏文獻中漢文文獻釋錄》（北京：北京圖書館出版社 2005 年），而中英所藏的其他黑水城文獻尚無完整系統的目錄圖書。

〔註 24〕 「就其三大收藏而言，俄藏黑水城文獻一般說有 8000 多個編號，英藏黑水城文獻約有 4000 多件，中國藏即內蒙古文物考古隊 1983 年和 1984 年兩次在黑水城發掘所得文書近 3000 件，全部加起來不到 2 萬個編號（件）。」（孫繼民、劉廣瑞：《黑水城文獻發現的始年及在近代新材料發現史上的地位》，《中國史研究》2008 年第 4 期，第 20 頁）

〔註 25〕 參見緒論 3.1 館藏文獻來源地辨析之研究；第三章 1.2.2《俄藏敦煌文獻》中的黑水城漢文佛教文獻目錄。

〔註 26〕 「1983 年和 1984 年在黑城發掘所得的文書，均按出土坑位編了順序號，共有近 3000 件。」「漢文文書共出土有 2200 餘件。」（李逸友編著：《黑城出土文書》（漢文文書卷），科學出版社，1991 年，第 3 頁）同書，「下篇 黑城出土文書（漢文文書卷）·凡例·三」：每一件文書只有一個固定編號。如該件文書為多頁或破損成多片時，在順序號後再加小順序號。（《黑城出土文書（漢文文書卷）》，第 84 頁）如是該書統計近 3000 件，亦可理解為近 3000 號。

〔註 27〕 參見林世田主編《國家圖書館藏西夏文獻中漢文文獻釋錄》，北京：北京圖書館出版社，2005 年。

〔註 28〕 參見《中國藏西夏文獻綜述》，《西夏學》第二輯，銀川：寧夏人民出版社，2007 年，第 40～41 頁；杜建錄：《中國藏西夏文獻敘錄》，《西夏學》第三輯，銀川：寧夏人民出版社，2008 年，第 93 頁；杜建錄：《中國藏西夏文獻研究·第二章中國藏西夏文獻敘錄》，上海古籍出版社，2012 年，第 67 頁。杜建錄於《西夏學》第三輯，公佈 2 個號，《中國藏西夏文獻研究》中又增加了 3 個號，共為 5 個號。

〔註 29〕 其載殘卷四小疊，但數量不詳，現已整理的有十六葉，而「十六頁只是其中兩小疊的一部份，已經數位相機翻拍，臨時編號分別是 1-1-3，2-1-13」（林英津：《史語所藏西夏文佛經殘本初探》，第 12 頁）。丁瑞茂《史語所文物陳列館藏西夏文經書來源初步推測》亦論述了中研院館藏黑水城文獻情況，但筆者目前尚未獲得該文。丁瑞茂《史語所藏黃文弼寄存中瑞西北科學考察團文物》（《古今論衡》第二十二期，第 126～138 頁），

數量可能在 1.52～1.53 萬號，即便以已出版《俄藏黑水城文獻》中公佈所見號數（8372 號〔註30〕），其總計數量可能也只能達到 1.57 萬號。

第二節　西夏佛教和黑水城佛教文獻

一、西夏之佛教活動

　　西夏王朝存世 195 年（1032～1227 年），期間歷十代帝王。〔註31〕夏國滅亡之年無有異說，而建國始年以顯道元年（1032），抑或天授禮法延祚元年（1038），賢哲秉持不一。〔註32〕筆者以景宗元昊改元顯道（即 1032 年）並

考證了黃文弼中瑞考察文物寄存中研院之歷史，但其文中只述及羅布淖爾漢簡、石窟壁畫殘片、漢漆杯，而為言及黑水城文獻。又，〈中國藏西夏文獻敘錄〉中，並未指出中研院史語所西夏文獻的來源。（杜建錄：《中國藏西夏文獻研究》上海：上海古籍出版社，2012 年，第 123 頁）另參見註釋 13。

黃文弼先生於《黃文弼蒙新考察日記（1927～1930）》和《略述內蒙古、新疆第一次考古之經過及發現》（載《西北史地論叢》）未明確黑水城採集文獻數量，而李逸友稱：「我國團員黃文弼先生在黑城中採集了文書數百件，現藏於中國社會科學院考古研究所。」（《內蒙古歷史名城》，呼和浩特：內蒙古人民出版社，1993 年，第 138 頁），如此看來，中研院和考古所館藏黃文弼所得文獻公佈僅為採集數量的一部份，大量的殘片還待整理公佈。王新春《中國西北科學考查團考古史研究》（蘭州：蘭州大學博文論文，2012 年，第 131～134 頁）中亦討論了黃文弼收集物數量、存放地等的情況。

〔註30〕俄藏黑城文獻中目前可見最大號為 Инв.No.8372 耕地租傭草帳。（《俄藏黑水城文獻》第 14 冊，現已出版至第 24 冊）

〔註31〕西夏景宗（嵬名元昊）顯道元年（1032 年）建國至末主（嵬名睍）寶義二年（1227 年）滅亡，凡 195 年。

〔註32〕一、天授禮法延祚元年（1038）為西夏建國始年：吳天墀《西夏史稿》、介永強《西北佛教歷史文化地理研究》、李華瑞《宋夏關係史》、〔德〕傅海波、〔英〕崔瑞德編《劍橋中國遼西夏金元史》。

吳天墀先生以 1038 年為西夏國起算時間，其言，「公元九世紀末期，祖國的西北地區出現過一個夏州地方政府，并於公元一零三八年（宋仁宗寶元元年）公開稱帝，發展為割據性的西夏王國」（《西夏史稿》（增訂本），成都：四川人民出版社，1983 年，第 1 頁）介永強亦稱，西夏王朝從 1038 年起算。（《西北佛教歷史文化地理研究》，北京：人民出版社 2008 年，第 55 頁）李華瑞以寶元元年（1038）為元昊稱帝西夏國始年。（李華瑞：《宋夏關係史》，石家莊：河北人民出版社，1998 年，第 40～44 頁）《劍橋中國遼西夏金元史》第二章西夏，定為約 982～1227 年，「在 1038 年正式宣佈成立『大夏』政權」。（〔德〕傅海波、〔英〕崔瑞德編，史偉民等譯，北京：中國社會科學出版社，1998 年，第 172、174 頁）

稱帝，為西夏立國之始年。

　　《宋史‧夏國傳上》：「初（1032年），宋改元明道，元昊避文諱，稱顯道於國中」。〔註33〕又「既襲封，明號令，以兵法勒諸部。始衣白窄衫，氈冠紅裏，冠頂後垂紅結綬，自號嵬名，名吾祖」〔註34〕，「吾祖」，亦名「兀卒」。「兀卒，即吾祖也，如可汗號。議者以為改吾祖為兀卒，特以侮玩朝廷，不可許。」〔註35〕「兀卒者，華言青天子也，謂中國味黃天子。」〔註36〕兀卒，在黨項語言中相當於黨項皇帝或可汗。〔註37〕如是可見元昊不但以避父名諱為藉口棄用宋「明道」年號，而改元「顯道」，且棄唐賜李姓，以兀卒（國君）自居，以彰顯民族、國家之獨立。天授禮法延祚元年（1038）乃公開稱帝，是為獲得平等的國家地位的一種外交方式而已。

　　西夏立國西陲，建都興州（後改稱興慶府、中興府，今寧夏回族自治區銀川市）〔註38〕，為西夏王朝的佛教中心。「兩宋時期，今西北地區寧夏回族

二、顯道元年（1032）作為夏國建國始年。（方詩銘《中國歷史紀年表》、李範文《西夏通史》、李錫厚、白濱：《遼金西夏史》、陳炳應《西夏文物研究》）方詩銘先生以1032年為西夏國起算時間，并於西夏國一欄附註釋，「西夏年世異說頗多，今據《宋史‧夏國傳》和西夏石刻、官印、寫經題記等編製，并參考今人考訂。」（方詩銘《中國歷史紀年表》（修訂本），上海：上海人民出版社，2007年，第111頁）李範文《西夏通史》（銀川：寧夏人民出版社，2005年，第148～149頁）白濱〈第十一章　西夏王朝的興亡〉、「附錄三　西夏大事年表」。（李錫厚、白濱：《遼金西夏史》，上海：上海人民出版社，2003年，第480，677頁）陳炳應《西夏文物研究》之「西夏紀年表」從顯道元年，即1032年起算，而統治時間著者定位190年（1036～1227年）。「大慶三年（1038）十月元昊稱帝改元」（銀川：寧夏人民出版社，1985年，第467頁）

〔註33〕〔元〕脫脫等撰：《宋史》卷四八五，北京：中華書局，2000年，第10807頁。《嘉靖寧夏新志》卷六〈拓跋夏考證〉：自宋太平興國七年（981年）繼邊開基，凡十二主，二百五十八年，夏亡。（〔明〕胡汝礪編，〔明〕管律重修：《嘉靖寧夏新志》，陳明猷校勘，銀川：寧夏人民出版社，1982年，第289頁）

〔註34〕《宋史》卷四八五，第10807頁。

〔註35〕《宋史》卷四八五，第10811頁。

〔註36〕《續資治通鑒長編》卷一二二，寶元元年（1039年）九月。

〔註37〕〔德〕傅海波、〔英〕崔瑞德編：《劍橋中國遼西夏金元史》，史偉民等譯，北京：中國社會科學出版社，1998年，第209頁。

〔註38〕〔美〕鄧如萍《興慶府和中興府及有關問題的考證》（聶鴻音譯，《中國民族史研究》（二），北京：中央民族學院出版社，1989年，第156～166頁）和陳炳應《西夏文物研究》（銀川：寧夏人民出版社，1985年，第183～184頁）對西夏都城名稱演變時間依新材料有所考證。

自治區全境、陝西北部、甘肅河西走廊、青海的一部份都為西夏王朝所轄」。
〔註39〕「立國二百餘年，抗衡遼、金、宋三國，倆鄉無常，視三國之勢強弱
以為異同焉」。〔註40〕雖與遼金宋三國戰事不斷，但依然於法律、政治、軍事、
教育、文化、宗教等方面創造出輝煌的文明與成果，如《天盛改舊新定律令》
為第一部以少數民族文字書寫的法典，全書20卷，分150門，1461條，其詳
細程度為現存中古法律之最；〔註41〕野利仁榮創西夏文字，在回鶻僧白法信、
白智光等三十二人為首領導下，僅用半個世紀翻譯了 3579 卷的番文（西夏
文）大藏經；〔註42〕武威出土西夏文《維摩詰所說經》為現存世界上最早的
活字印刷品。〔註43〕凡此種種，不勝枚舉。

　　西夏國，在其東、南、西三方鄰接的宋朝、契丹、吐蕃、高昌（回鶻）皆
具深厚的佛教文化積澱，故既利於佛教的流布，也使其深受佛教的影響。夏

〔註39〕 介永強：《西北佛教歷史文化地理研究》，北京：人民出版社，2008 年，第 55
　　　　 頁。
〔註40〕 〔元〕脫脫等撰：《金史·西夏傳》卷一三四，北京：中華書局 2000 年，第
　　　　 1925 頁。
〔註41〕 史金波、白濱譯注：《天盛改舊新定律令》，北京：法律出版社，2000 年。
　　　　 王天順：《西夏天盛律令研究》，蘭州：甘肅文化出版社，1998 年。陳永勝：
　　　　 《西夏〈天盛律令〉再認識》；姜歆：《論西夏法律制度對中國傳統法律文化
　　　　 的傳承與創新——以西夏法典〈天盛律令〉為例》，李範文主編：《西夏研
　　　　 究》第 3 輯，北京：中國社會科學出版社，2006 年，第 169～175，333～
　　　　 341 頁。
〔註42〕 據《過去莊嚴劫千佛名經》卷末發願文，從西夏第一代皇帝元昊建國當年即
　　　　 開始組織譯經，以國師白法信、白智光等 32 人為首，歷經四朝，僅用了 53
　　　　 年的時間就將漢文大藏經翻譯成西夏文，稱作「蕃大藏經」，共譯 362 帙、812
　　　　 部、3579 卷。（史金波：《西夏文〈過去莊嚴劫千佛名經〉發願文譯證》，《世
　　　　 界宗教研究》1981 年第 1 期）西夏文《過去莊嚴劫千佛名經》發願文錄文參
　　　　 見史金波《西夏佛教史略》「附錄一西夏碑碣銘文、佛經序、跋、發願文、石
　　　　 窟題記」（第 321～322 頁）。
　　　　 西夏佛典中定名字西藏文譯出者，有所謂五部經（Pancarakṣā），有八千頌般
　　　　 若經。五部經中守護大千國土經上卷考釋已完，未暇繕寫，今舉八千頌般若
　　　　 十數行以為一例。（Nicolas A. Nevsky、石濱純太郎：《西夏文八千頌般若經合
　　　　 璧考釋》，《國立北平圖書館館刊》第 4 卷第 3 號，第 247 頁（2751）
〔註43〕 史金波：《泥活字印刷研究的新發現和新進展》，《中國印刷》2007 年第 8 期，
　　　　 第 108 頁。
　　　　 另可參見孫壽齡：《西夏泥活字版佛經》，《中國文物報》1994 年 3 月 27 日；
　　　　 史金波：《現存世界上最早的活字印刷品——西夏活字印本考》，《北京圖書館
　　　　 館刊》1997 年第 1 期；史金波：《西夏文〈維摩詰所說經〉——現存最早的
　　　　 泥活字印本考》，《今日印刷》1998 年第 2 期。

國民眾「性勇，銳於戰鬥，善畜牧，然甚崇敬釋氏，重巫覡」〔註44〕。目前可見夏國早期的國家援佛行為，如德明於「景德四年（1007年）五月，母罔氏薨……及葬，請修供五臺山十寺」。〔註45〕更為重要的是西夏國君欲將佛教作為立國之本，其不但於外輸入佛典、延攬高僧，且於內廣修寺塔、講法施經、鑿窟造像等等。《續資治通鑑長編》、《宋史‧夏國傳》、《西夏紀事本末》等載，西夏德明、元昊、諒祚、秉常向宋朝乞賜大藏經達七次。〔註46〕現已發現敦煌莫高窟、安息榆林窟屬於西夏時期的洞窟八十八座，洞窟中存供養菩薩、說法圖、淨土變等壁畫，及夏、漢等文字的題記。〔註47〕西夏人為紀念父母、攻佔城池等往往會廣施經卷，〔註48〕如TK128《佛說聖佛母般若波羅蜜多心經》御製發願文載，「於神妣皇太后周忌之辰，開板印造番漢共二萬卷，散施臣民」，TK58《觀彌勒菩薩上生兜率天經》發願文載，「散施番、漢《觀彌勒菩薩上生兜率天經》一十萬卷，漢《金剛經》、《普賢行願經》、《觀音經》等各五萬卷……所成功德伏願一祖四宗，證內宮之寶位；崇考皇妣，登

〔註44〕〔明〕朱旃：《寧夏志箋證》卷上〈風俗〉，吳忠禮箋證，銀川：寧夏人民出版社，1996年，第22頁。

〔註45〕《宋史‧夏國傳》卷四八五，第10805頁。

〔註46〕天聖八年（1030年，《長編》卷一〇九）、景祐二年（1034年，《長編》卷一一五）、至和二年（1055年，《長編》卷一七九）、嘉祐三年（1058年，《西夏紀事本末》卷二十、《西夏書事》卷十九）、嘉祐六年（1061年，《西夏紀事本末》卷二十）、嘉祐七年（1061年，王珪《華陽集》卷十八）、熙寧五年（1072年，《宋史‧夏國傳》卷四八六）。

〔註47〕史金波、白濱：《莫高窟榆林窟西夏文題記研究》，《考古學報》1982年第3期，第367～385頁；陳炳應：《西夏文物研究》，銀川：寧夏人民出版社，1985年，第4、36頁。韓小忙、孫昌盛、陳悅新：《西夏美術史》，北京：文物出版社，2001年，第17～26頁。
從現存夏漢文題記可知時間跨度為1071年至1219年，惠宗秉常至神宗遵頊大致有一百五十年。（史金波、白濱：《莫高窟榆林窟西夏文題記研究》，《考古學報》1982年第3期，第370～371頁）而《西夏美術史》中，依洞窟壁畫的分期和年代，劃分為第一階段（1036～1039年）和第二階段（1040～1227年）。（《西夏美術史》，第37頁）
另外，在天梯山（甘肅省威武縣）、炳靈寺（甘肅省永靖縣小積石山）、武威修行洞（甘肅省威武縣）和永昌千佛閣（甘肅省永昌縣）亦發現有西夏石窟。（《西夏文物研究》，第55～63頁）以及散佈於河西走廊西端的安西東千佛洞、旱峽石窟、肅北五個廟石窟和肅南文殊山石窟中，亦有不少壁畫屬於西夏時期。（《西夏美術史》，第26頁）

〔註48〕參見范立君：《俄藏黑水城發願文研究》，蘭州：蘭州大學碩士學位論文，2011年，第38～41頁。

兜率之蓮臺」。〔註49〕

　　西夏重視佛教、尊重僧人。政府設有專門負責管理僧人的機構——僧人功德司和出家功德司，其位列上等司（司分五等，上等為首）。同時，政府注重保護寺院財產，凡破壞佛像、寺院皆屬於犯罪行為，須徒刑 3 年或 6 年；另則，僧人常獲賜帝師、國師、國師、法師、禪師等師號。〔註 50〕國師在西夏早期為僧人最高的稱號，具現存文獻可知夏政府曾賜 13 位僧人為國師。〔註 51〕帝師是西夏等級最高的僧人師號，出現於 Дx2822「雜字」（「蒙學字書」），雖有封號舉措，然並未建立相應的制度。〔註 52〕

　　西夏僧人民族多樣，包括西番僧（藏族）、番僧（黨項）、漢僧、回鶻僧、

〔註49〕　參見史金波「西夏碑碣銘文、佛經序、跋、發願文、石窟題記」（《西夏佛教史略》附錄一，第 259、267 頁）；范立君：《俄藏黑水城發願文研究》，第 38～41 頁。

〔註50〕　參見《天盛改舊新定律令》卷十〈失職寬限變告門〉、〈司序行文門〉，卷三〈盜毀佛神地墓門〉，史金波、聶鴻音、白濱譯注：《天盛改舊新定律令》，北京：法律出版社，1999 年，第 352、363、365 頁，第 184 頁。姜歆稱，《天盛改舊新定律令》卷十有國師、法師、禪師、定師，（姜歆：《西夏法典〈天盛律令〉佛道法考》，《寧夏師範學院學報（社會科學）》2009 年 8 月，第 86 頁）但筆者翻檢《天盛改舊新定律令》卷十（史金波、聶鴻音、白濱譯注版）并未見「定師」一名。

〔註51〕　《西夏佛教史略》，第 143～144 頁。史金波《西夏佛教（上）》稱，「目前共輯錄到 28 位西夏國師，30 種封號。」（《法音》2008 年第 8 期，第 40 頁）

〔註52〕　關於帝師的討論可參見羅炤：《藏漢合璧〈聖勝慧到彼岸功德寶集偈〉考略》，《世界宗教研究》1983 年第 4 期；史金波：《西夏佛教史略》，銀川：寧夏人民出版社，1988 年，第 137～142 頁；史金波：《西夏漢文本〈雜字〉初探》，白濱、史金波、盧勛、高文德編：《中國民族史研究》（二），北京：中央民族學院出版社，1989 年，第 177、184 頁（按：Дx2822 收錄《俄藏黑水城文獻》第 6 冊（第 137～146 頁）《俄藏敦煌文獻》第 10 冊（第 58～67 頁），《俄藏敦煌文獻》中此件題名「蒙學字書」。史金波先生文中將此件館藏號誤作 Дx2825）；鄧如萍：《黨項王朝的佛教及其元代遺存——帝師制度起源於西夏說》聶鴻音、彭玉蘭譯，《寧夏社會科學》1992 年第 5 期，第 39～47 頁；史金波：《西夏佛教制度探考》，《漢學研究》第 13 卷第 1 期（1995），第 177 頁；張羽：《帝師考源》，《中國藏學》2004 年第 1 期，第 48～58 頁；聶鴻音：《西夏帝師考辨》，《文史》2005 年第 3 期，又收錄《民族研究文匯》，北京：社會科學文獻出版社，2009 年，第 692～707 頁；崔紅芬：《〈俄藏黑水城出土西夏佛經文獻敘錄〉中的帝師與國師》，《西北第二民族學院學報》2004 年第 4 期，第 35～40 頁；崔紅芬：《〈天盛律令〉與西夏佛教》，《宗教學研究》2005 年第 2 期，第 159～160 頁；史金波：《西夏的佛教》（上），《法音》2005 年第 8 期，第 39～40 頁；崔紅芬：《再論西夏帝師》，《中國藏學》2008 年第 1 期，第 210～214 頁。

梵僧。〔註53〕回鶻僧人（白法信、白智光等）在西夏佛教譯經中發揮了巨大的作用，〔註54〕但就翻譯經典的來源（漢藏文佛典）和教義傳播層面而言，西夏佛教卻深受漢藏兩系佛教的影響。夏政府向宋朝乞贖大藏經達七次，且西夏文大藏經譯本是以《開寶藏》為底本；而現存文獻中可確定身份的西夏帝師有六位，其絕大部份是吐蕃僧人。〔註55〕《涼州重修護國寺感通塔碑銘》云：「佛之出（去）世，歲月寖（浸）遠，其教散漫，宗尚各異，然奉之者，無不尊重讚歎。雖兇很（狠）庸愚亦大敬信，況宿習智慧者哉！」〔註56〕漢

〔註53〕參見史金波《西夏佛教史略》，第147～150頁。K.J.Solonin, *Tangut Buddhism as a Local Tradition*，李範文主編：《西夏研究》第3輯，北京：中國社會科學出版社，2006年，第100～108頁。

〔註54〕《宋史·夏國傳》卷四八六：「廣延回鶻僧居之，演繹經文，易為蕃字。」《西夏書事校證》卷十九，「延回鶻僧登座演經，沒藏氏與諒祚時臨聽焉。」（第226頁）西夏文《過去莊嚴劫千佛名經》發願文，「歲中夏國風帝新起興禮式德。戊寅年中，國師白法信及後稟德歲臣智光等，先後三十二人為頭，令依蕃譯。」（《西夏佛教史略》「附錄一西夏碑碣銘文、佛經序、跋、發願文、石窟題記」，第321～322頁）楊富學：《回鶻僧與〈西夏文大藏經〉的翻譯》，《敦煌吐魯番研究》第七卷，北京：中華書局，2004年，第338～344頁。

〔註55〕崔紅芬綜合羅炤、鄧如萍、聶鴻音、史金波、克恰諾夫、陳慶英、熊文彬的研究，並通過梳理史料，在《西夏河西佛教研究》中舉出了六位。分別為妙覺寂照、賢覺波羅顯勝、大乘玄密慧宣、格西藏波哇、日巴（底室哩喇實巴）、藏巴·東庫瓦旺秋扎西。（上海：上海古籍出版社，2010年，第126～128頁）關於此六位帝師詳細論述可參見崔紅芬博士論文《西夏時期的河西佛教》（蘭州：蘭州大學，2006年，第51～56頁）。

〔註56〕羅福成校錄：《涼州重修護國寺感通塔碑銘》，《國立北平圖書館館刊》第4卷第3號，第154頁（2656）。另有史金波先生錄文，參見《西夏佛教史略》「附錄一西夏碑碣銘文、佛經序、跋、發願文、石窟題記」（第252頁）。
關於「出（去）世」、「寖（浸）遠」、「兇很（狠）」文字校錄：
羅福成作「出世」，史金波作「去世」。二詞語義相反，結合後句文意而論，「去世」更為合理。
羅福成作「寖」，史金波錄文作「浸」。作「浸」，然有「寖遠」，意「漸遠」，而無「浸遠」。（依甘肅省博物館藏碑文拓片及比漢碑銘比對，校錄碑文。陳炳應：《西夏文物研究》，銀川：寧夏人民出版社，1985年，第109頁）西夏文碑銘中無對應文句？
羅福成作「很」，史金波作「狠」，作「很（狠）」，《書·酒誥》：「厥心疾很，不克畏死。」二字通也。
崔紅芬認為此段文句不足以證明西夏佛教宗派的多樣性，并不可以單以某經存在而判定其相應宗派的存在，且河西佛教注重修善功德及佛事活動（參見《西夏河西佛教研究》，第245頁），但筆者認為，碑文所述具有雙重含義，不僅描述了佛教歷史發展的現狀（非謂崔認為僅是論述中土佛教），顯示了佛

傳佛教包括華嚴宗、淨土宗、禪宗、天台宗、密宗、律宗、唯識宗，〔註57〕藏傳佛教在西夏有影響的派別，包括噶當派、噶舉派、薩迦派、寧瑪派。〔註58〕

二、黑水城西夏文佛教文獻〔註59〕

西夏文佛教文獻主要譯自漢文和藏文佛教典籍。西夏前四朝在五十三年間共譯出 362 帙、812 部、3579 卷佛教文獻。〔註60〕黑水城出土的佛教文獻

教大小乘、顯密的多樣與複雜，實際也暗指西夏佛教的現狀。為何如是說？因為出土西夏佛教文獻種類、語言的多樣性，表明使用者的多元化。方廣錩先生將中國佛教分為信仰、義理兩種形態，而與之相應的大藏經亦分為信仰型和義理型兩種形態（參見方廣錩：《中國寫本大藏經研究》，上海古籍出版社 2006 年，第 536～544 頁）若西夏佛教僅為信仰，而缺少義理的關注，那麼如律宗典籍注疏《行事鈔顯用記》，小乘有部《順正理論》等義理性極強的文獻就無須傳抄或翻譯，且《行事鈔顯用記》作者智冥，乃是西夏國師。如果智冥僅是注重戒律，似乎並不需要對律宗典籍《行事鈔》予以註釋，而智冥以國師之名從事《行事鈔》的註釋工作，這本身就反映出律宗對其個人的影響，且以期國師之身份推廣，可以推想律宗在西夏佛教中的影響。另則，義理性佛教在任何地區都不可能成為主流，相反世俗、功利佛教信仰狀態則是佛教信仰的主流。不可由此質疑宗派存在的多樣性，若是依此為據論述西夏佛教宗派存在的多樣化，則有失公允。再則，存世的西夏佛教文獻並非其全部，但就留存文獻至少在一定程度上展示出西夏佛教的面向。並且，我們無法跨越時空，歷史呈現唯由故紙推測、勾勒西夏佛教的形態。

〔註57〕 參見史金波《西夏佛教史略》，〈第七章　佛教宗派的影響〉（第 155～167 頁）。主要論述漢傳佛教宗派，藏傳佛教僅在「密宗」一節略有述及。另參見樊麗沙《漢傳佛教在西夏的傳播和影響——以出土文獻為中心》，西北民族大學碩士學位論文 2009 年。〈第四章　中土佛教宗派在西夏的傳播與影響〉（第 27～33 頁）。主要論述淨土宗和禪宗在西夏的流傳情況，其他宗派，如華嚴宗、天台宗、唯識宗、密宗提及一二。主要依存世文獻論述，未擴及思想、修持層面。崔紅芬：《西夏河西佛教研究》，〈第五章　河西地區禪淨及觀音信仰〉，北京：民族出版社，2010 年，第 245～312 頁。主要論述禪宗和淨土信仰（包括彌陀、彌勒兩種淨土信仰）。樊麗沙、楊富學：《西夏境內的漢僧及其地位》，《敦煌學輯刊》2009 年第 1 期，第 122～134 頁。

〔註58〕 崔紅芬：《西夏河西佛教研究》，〈第六章　河西地區的藏傳佛教〉，北京：民族出版社，2010 年，第 313～353 頁。崔紅芬：《西夏時期的河西佛教》，蘭州：蘭州大學博士學位論文 2006 年，第 126～142 頁。崔紅芬：《藏傳佛教各宗派對西夏的影響》，《西南民族大學學報（人文社科版）》2006 年 5（總第 177 期），第 47～53 頁。李範文：《藏傳佛教對西夏的影響》，《國立歷史博物館館刊‧歷史文物》第 6 卷第 3 期（1996.06），第 46～59 頁。

〔註59〕 西夏文國內外收藏情況可參見束錫紅《西夏文獻學研究》之「第三章　西夏文獻的收藏」（第 15～20 頁）。

〔註60〕 〈編例〉，《俄藏黑水城文獻》第 15 冊，第 1 頁。

主要包括西夏文、漢文、藏文、回鶻文、梵文，其中西夏文和漢文佛教文獻占絕大部份。各國館藏黑水城西夏文佛教文獻已刊行圖版有，《俄藏黑水城文獻・西夏佛教部份》《英藏黑水城文獻》《中國藏西夏文獻》《日本藏西夏文獻》。由於目前尚無針對黑水城西夏文獻的統計，且俄藏黑水城文獻迄今尚未完全刊佈，〔註61〕故暫時無法確知其準確的數量。〔註62〕據已出版的圖版而論，黑水城西夏文佛教文獻數量約為 3409 號，包括俄藏（俄羅斯科學院東方文獻研究所）計 699 號〔註63〕，中國藏（國家圖書館、內蒙古考古研究所）約 50 號，英藏（國家圖書館）2634 號，日本藏（天理大學附屬天理圖書館）26 號。

　　西夏文獻佛教文獻的版本包括雕版刻本、活字本、寫本；裝幀方式包括卷子裝、蝴蝶裝、經摺裝、縫繢裝、梵夾裝。

　　俄藏的數量為諸家館藏數量之首，且品相良好。約有四百多種，包括經、律、論，及疏義傳述等。〔註64〕僅《大般若波羅蜜多經》，《俄藏黑水城文獻・西夏佛教部份》從第 15 冊至 21 冊〔註65〕。英藏黑水城西夏佛教文獻碎片居多，餘之相對完整殘頁且數量較豐者，如《大般若波羅蜜多經》、《金剛般若波羅密多經》、《金光明最勝王經》等。中國藏西夏文佛教文獻中，《大般若波羅蜜多經》有 27 號，餘之有《金剛波羅蜜多經》、《妙法蓮華經》、《大方廣佛華嚴經》、《地藏菩薩本願經》、《佛母出生三法藏般若波羅密多經》、《新刻慈

〔註61〕一者《俄藏黑水城文獻・西夏佛教部份》已出版至第 24 冊，尚未全部出齊；二者《俄藏黑水城文獻・西夏佛教部份》之「編例」中稱，「同一佛教文獻的同一印本，選收一種較為完整的版本，同一佛教文獻的不同寫本，則選收一種或兩種較為完好者，其他寫本具有特色者，則全部或部份選收」。（《俄藏黑水城文獻》第 15 冊，第 1 頁）

〔註62〕束錫紅《西夏文獻學研究・第九章　西夏文獻總目初編》（第 109～133 頁）中，包括漢夏文兩種文獻（社會文獻和宗教文獻），其以中（僅有國圖、寧夏回族自治區文管所、臺故宮部份西夏文獻，中國其他藏西夏文文獻未收）、俄、英、法、瑞為統計對象，另，日本藏西夏文、中國藏黑水城漢文文獻未收，且黑水城西夏文文獻以未單列，故無法知曉西夏文文獻的實際總量，及黑城出土西夏文文獻及其佛教文獻的總量。同時，著者統計僅以圖版目錄及《西夏文佛教文獻目錄》為依，並未重新核對題名與文獻內容，故在無法保證文獻定名準確的情況下，由此必然影響了分類統計的準確。如，《中阿含經》，〈初編〉僅著錄 TK278A（或作 TK278.1），但實際還有 TK309、Дх11576.4 兩號。

〔註63〕此號數為從《俄藏黑水城文獻・西夏佛教部份》第 15 至 22 冊統計而得。

〔註64〕〈內容說明〉，《俄藏黑水城文獻》第 15 冊，第 1 頁。

〔註65〕《俄藏黑水城文獻》第 21 冊另收錄《金剛般若波羅密多經》、《大寶積經》。

悲懺法》、《聖勝慧集頌經》等。〔註66〕而日本已知館藏黑水城西夏文獻的僅天理大學附屬天理圖書館藏26號，如聖摩利天母總持經殘片、佛頂心觀世音陀羅尼經卷上殘片、妙法蓮華經心殘片及未詳佛典。〔註67〕

西夏文佛教文獻與漢文佛教文獻相同，皆有顯密二教、大小二乘典籍。大乘典籍包括般若部、寶積部、華嚴部、法華部等，尤其是般若部中的《大般若波羅蜜多經》、《金剛般若波羅密多經》中英俄三家皆有豐富的館藏，小乘典籍則有《長阿含經》；密教典籍，如《大寒林經》、《拔濟苦難陀羅尼經》、《佛頂心觀世音陀羅尼經》、《金剛亥母共修順要論》、《聖柔吉祥之名真實誦》等。

三、黑水城漢文佛教文獻

據現已公佈的黑水城漢文佛教文獻統計，共計219種（未經重定名前），〔註68〕包括經律論、漢藏兩系佛教宗派文獻及其他相關佛教文獻。文獻外觀形態亦豐富多樣，載體形態包括寫本、刻本，裝幀形態則有經摺裝、縫繢裝、蝴蝶裝，書法形態包括正楷、行楷、草書。西夏雖曾向宋朝乞賜藏經，并譯有番文大藏經，但黑水城並未發現漢文藏經（開寶藏）遺存，且就版式而言，乃是各自獨立刻本或寫本。若藉以《大正藏》分類原則統計，在24類目中，除外教部無相關文獻外，其他諸部皆有若干種文獻遺存。

小乘經律僅占存留文獻種類3%，如四部阿含有長阿含經典尊經、長阿含經世記經、中阿含經說本經、增壹阿含經利養品、增壹阿含經結禁品、佛說業報差別經，小乘律則惟有摩訶僧祇律（僅存題簽）。大乘經論和密教文獻的數量占了絕大部份，大乘經中存留數量較大是金剛經、妙法蓮華經、華嚴經、金光明經。密教文獻較之大乘經更是品類繁多，約占存留文獻種類41%，典籍、咒語、法事儀軌一應俱全，諸如聖妙吉祥真實名經、佛母大孔雀明王經、佛說大乘無量壽決定光明王如來陀羅尼經、勝相頂尊總持功能依經錄、聖觀自在大悲心總持功能依經錄、大佛頂白傘蓋心咒、佛眼母儀軌、求佛眼母儀軌、無量壽如來念誦修觀行儀軌、吉祥金剛手燒壇儀、修青衣金剛手法事，

〔註66〕參見杜建錄：《中國藏西夏文獻敘錄》，《西夏學》第3輯，第72～158頁。
〔註67〕《日本藏西夏文獻》下。
〔註68〕此數量為筆者僅以刊佈目錄之文獻種類數量。文獻統計方法與原則：1 按文獻名進行統計，對於多卷本的文獻，若留存僅為部份或殘本，仍按原文獻名統計；2 內容重複的文獻只記錄一種；3 各收藏地之間，同一內容的文獻，只記錄其中一種；4 定名籠統者未計入，如佛經殘頁。

等等。黑水城漢文佛教文獻所彰顯出強烈的密教色彩，結合其他西夏文、藏文黑水城密教文獻，以及藏傳僧人在西夏所具有的至尊地位，所獲帝師、國師等尊號人數遙相呼應，如是無不反映出西夏佛教的密教特色與藏傳佛教對西夏佛教的影響力。

　　在漢傳佛教中禪宗和華嚴宗的文獻種類占多數，如禪宗，中華傳心地禪門師資承襲圖、照心圖、亡牛偈、佛果圜悟禪師碧巖錄、真州長蘆了和尚外劫外錄、慈覺禪師勸化集、永嘉正道歌頌；華嚴宗，注華嚴法界觀門、注清涼心要、金剛般若經疏論纂要、大方廣佛華嚴經隨疏演義鈔。禪宗還存有南宗禪重要典籍《六祖壇經》的西夏文譯本，黑水城文獻西夏文、漢文金剛經、華嚴經大量的存在，此亦可說明禪宗和華嚴宗在西夏佛教也具有相當地影響。

第二章　黑水城漢文佛教文獻之定名

　　黑水城漢文佛教文獻之題名勘定，依據原卷圖版予以錄文，若未公佈圖版，則以迻錄刊佈者之錄文。錄文將盡可能地保留原卷字形的原貌，以期顯示書寫的時代、區域特徵，若無法直接輸入者，則以圖片代之。文獻題名之擬定，將利用漢文藏經所存典籍予以比定文句；若為藏外文獻之殘頁（片），則據文獻內容相近文獻；若為漢文密教文獻，則利用現存漢譯密教文獻及黑城現存漢文密教文獻予以比定。

　　使用符號說明：

〔1〕■，表示字的構件缺損，或抄本漫漶，無法辨識。

〔2〕□，表示缺損文字。□，表示殘缺一字。□……□，表示殘缺字數不詳。

〔3〕（），表示其內乃據殘字之構件補錄，或據文意、音同（近）字改錄。

〔4〕〔 〕，表示其內為俗字之正體、或訛字改錄。

〔5〕＿＿＿＿，文句下標有下劃線，表示所缺文字。

第一節　中國藏黑水城漢文佛教文獻定名

一、《中國藏黑水城漢文文獻》之佛教文獻定名

　　1. M1・1369 [F13：W25] 佛經殘頁（第 8 冊，第 1703 頁）

　　〔前缺〕

　　字大明呪王圍旋心中啞字離

　　諸妄念而誦□也

　　行人欲放施食者於淨器中盛

所辦食淨水沃之自身頓成聖

者誦六字呪召請諸佛菩薩及

［後缺］

［前缺］

其中浩淼廣大若人能於此呪發

信敬心者福德超彼大水積滴以成

滴數亦可知之神呪一遍功德難比

世間大地山林河海猶可擔持明呪一

［後缺］

抄本中「（六）字大明呪王」「六字呪」及觀想「噁」（MC.ʔa，經中又譯作阿、啊、惡、噁等，梵語擬音作 a／ā）字等施食偈文具有較為明顯的密教特徵，其中六字大明咒（oṃ maṇipadme hūṃ）屬於觀音菩薩（Avalokiteśvara）心咒，而「噁」若作為密教種子咒修持法，則梵語可構擬作 āḥ，此屬於不空成就如來（Amoghasiddhi）之種子咒。又，「噁」亦可作為「唵噁吽」三字咒之一，三字與身口意相應。密教典籍《佛說大白傘蓋總持陀羅尼經》云：「若疲倦時欲奉施食，則面前置施食，念『唵噁吽』三字呪攝受，變成甘露。」〔註1〕祩宏《修設瑜伽集要施食壇儀》、寂暹《瑜伽焰口注集篡要儀軌》皆有總持（加持）真言「唵噁吽」（梵語構音作 Oṃ āḥ hūṃ），故擬定作「施食儀軌殘片」。

2. M1・1370〔F13：W3-1〕佛經殘頁（第8冊，第1704頁）

［前缺］

召識誦中改弟■　■■（施食）〔1〕□□□□□

二示其宿業誦此偈

亡過弟子志心聽　宿主由造慳悋〔2〕業

慮恐墮在餓鬼中　於飢渴苦而济〔3〕度

三燒施助善〔4〕誦此偈　先念火神偈

■（斷）〔5〕除貪悋〔6〕大悲尊　演說施法能救苦

□□□求皆得遂　唯願止滅飢渴苦

［後缺］

校記

〔1〕施食。李逸友「弟」下錄作「□於」〔註2〕。殘片「弟」下可辨識構件僅為方、食，又，偈頌中存「慮恐墮在餓鬼中，於飢渴苦而济度」、「唯願止滅飢渴苦」之句，據此補作「施食」二字。一者，二字形旁與「方」「食」相合；二者，文意貫通。

〔2〕〔6〕■，惜也。李逸友錄作「怪」，〔註3〕非是。惜，是「吝」類化增「忄」旁所致俗寫。《碑別字新編》所錄「惜」（《魏元茂墓誌》）〔註4〕，及《敦煌俗字譜》收錄「■」〔註5〕，此二形皆與「■」相近，故定作「惜」。《玉篇‧心部》：「惜，鄙也。俗又作悋。」《廣韻‧震韻》：「惜，鄙惜。本亦作『吝』。」《說文‧口部》僅收「吝」，徐鉉注云：「吝，今俗別作悋，非是。」〔註6〕慧琳《一切經音義》卷十六《大聖文殊師利佛剎功德經》之「占吝」釋文：「經從心作悋，亦通。古文從文作『吝』。」〔註7〕麗藏本「悋」形作「悋」，此中「乂」形變作「又」。惜、悋，皆為「吝」形變所成。又，「慳惜」、「貪惜」，文意相通。

〔3〕济，濟也。此俗寫宋刊《取經詩話》亦有。〔註8〕

〔4〕■，善也。善（《魏元寶月墓誌》）〔註9〕與之形近，唯抄本豎筆略有出鋒，演化為豎撇。

〔5〕斷。李逸友錄作「所」，非是。〔註10〕抄本僅存形符「斤」，據文意補作「斷」，「斷除貪惜」（斷除貪欲、慳吝），文意可通，如《悲華經》卷四云：「若有眾生在在處處聞是法聲，即時得斷貪欲、瞋恚、愚癡、憍慢、慳惜、嫉妒，而得

〔註2〕李逸友編《黑城出土文書（漢文文書卷）：內蒙古額濟納旗黑城考古報告之一》，北京：科學出版社，1991年，第220頁。

〔註3〕《黑城出土文書（漢文文書卷）》，第220頁。

〔註4〕秦公輯：《碑別字新編》，北京：文物出版社，1985年，第120頁。

〔註5〕潘重規主編《敦煌俗字譜》，臺北：石門圖書公司，1978年，第104頁。

〔註6〕〔漢〕許慎撰，〔宋〕徐鉉校訂：《說文解字》，北京：中華書局，1963年，第34頁。

〔註7〕〔唐〕慧琳《一切經音義》，《景印高麗大藏經》第42冊，臺北：新文豐出版公司，1982年，第319頁。

〔註8〕原題作《大唐三藏取經詩話》，為日本高山寺舊藏，上虞羅振玉影印本，劉復、劉家瑞編《宋元以來俗字譜》，北平：國立中央研究院歷史語言所，民19年（1930），第48頁。

〔註9〕《碑別字新編》，第192頁；《宋元以來俗字譜》同此（第11頁）。

〔註10〕《黑城出土文書（漢文文書卷）》，第220頁。

寂靜思惟諸佛甚深智慧，發阿耨多羅三藐三菩提心。」〔註11〕

3. M1·1371〔F13：W3-2〕佛教殘頁（第8冊，頁1705）

〔前缺〕

五〔1〕禱■（祝）〔2〕加行誦此偈　□□□□□□□

唯願亡辽〔過〕〔3〕弟子身　　餓鬼業障皆除滅

飢渴苦中得解脫　　施度园〔圓〕〔4〕滿成正竟〔覺〕〔5〕

六教戒演法誦此偈

所生□〔6〕□□□□□

〔後缺〕

校記

〔1〕五，李逸友錄作「王」，〔註12〕非是。殘片下文有「六」作為序數詞，M1·1370號亦有序數詞「二」「三」，從字形、文意，此當作「五」。

〔2〕　，祝。李逸友未錄。據殘缺構件、文意擬作「祝」。禱祝，文意可通。經云：「對三寶前焚香瀝水禱祝發願。」〔註13〕

〔3〕　，過也。李逸友錄作「辽」，〔註14〕非是。此形為「過」之草書楷化所成，《草書大字典》「過」條收有此字形，如「　」（張芝）〔註15〕。且此「唯願亡過弟子身」與M1·1370中「亡過弟子志心聽」，上下文意貫通，故定作「過」。

〔4〕园，圓也。李逸友錄作「圓」。〔註16〕《類篇·口部》：「园，圓也。」《宋元以來俗字譜》「圓」下收錄「园」。〔註17〕

〔5〕竟，覺也。《宋元以來俗字譜》「覺」下收錄「竟」。〔註18〕

〔6〕李逸友錄作「之」，〔註19〕從殘片所存筆畫甚難斷定為何字，故今闕錄。

　　M1·1370和M1·1371，現存二、三、五、六段頌文，一、四段偈頌殘

〔註11〕《大正藏》第3冊，第194頁上。
〔註12〕《黑城出土文書（漢文文書卷）》，第220頁。
〔註13〕《廣大蓮華莊嚴曼拏羅滅一切罪陀羅尼經》卷一，《大正藏》第20冊，第504頁上。
〔註14〕《黑城出土文書（漢文文書卷）》，第220頁。
〔註15〕《草書大字典》（上海掃葉山房石印本影印）下冊，北京：中國書店，1983年，第1418頁。
〔註16〕《黑城出土文書（漢文文書卷）》，第220頁。
〔註17〕《宋元以來俗字譜》，第14頁。
〔註18〕《宋元以來俗字譜》，第82頁。
〔註19〕《黑城出土文書（漢文文書卷）》，第220頁。

缺。二本行筆、墨色、紙張極為相近，似由一人抄錄之文書，且文意亦相通，如偈文「唯願止滅飢渴苦」與「飢渴苦中得解脫」，「唯願亡過弟子身」與「亡過弟子志心聽」二者完全可以連讀，故兩殘片可作同一文本解讀。

M1·1370 殘卷共存兩段偈頌，分別是「召識誦」和「火神偈」。從頌文可知，是為召請亡者神識、燒施、懺罪獲度所行法事儀軌。通過焚燒施供，乃是密教常用的一種法事儀軌，《阿吒薄俱元帥大將上佛陀羅尼經修行儀軌》卷上云：「即燒香散華施食，次此西南爐中燒胡麻粳米蜜酪酥，并燒種種飲食竟云，慚愧一切聖眾降臨此所。」〔註20〕火神，亦作火天，即 Agni 的意譯，其詞義具有火、祭火等含義，〔註21〕音譯又作阿祁尼、惡祁尼、阿耆尼等〔註22〕。《翻譯名義集》云：「惡祁尼，或名些（蘇計）吉利多耶尼，此云火神。」〔註23〕「些吉利多耶尼」為《大方等大集經》所載印度星宿中南方氐宿（viśākhā）之族姓（gotra）名。〔註24〕氐宿的主神為火神，而以火神為主神的星宿還包括南方星宿（maghā）、東方昴宿（kṛttikā）、西方斗宿（uttara-ṣāḍha）。「些吉利多耶尼」在其他載有印度星宿的佛教文獻中稱謂不一，如《摩登伽經》作「桑遮延」，《舍頭諫經》作「已彼」，尼泊爾梵本、牛津梵本《虎耳譬喻經》分別作 śākhāyana、satkṛyāyana。〔註25〕火神為婆羅門教所奉神祇，而後密教將之引入，并轉化為佛教護法神，如「或風神、火神、水土之神祭祀言說，以作未作以成未成以害未害，有聞此甘露無邊大神呪者，令彼鬼神及作之人。自消自滅無有遺餘。」〔註26〕

抄本有「火神偈」，應與之有關。另，抄本中「施食」、「加行」等內容皆為密教法事有關，且內容指向亡者，冀望其免墮餓鬼道，故依此擬定作「免

〔註20〕《大正藏》第 21 冊，第 191 頁下。

〔註21〕Monier-Williams, *A Sanskrit-English Dictionary*, Londen: Oxford University Press, 1899, p5.

〔註22〕參見《佛說大孔雀呪王經》卷二（《大正藏》第 19 冊，第 467 頁中）、《孔雀王呪經》卷二（《大正藏》第 19 冊，第 452 頁中）、《阿毘達磨大毘婆沙論》卷十五（《大正藏》第 27 冊，第 73 頁下）、《大方等大集經》卷四十一（《大正藏》第 13 冊，第 275 頁中）

〔註23〕〔宋〕法雲《翻譯名義集》卷二，《大正藏》第 54 冊，第 1086 頁中。

〔註24〕《大方等大集經》卷四十一〈星宿品〉，《大正藏》第 13 冊，第 275 頁中。

〔註25〕尼泊爾梵本、牛津本之梵語族姓參見周利群、李燦《從牛津大學藏〈虎耳譬喻經〉中亞梵本看早期佛經天文學漢譯中的歸化與異化》（《中國科技史雜誌》第 42 卷（2021 年）第 2 期，第 178 頁）

〔註26〕《大正藏》第 21 冊，第 190 頁中。

墮餓鬼燒施救度文」。

4. M1・1373〔F218：W：1〕佛經殘頁（第 8 冊，第 1707 頁）

〔前缺〕

所有盡法界虛空界十方三

世一切剎土所有極微一一塵中

皆有一切世間〔1〕極微塵數佛一

一佛所皆有菩薩海會圍遶

我當悉以甚深勝解現前知

〔後缺〕

校記

〔1〕《大正藏》本作「界」。校勘記載，宋本（南宋思溪藏）、明本（明嘉興藏）作
「間」。《高麗藏》本、《金藏》本作「界」，《洪武南藏》本、《永樂北藏》本、
《房山石經・明代》本、《龍藏》本作「間」。世界（lokadhātu）、世間（loka），
二者所對應的梵文語義略有差異，前者意為區域或世界的一部份，後者意為寬
敞的空間或宇宙、天空。〔註27〕宋法雲《翻譯名義集》卷三注云：「間之與界，
名異義同。間是隔別間差，界是界畔分齊。」〔註28〕故界、間二字皆可選擇。

般若譯本《大方廣佛華嚴經》卷四十〈入不思議解脫境界普賢行願品〉：

<u>復次，善男子！言稱讚如來者</u>：所有盡法界、虛空界十方三世一切剎土
所有極微一一塵中，皆有一切世界極微塵數佛，一一佛所皆有菩薩海會圍遶，
我當悉以甚深勝解，<u>現前知見</u>；（《大正藏》第 10 冊，第 844 頁下。）

經與《大方廣佛華嚴經・入不思議解脫境界普賢行願品》比對，惟「間」
（界）一字，諸本稍有差別，然其義同，可作一解，故擬定作「《大方廣佛華
嚴經・入不思議解脫境界普賢行願品》殘片」。

5. M1・1382 佛經殘頁（第 8 冊，第 1716 頁）

〔前缺〕

〔註27〕參見 *A Sanskrit-English Dictionary*, p906.
現存梵文本，僅有相當於漢譯《華嚴經・十地品》（Daśabhumika）、《華嚴經・
入法界品》（Gaṇḍavyūha）的部份，及《普賢行願品》末尾頌文《普賢行願讚》
（《普賢行願王偈》，Bhadracarī-praṇidhāna-raja）遺存，卻未發現《普賢行願
品》長行之梵本。

〔註28〕《大正藏》第 54 冊，第 1095 頁中。

□……□命似水

□……□河不斷［斷］〔1〕頭［願］〔2〕福如南（山）〔3〕

□……□年長鞏固

□……□福■（壽）〔4〕菩薩�〔5〕

［後缺］

校記

〔1〕斷，「斷」之俗字。《干祿字書》收錄此字。〔註29〕

〔2〕■，「頭」之俗寫。（《偏類碑別字·頁部·頭字》引〈齊靜明造象記〉）

〔3〕山，據文意當補。「壽比南山」為傳統賀詞，此與後文「年常鞏固」「福壽菩薩」，上下呼應，故據此補入。「□……□河不斷頭，福如南（山）□……□」，此當祈願之辭。「斷頭」者，惡相之徵，而「不斷頭」則與之相反，為之祥瑞之兆。

〔4〕■，僅存「士」，據文意補入「壽」。福壽菩薩可見於偽經《壽生經》，〔註30〕《諸經日誦集要》和《慈悲藥師寶懺》（又名《消災延壽藥師懺法》）皆引「福壽菩薩」名號。〔註31〕

〔5〕■，下葉中菩薩名號下亦具同樣的書寫符號，意義不詳，疑似重文號。

［前缺］

□……□今［令］〔1〕白□世世生生〔2〕

□……□臨命終時无［無］〔3〕諸

〔註29〕〔唐〕顏元孫撰、施安昌編《顏真卿書干祿字書》，北京：紫禁城出版社，1990年，第39頁。以下引用略稱《干祿字書》。

〔註30〕《壽生經》僅收錄在《卍續藏》中，此經未言譯者，雖經首云：「貞觀十三年，有唐三藏法師往西天求教，因檢大藏經見《壽生經》一卷。」（《卍續藏》（新文豐影印本）第87冊，第598頁上），此「唐三藏法師」似乎是玄奘法師，另據《法苑珠林》卷五載，玄奘貞觀十三年在中印度，然據《大唐內典錄》卷五所載玄奘譯經目錄，未見譯有此經，且經中有所謂納壽生錢，以免災救度之說，此顯然有違佛教因果之理，故似可判此乃偽經。印光法師亦將此經判為偽經，可參見《一函遍復》、《復李仲和居士書（民國二十年）》、《復郭介梅居士書二（民國二十年）》、《復江景春居士書二（民國二十二年）》（《印光法師文鈔續編》上，臺中：臺中蓮社，1983年，第3、34、73、122頁）另可參見韋兵《俄藏黑水城文獻《佛說壽生經》錄文——兼論11～14世紀的壽生會與壽生寄庫信仰》（杜建錄主編：《西夏學》第五輯，上海：上海古籍出版社，第92～99頁）

〔註31〕《諸經日誦集要》引用《壽生經》全文，而《慈悲藥師寶懺》所引消災障菩薩亦僅見於《壽生經》。

□……□音菩薩〔4〕ᐁ〔5〕

□……□奉各人本命

□……□生曜此祈各

□……□■（聲）〔6〕遠福祿增添

□……□無諸□難

[後缺]

校記

〔1〕今，作「令」為宜。「今白□世世生生」，文意難解，而改作「令」，形成使動語態，即「令……世世生生」，文意可解。「白□」，疑為功德主之姓名。

〔2〕「生」下有重文號，依此補入。

〔3〕圥，無。《宋元以來俗字譜》收錄此形。〔註32〕

〔4〕□音菩薩，藏經以此為名號的菩薩甚為繁多，諸如普音菩薩、妙音菩薩，〔註33〕普勝軟音菩薩、月德妙音菩薩〔註34〕，威神音菩薩，〔註35〕最寂音菩薩、無等音菩薩、地震音菩薩、大海潮音菩薩、大雲雷音菩薩、法光音菩薩、虛空音菩薩、一切眾生廣大善根音菩薩、演昔大願音菩薩、降魔王眾音菩薩。〔註36〕抄本雖只存「音菩薩」三字，然抄本中有無量壽尊佛、彌陀佛，以及大勢至菩薩出現，而觀世音菩薩同為阿彌陀佛之脅侍，三者於經文中往往同時出現，如《佛說觀無量壽佛經》，〔註37〕故可將所缺部份似可擬作「觀世音菩薩」。

〔5〕ᐁ，疑似重文號。

〔6〕■，原卷褶皺致字形難辨，疑形近「聲」。所謂嘉聲遠震，嘉聲遠布等。

[前缺]

引勢至來迎向弥 [彌]〔1〕陁 [陀]〔2〕佛

前親蒙受記

〔註32〕《宋元以來俗字譜》，第51頁。

〔註33〕《大般若波羅蜜多經》卷五六六〈緣起品〉，《大正藏》第7冊，第921頁中。

〔註34〕《大方廣佛華嚴經》卷一〈世間淨眼品〉，《大正藏》第9冊，第395頁中。其他卷數中還存有大量的「××音菩薩」名號。

〔註35〕《佛說濟諸方等學經》卷一，《大正藏》第9冊，第377頁下。

〔註36〕《大方廣佛華嚴經》卷一〈入不思議解脫境界普賢行願品〉，《大正藏》第10冊，第661頁中。

〔註37〕觀世音菩薩及大勢至，於一切處身同眾生，但觀首相，知是觀世音，知是大勢至，此二菩薩助阿彌陀佛，普化一切。（《大正藏》第12冊，第344頁下。）

　　　無量壽尊佛諸■〔3〕

　　又將〔4〕一分功德專伸追

　　薦亡過眾信生身父母

　　人間天上轉一逍遥〔5〕蒼（常）〔6〕在

　　三佘［途］〔7〕八難離苦解脫

　　　南無三卻［劫］〔8〕三千佛

　　〔後缺〕

校記

〔1〕弥，彌。尒，爾，二字通（《干祿字書》），〔註38〕另祢，禰，二字亦同（《干祿字書》），〔註39〕故依此二形，可知弥、彌，二字相通。

〔2〕陬，陀。《古俗字略》云：「陀、阤、陬，並同上。」〔註40〕

〔3〕諸■。■，原卷作「　」，難以識別。從墨色、文意、行款觀之，「諸■」與前後文字未予相涉，二字書於佛名號下，甚難釋讀其義。

〔4〕將，原卷作「　」，此形近「将」。《五經文字・爿部》云：「　，經典相承隸省。」〔註41〕隸書亦有多種形態，如東漢《衡方碑》之「將授緄職」（《隸辨》），〔註42〕「將」作「　」；東晉《爨寶子碑》之「晉故振威將軍」，「將」作「　」。本卷所書「寽」上「⺍」部形同「⼍」，此當為書寫行草化所致。

〔5〕　，遥。聲旁「⺈」下「缶」，抄本作「内」，疑為草書楷化所致。「遙」之草書形如「　」，〔註43〕山，草書於行筆回鋒後形成「冂」形，楷化後又將「⺈」下三點置換為「厶」，如此形成抄本「遥」之俗形，故定作「遙」，且「逍遥」一詞可解。

〔註38〕《干祿字書》，第35頁。碑帖此處缺失，參見淺倉屋久兵衛刊本《干祿字書》（書林，文化十四年（1817）刊，早稻田大學藏本。此本為日本國翻刻宋陳蘭孫刊本，施安昌《關於〈干祿字書〉及其刻本》中，載有日本刊印《官板干祿字書》之書影，并謂其為日本官版書籍發行所於文化十四年刊印，其版據宋陳蘭孫刊本）。

〔註39〕《干祿字書》，第38頁。

〔註40〕〔明〕陳士之《古俗字略》卷二，《古俗字略・宋元以來俗字譜》，杉本つとむ編《異體字研究資料集成》二期八卷，東京：雄山閣，平成7年，第54頁。

〔註41〕〔唐〕張參：《五經文字》（文化七年（1810）刊，早稻田大學藏本）上，十八。

〔註42〕顧南原撰集《隸辨》（據康熙五十七年項氏玉淵堂刻版影印），北京：中國書店，1982年，第221頁。

〔註43〕《草書大字典》下冊，第1427頁。

〔6〕**㖿**，形近「蒼」，然「人間天上，轉一逍遙蒼在，三途八難，離苦解脫」，文意難解，疑當作「常」。《廣韻·唐韻》：蒼，清母（ʦʻ），三等，平聲，七岡切。《廣韻·陽韻》：常，禪母（ʐ），一等，平聲，市羊切。中古音至今音存在全濁音清化現象，禪母（ʐ）為濁擦音，ʐ之今音平聲轉化為塞擦音 ʦʻ，〔註 44〕如是「蒼」「常」二字之聲母 ʦʻ、ʈʂʻ音近。又，唐韻（ɑŋ）、陽韻（aŋ），二韻音值相近，且「蒼」「常」皆為平聲。據聲韻調可知，「蒼」「常」二字音近，故易音近相訛。

〔7〕佘，若作姓氏，「佘」同「余」，《廣韻·麻韻》：「余，姓也，見《姓苑》。」殘片文句與此無涉，且文意難通，疑當作「途」，「三途八難」為佛教常用語。此中或為二因所致，一者，《集韻·模韻》中，「余」「途」皆作同都切，〔註 45〕二字音同，故疑「余」「途」二字音同借用。二者，「途」省略形符（辶）而成「佘」。

〔8〕**㘴**，三卻三千佛，大藏經未見，僅聞《三劫三千佛名經》，〔註 46〕《開元錄》《貞元錄》皆載有此經名，又作《三劫三千諸佛名經》《集諸佛大功德山經》。《干祿字書》：「劫、刧，上通下正。」〔註 47〕「刧」謂「劫」之俗寫。「卻」「刧」二字形旁「卩」「刀」相近，如是書寫連筆而致再次發生訛化，最終導致「劫」訛作「卻」。三劫者，莊嚴劫、賢劫、星宿劫，故於字形結構、文意而言，應作「南無三劫三千佛名」。

　　M1·1382 共三片。第一片以生者延生祈福為主，其含有「福壽菩薩」、「福如南（山）」、「年長鞏固」祈願語，類似文句如「長把一心禮佛天，命延鞏固自悠然。富因廣積來生福，貴為深根宿世緣。」〔註 48〕《消災延壽藥師懺法》中亦有福壽菩薩。

　　第二、三片則以超度亡者為主，抄本偈文中有阿彌陀佛、觀世音菩薩、大勢至菩薩，亦有「臨命終時無諸」、「又將一分功德，專伸追薦，亡過眾信，生身父母，人間天上，轉一逍遙常在，三途八難，離苦解脫。」等頌文。〔註 49〕

〔註 44〕參見胡安順《音韻學通論》，北京：中華書局，2003 年，第 157～159 頁。陳復華《漢語音韻學基礎》，北京：中國人民大學出版社，1983 年，第 182 頁。

〔註 45〕〔宋〕丁度等撰：《宋刻集韻》，北京：中華書局，1989 年，第 25 頁。

〔註 46〕《一切經音義》卷四十三，《大正藏》第 54 冊，第 594 頁上。

〔註 47〕《干祿字書》，第 65 頁。

〔註 48〕趙文煥、候沖整理《如來廣孝十種報恩道場場儀》，方廣錩主編《藏外佛教文獻》第八輯，北京：宗教文化出版社，2003 年，第 142 頁。

〔註 49〕另，「轉一逍遙常在」，與前後文行文不一致，疑「轉一」為衍文，或「轉一」下有脫文。

此多見於修持彌陀淨土相關的法本，如《禮念彌陀道場懺法》〔註50〕，亦可見於懺儀，如《瑜伽燄口註集纂要儀軌》「所集功德專伸修薦，某仗此良因，早登覺岸。」〔註51〕

　　M1‧1382 含有延生與往生兩種不同性質的頌文，似乎是某種法事儀軌的頌文集，故將之擬定作「消災延壽偈頌文、度生淨土懺法儀文」。

　　6. M1‧1387〔F79‧W15〕佛經殘頁（第8冊，第1719頁）

　　　　□……□屬廣■□……□

　　　　□……□■（抱）識□……□

　　　　□……□■（難）脫■（與）□……□

　　　　□……□慶畜生□……□

　　　　□……□■（言）今識麁□……□

　　　　□……□極然■■（言之）□……□

　　　　□……□■（苑）初唱事□……□

　　　　□……□■不見佛□……□

　　　　□……□□喜尚□……□

　　　　□……□此無礙皆□……□

　　　　□……□■■（憶）此■（恩）□……□

　　　　□……□■王〔1〕 𤣥〔2〕冬三月□……□

校記

〔1〕𤣥，原卷字形，「五」「王」皆可，然此為抄錄經文末之題記，故以「王」氏某書寫為確。

〔2〕𤣥，疑為「叱」構件易位所致俗寫。

　　《慈悲道場懺法》卷七：

　　何者自慶佛言。地獄難免。相與已得免離此苦。是一自慶。餓鬼難脫相

〔註50〕〔元〕王子成所集《禮念彌陀道場懺法》卷六云：「第三陳正願者。願乘此受戒念佛功德，臨命終時，無諸障難。七日已前，預知時至，心不顛倒，身無痛苦。遇善知識，教稱佛名。願阿彌陀佛與諸聖眾，現在其前，放大光明，授手迎接，自見其身，乘金剛臺。」《卍續藏》（新文豐版）第128冊，第212頁中。

〔註51〕《瑜伽燄口註集纂要儀軌》卷二，《卍續藏》（新文豐版）第104冊，第984頁上。

與已得遠離痛切。是二自慶。畜生難捨相與已得不受其報。是三自慶。(《大正藏》第 45 冊，第 950 頁下)

《慈悲道場懺法》卷七：

雖言理兩乖善惡殊絕。然影響相符未曾差濫。在於初學。要言以會道。至於無學。乃合理而忘言。自惟凡愚。惽惑障重。於諸法門未能捨言。今識尫故不盡其妙。見淺故不臻其極。然言之且易行之實難。(《大正藏》第 45 冊，第 950 頁中)

《慈悲道場懺法》卷七：

又為大難。相與已能發大善願。於未來世誓拔眾生。不以不覩如來為難。但一見色像一聞正法。自同在昔。鹿苑初唱。事貴滅罪生人福業。不以不見佛故。稱之為難。(《大正藏》第 45 冊，第 951 頁上)

《慈悲道場懺法》卷七：

今日道場同業大眾。如是自慶。事多無量。非復弱辭所能宣盡。凡人處世苦多樂少。一欣一喜尚不可諧。況今相與有多無礙得此無礙。皆是十方三寶威力。宜各至心懷憶此恩。等一痛切五體投地。奉為。(《大正藏》第 45 冊，第 951 頁上)

《慈悲道場懺法》卷七：

一切魔王。閻羅王泰山府君。五道大神。十八獄主并諸官屬。廣及三界六道。無窮無盡含情抱識。(《大正藏》第 45 冊，第 951 頁中)

本號共計六件，各片殘損嚴重，經與《慈悲道場懺法》卷七相關文句比對，唯「□……□■(難)脫■(與)□……□」一句，「脫」下無「相」，此與今本相異，餘等皆相合。有一件殘片上載有抄錄者所書年款，惜僅記月未明年號。據五件殘存內容，可將之擬定作「《慈悲道場懺法》卷七殘片」。

7. M1・1388〔F79・W16〕佛經殘頁(第 8 冊，第 1720 頁)

□……□及覆〔反覆〕〔1〕□□……□

□……□發此言□……□

校記

〔1〕及覆，今本《慈悲道場懺法》作「反覆」，於文意而言，「反覆」，當是。

□……□■不會■□……□

□……□■為菩提□……□

□……□□然□……□

□……□聖之導〔1〕所□……□

□……□■彰■□……□

□……□影響相□……□

□……□言以□……□

校記

〔1〕導，原卷為「▓」。導，見於《衡方碑》。《隸辯》云：「《說文》作導，從寸道聲，諸碑皆變從木。」〔註52〕

《慈悲道場懺法》卷七：

今日道場同業大眾。夫至德渺漠本無言無說。然言者德之詮道之逕。說者理之階聖之導。所以藉言而理顯。理故非言。理由言彰言不越理。雖言理兩乖善惡殊絕。然影響相符未曾差濫。在於初學。要言以會道。至於無學。乃合理而忘言。(《大正藏》第45冊，第950頁中)

《慈悲道場懺法》卷七：

今言行空說便成惱他。他既生惱何不且止。反覆尋省寧不自愧。余是善知識故發此言。於是整理衣服斂容無對。(《大正藏》第45冊，第950頁中)

《慈悲道場懺法》卷七：

如其不會眾心。願布施歡喜。不成惡知識。猶為菩提眷屬。(《大正藏》第45冊，第950頁中)

□……□佛前□□□……□

□……□■出難成□……□

□……□難之語為罪□……□

□……□親□……□

□……□不知□……□

□……□是五□……□

□……□■〔1〕則■（難）□……□

□……□■從故□……□

□……□邊地■■□……□

〔註52〕《隸辨》，第593頁。

校記

〔1〕原字僅存「者」，餘缺失。

《慈悲道場懺法》卷7：

生在邊地不知仁義。相與已得共住中國。道法流行親承妙典。是四自慶。生長壽天不知植福。相與已得更復樹因。是五自慶。人身難得一失不返。相與已得各獲人身。（CBETA, T45, no. 1909, p. 951a3～7）

《慈悲道場懺法》卷7：

八者生佛前。或生佛後有此八難。所以眾生輪迴生死。不得出離。我等相與生在如來像法之中。雖不值佛而慶事光多。凡難之為語罪在於心。若心生疑非難成難。心若無疑是難。非難。（CBETA, T45, no. 1909, p. 950c7～11）

《慈悲道場懺法》卷7：

今日道場同業大眾。以心礙故觸向成難。心能正者則難非難。舉此一條在處可從。故知佛前佛後無非正法。邊地畜生莫非道處。（CBETA, T45, no. 1909, p. 950c18～21）

本號共計六件，各片殘損嚴重，經與《慈悲道場懺法》卷七相關文句比對，基本皆相合。據殘存內容，可將之擬定作「《慈悲道場懺法》卷七殘片」。此號與 M1·1387〔F79·W15〕所書字形相同，且所存殘片所綴合基本上為《慈悲道場懺法》卷七卷首與〈自慶第一〉部分之文句。

8. M1·1389〔F5·W2〕佛經殘頁（第8冊，第1721頁）

亦是□□□□□□□……□

歸極樂上品□□□□……□

後結歸奉送□□□□……□

求願放部□□□□□……□

智神歸〔1〕於火□□□……□

百字呪三遍淨諸□□……□

雖前生身廣造惡□□……□

一切苦厄決定生於極□……□

〔後缺〕

校記

〔1〕 █，歸。《正字略》云：「籒文作 █，今亦不用。」〔註53〕段注本《說文·止部》云：「█，籒文省。」〔註54〕

抄本中「百字咒」，全稱「金剛薩埵百字咒」，屬於密教咒語，《瑜伽集要焰口施食儀》稱之「此呪求願補闕功德無量」。〔註55〕又，殘片中「歸極樂上品」「雖前生身廣造惡□□……□一切苦厄決定生於極□……□」，顯示出修持者希冀求生淨土，并通過持頌「百字咒」蠲出業障。又，Дx.18999 百字咒懺悔儀、A5.1 念一切如來百字懺悔劑門儀軌，此二殘片皆是通過念誦百字咒懺悔業罪，故可擬定作「百字咒求生淨土蠲業儀」。

9. M1·1393［F13：W8］佛經殘頁（第8冊，第1723頁）

　　［前缺］

　　惡夢□……□

　　邪魔亦□……□

　　［後缺］

《佛說大白傘蓋總持陀羅尼經》：

亦能迴遮一切憎嫌惡夢。亦能摧壞八萬四千邪魔。亦能歡悅二十八宿。亦能折伏八大房宿。（《大正藏》第19冊，第404頁下。）

經與《佛說大白傘蓋總持陀羅尼經》比對，并以抄卷通常之行字數，所存數字，似可與之經文相合，故擬定作「《佛說大白傘蓋總持陀羅尼經》殘片」。

10. M1·1401［F79：W22］佛經殘頁（第8冊，第1727頁）

　　［前缺］

　　若自書持　　若使人書　　是則為難

　　若以大地　　置足甲上　　昇於梵天

　　亦未為難　　□……□

　　［後缺］

《妙法蓮華經》卷四〈見寶塔品〉：

〔註53〕〔清〕王筠：《正字略》（道光大盛堂本），《續修四庫全書·經部·小學類》第240冊，上海：上海古籍出版社，2002年，第333頁。

〔註54〕《說文解字注》，第68頁。

〔註55〕《大正藏》第21冊，第483頁中。

若自書持，若使人書，是則為難。

若以大地，置足甲上，昇於梵天，

亦未為難。佛滅度後，於惡世中。（《大正藏》第 9 冊，第 34 頁上。）

經與鳩摩羅什譯《妙法蓮華經‧見寶塔品》、笈多譯《添品妙法蓮華經‧見寶塔品》〔註 56〕比對，文句相合，然抄本僅留存頌文，長行部份缺失，故僅憑殘文無法確定抄本歸屬哪個譯本，故今僅依所存殘文，擬定作「《妙法蓮華經‧見寶塔品》殘片」，或作「《添品妙法蓮華經‧見寶塔品》殘片」。

11. M1‧1412〔F13：W17-4〕圓覺疏抄隨文要解殘頁（第 8 冊，第 1735 頁）

〔前缺〕

□……□女普吒　扇

□……□■〔1〕　　■〔2〕

〔後缺〕

校記

〔1〕〔2〕原卷二字構件殘損，形近「囉」「賀」。

殘片所存文字，經與《圓覺疏抄隨文要解》比對，並無相應文句，故不可定名作「圓覺疏抄隨文要解殘頁」。所存文字似乎為某種咒語音譯，如「薩普（二合）吒（十九）薩普（二合）吒（二十）扇底迦（二十一）室哩（二合）曳（二十二）娑囉（二合）賀（二十三）」，〔註 57〕但尚未檢得漢文藏經中有對應咒語，故據殘文僅重定名作「漢文咒語殘片」。

12. M1‧1416〔F20：W2〕佛經殘頁（第 8 冊，第 1737 頁）

〔前缺〕

□……□上无〔無〕□……□

□……□餘十　諦行□……□

□……□脫門　重二□……□

〔後缺〕

《阿毘達磨俱舍論本頌‧分別定品》卷一：

初下有尋伺，中唯伺上無。

〔註 56〕《大正藏》第 9 冊，第 168 頁下。此為《法華經》之異譯本。

〔註 57〕《佛說熾盛光大威德消災吉祥陀羅尼經》卷一，《大正藏》第 19 冊，第 338 上。

空謂空非我，無相謂滅四，

無願謂餘十，諦行相相應。

此通淨無漏，無漏三脫門，

重二緣無學，取空非常相，（《大正藏》第 29 冊，第 324 頁中。）

經與《俱舍論本頌・分別定品》比對，頌文相合，故擬定作「《俱舍論本頌・分別定品》殘片」。

13. M1・1415［F20：W4］大方廣佛花嚴經十天盡藏品第二十二殘頁
　　（第 8 冊，第 1737 頁）

［前缺］

□……□廣佛花嚴經十□……□

□……□德林菩薩復□□……□

□……□當說□□□□□……□

［後缺］

14. M1・1417［F20：W68］大方廣佛花嚴經十天盡藏品第二十二殘頁
　　（第 8 冊，第 1737 頁）

［前缺］

　　　　　　　愛

　　　　　　　□□□□□□□□■陁等奉　　　制譯

□□□□□□□□□□□□□□□□□□□□□□種藏過去未來現在

□□□□□□□□□□□□□□□□□□□愧藏聞藏施藏慧藏念藏

□□□□□□□□□□□□□□□□□□菩薩信一切法空信一切

□□□□□□□□□□□□□□□□□□分別信一切法無所依信

□□□□□□□□□□□□□□□□□信一切法無生若菩薩能

［後缺］

《大方廣佛華嚴經》卷二十一〈十無盡藏品〉：

大方廣佛華嚴經卷第二十一

　于闐國三藏實叉難陀奉　制譯

　十無盡藏品第二十二

爾時，功德林菩薩復告諸菩薩言：

「佛子！菩薩摩訶薩有十種藏，過去、未來、現在諸佛，已說、當說、今說。何等為十？所謂：信藏、戒藏、慚藏、愧藏、聞藏、施藏、慧藏、念藏、

持藏、辯藏，是為十。」

「佛子！何等為菩薩摩訶薩信藏？此菩薩信一切法空，信一切法無相，信一切法無願，信一切法無作，信一切法無分別，信一切法無所依，信一切法不可量，信一切法無有上，信一切法難超越，信一切法無生。若菩薩能如是隨順一切法，生淨信已，聞諸佛法不可思議，心不怯弱；」（《大正藏》第10冊，第111頁上）

此二件定名正，然不知何故將「十無盡藏品」誤作「十天盡藏品」。M1·1415 [F20：W4] 存三行，十三字，並存首題「廣佛花嚴經十」，且存文與之相合，由花、華，二字通，俄藏B62亦作「大方廣佛花嚴經」，故定名作「大方廣佛花嚴經十無盡藏品殘片」。

M1·1417 [F20：W68]，殘文與《大方廣佛華嚴經》卷二十一〈十無盡藏品〉相合，原題亦作「大方廣佛花嚴經十無盡藏品殘片」。本件首題缺，故無法推知經名「華」是否作「花」。然，本件存千字文號函號，即「愛」字號，《開元錄略出》中實叉難陀譯《華嚴經》有愛、育、黎、首、臣五個千字文號，且宋刻本諸藏實叉難陀譯《華嚴經》皆有「愛」字號卷，如是而論，本件殘頁應屬於實叉難陀譯《華嚴經》。故F20：W68定名作「大方廣佛華嚴經十無盡藏品殘頁」。

15. M1·1426 [F209：W13-1]、M1·1427 [F209：W13-2] 金剛經道場前儀（第8冊，第1745～1746頁）

M1·1426 [F209：W13-1]

［前缺］

滅隨〔1〕喜者八部冥扶［符］〔2〕普勸受持

當来〔3〕成佛然後念淨口業真言

啟請八金剛四菩薩名号所在之

處常當擁護

　　　淨口〔4〕業真言

［後缺］

校記

〔1〕随，隨。《宋元以來俗字譜》收錄此形。〔註58〕

〔註58〕《宋元以來俗字譜》，第102頁。

〔2〕冥，原卷作冥。宀下承隸形，《隸辨》云：「《說文》：『冥，從日從六，一聲。』碑變從宀從大，他碑或從穴從目。」〔註59〕《干祿字書》謂：「冥、冥，上俗下正。」〔註60〕宀未改作宀，下部字形所變，從《說文》《干祿字書》之正體而論，亦可視作俗寫變體之一。扶，應作「符」。「扶」「符」二字《廣韻·奉韻》同作防無切，此音近相訛，故「冥扶」當作「冥符」。

〔3〕来，來。隸書《韓勑碑》〔註61〕有此形。

〔4〕「淨口」，原卷二字構件缺損，據殘存構件、文意補。

M1·1427〔F209：W13-2〕

〔前缺〕

脩唎　脩唎　摩訶脩唎　脩脩〔1〕唎　娑婆訶
　　　　淨三業真言〔2〕
唵　薩嚩婆嚩秫馱　　薩嚩　達麼
薩嚩婆嚩　秫度憾
　　　　虛空藏菩薩普供養真言

〔後缺〕

校記

〔1〕「脩」「修」，《廣韻·尤韻》皆作息流切，故二字於佛典音譯用字中可互用，「脩唎」「修唎」於《金剛經》科儀文獻皆有。

〔2〕本卷「淨口業真言」「淨三業真言」中，個別用字與其他《金剛經》科儀略異，「娑」「摩」，改作「薩」「麼」。「娑」「薩」，聲母同為心母（MC.*s），梵語對音為 s，〔註62〕即「娑嚩」「薩嚩」之二合音所構擬的梵音一致，皆可作 sva（自己的，自我），娑（薩）嚩婆嚩，即 svabhāva〔註63〕（自性）。達摩（dharma，

〔註59〕《隸辨》，第 279 頁。
〔註60〕《干祿字書》，第 31 頁。
〔註61〕《隸辨》，第 115 頁。
〔註62〕孫伯君：《西夏譯經的梵漢對音與漢語西北方音》，《語言研究》2007 年 3（第 27 卷第 1 期），第 13 頁。
〔註63〕林光明編修：《新編大藏全咒》第 7 冊，臺北：嘉豐出版社，2001 年，第 482 頁。
　　　按：《新編大藏全咒》中，所引出自《佛說大摩哩支菩薩經》的淨三業真言，其將「唵引　娑嚩二合婆引嚩（svabhāva）秫馱引（śuddha）」誤句讀作「唵引　娑嚩二合婆引（svabha）嚩秫馱引（vaśuddha）」。

法），又譯作達磨，「摩」「麼」「磨」，三字同為戈韻，中古音構擬作*ua〔註64〕，此與梵語 dharma 語尾音相合。

M1・1426 [F209：W13-1]、M1・1427 [F209：W13-2]，《黑城出土文書（漢文文書卷）》中作一號。〔註65〕M1・1426 [F209：W13-1]，第一至四行文句與《梁傅大士頌金剛經》、宋道川《金剛經注》、宋宗鏡《銷釋金剛經科儀》等所附金剛經科儀中「金剛經啟請」相近，如宋道川《金剛經註》云：「若有人受持金剛經者，先須志心念淨口業真言，然後啟請八金剛四菩薩名號，所在之處常當擁護。」〔註66〕「隨喜者八部冥符，普勸受持當来成佛」，諸金剛經科儀未見，句中「八部」，似應為護法神「天龍八部」。

原題「金剛經道場前儀」，似據明洪蓮《金剛經註解》所立。然金剛經科儀文早在宋釋宗鏡《銷釋金剛經科儀》已有之，且黑城出土的單刻本《金剛經》中亦有。由於金剛經科儀及疏，或黑城本《金剛經》，或《金剛經》注疏，皆可能有科儀，而本號僅保存科儀部份，其他部份缺失，難以確定文獻的屬性，故僅以殘存定名作「金剛經科儀殘片」。

又，本號所存科儀與俄黑城本《金剛經》前科儀略異。本號存金剛經科儀依次為金剛經啟請、淨口業真言、淨三業真言、虛空藏菩薩普供養真言，後部缺失；俄黑城本《金剛經》科儀一般依次為金剛經啟請、淨口業真言、安土地真言、（虛空藏菩薩）普供養真言、（奉）請八金剛、（奉）請四菩薩、云何梵、發願文，經末或有般若無盡藏真言、隨心真言、金剛心中陀羅尼（或作真言）、補闕圓滿真言、普迴向真言。

俄黑城本《金剛經》中科儀，或因經卷殘缺，無法知曉全貌，或內容廣略，或次序稍異，如 TK179 科儀文較為完整〔註67〕，惟發願文在云何梵前，TK26 經末僅有無盡藏真言、金剛心中真言、補闕真言，TK14 僅有經前有科儀文，經末則無咒語。

16. M3・0013 [AE183 ZHi22] 佛經殘頁（第 8 冊，第 1748 頁）

入二門法中自然即□……□

〔註64〕〔美〕李珍華、周長楫：《漢字古今音表》，北京：中華書局，1993 年，第 298、299 頁。
〔註65〕《黑城出土文書（漢文文書卷）》，第 223～224 頁。
〔註66〕《金剛經註》卷一，《卍續藏經》第 38 冊，第 694 頁上。
〔註67〕現存經卷中奉請八金剛、奉請四菩薩部份一至二葉佚。

運而轉故說自然□……□
通三種謂體相相□……□
之義　論大揔［總］〔1〕地中□……□
問下解釋分，但依此一□……□
門等何■（故）〔2〕不釋本法所□……□
［後缺］

校記

〔1〕揔，總也。《釋摩訶衍論》及其注釋皆作「大總地」，《說文・糸部》：「總，聚束也。从糸悤聲。」徐鉉注云：「總，今俗作摠，非是」。〔註68〕段注本《說文・糸部》云：「俗作揔，又僞作㧾。」〔註69〕《集韻・董韻》云：「總，一曰皆也。或從手。古作緫、摠、㚇。俗作捴。」〔註70〕「悤」俗寫作「怱」，如是「摠」「揔」皆屬「總」改換構件所致俗字。

〔2〕故，僅存形旁「攵」，據文意補入。

宋普觀《釋摩訶衍論記》卷一：

三由此下結成上，義隨句別明，故云各具由前總句已顯。初重故此，但云二門二法。

三大覺。下引文歸論二。初引經證成中，初歎所入法，次示能入門法中，自然即自用義，謂由業用自在無礙任運而轉，故名自然。對上一體，但云相用影顯示故，或即自相貫通三自，謂即體相、相相、用相。又由自相覺心殊勝，故曰自然。二今攝下歸論指結中，初歸本論，謂攝經文歸論說故，次指廣文大總地中開八種者，彼兼初後，故開八門，此唯後重故，但四種後結此門，此一稱法具有三門，下解釋分，唯釋後一，何以前二不別釋耶？謂由此論散說門中，正所開示四法相，故以後影前義準知故，又由三中前二種門是其所依，及為能攝本原玄理二論已明，是故此論不復開釋。（《卍續藏》（新文豐版）第73冊，第30頁上。）

刻本與普觀《釋摩訶衍論記》比對，普觀釋文中標記粗下劃線文句與刻

〔註68〕〔漢〕許慎撰、〔宋〕徐鉉校定：《說文解字》（據陳昌治刻本影印），北京：中華書局，2007年，第272頁。

〔註69〕《說文解字注》，第647頁。《新加九經字樣》「㧾，《說文》云：『總，經典相承通用。』」（〔唐〕玄度《新加九經字樣》（早稻田大學藏本），一）

〔註70〕《宋刻集韻》，第87頁。

本內容相近，然二者並非完全相合，且刻本疏文與其他《釋摩訶衍論》存世七種注疏比對，〔註71〕相合文句甚少，故刻本可視作《釋摩訶衍論》另一注釋文本，故擬定為「《釋摩訶衍論》注疏殘片」（著者不詳）。

17. M1·1461 ［F13：W27］佛經殘頁（第8冊，第1767頁）

［前缺］

賢〔1〕菩薩諸行■（願）〔2〕海是故善男子汝於

■義■如是知若有善男人善女人

□滿十方無量無邊不可說不可□

佛刹極微塵數一切世界上妙七□

及諸人天最勝安樂布施尒［爾］〔3〕所一切

世界所有眾生供養尒［爾］所一切世界

［後缺］

校記

〔1〕█，賢。就書寫筆痕而論，近乎「賢」。抄本墨色輕淡，貝之目僅以淡墨點相連，其分作臤、目、大構件，而《倭楷正譌》載「具」，謂具之訛寫。〔註72〕如是而論，其謂之「賢」形訛。

〔2〕形似「愿」，《說文·心部》云：「愿，謹也。從心原聲。願，大頭也。從心頁原聲。」〔註73〕段注本《說文·心部》云：「《釋詁》曰：『願，思也。』《方言》曰：『願，欲思也。』《邶風》鄭箋曰：『願，念也。』」〔註74〕

〔3〕「尒」「爾」，二字相通。〔註75〕

《大方廣佛華嚴經》卷四十〈入不思議解脫境界普賢行願品〉：

〔註71〕存世七種《釋摩訶衍論》注疏和科文，細目如下：唐聖法《釋摩訶衍論記》、唐法敏《釋摩訶衍論疏》、宋普觀《釋摩訶衍論記》、遼志福《釋摩訶衍論通玄鈔》、遼法悟《釋摩訶衍論贊玄疏》、遼守臻《釋摩訶衍論通贊疏》及《釋摩訶衍論通贊疏科》。又，聖法、法敏、普觀、志福、法悟存書皆為全本，而守臻所存書僅在應縣木塔釋迦佛身中發現遼刻本（咸雍七年／CE.1071）《通贊疏》卷第十和《通贊疏科》卷下之部份，且二卷皆缺首題。（山西文物局、中國歷史博物館主編：《應縣木塔遼代秘藏》，北京：文物出版社，1991年，第43～35、289～312頁）

〔註72〕《倭楷正譌》，第40頁。

〔註73〕《說文解字》，第217、183頁。

〔註74〕《說文解字注》，第418頁。

〔註75〕《干祿字書》，第35頁。

則能成滿普賢菩薩諸行願海。是故，善男子！汝於此義應如是知：若有善男子、善女人以滿十方無量無邊、不可說不可說佛剎極微塵數一切世界上妙七寶，及諸人天最勝安樂，布施爾所一切世界所有眾生。供養爾所一切世界諸佛菩薩。（《大正藏》第 10 冊，第 846 頁中。）

經與般若譯《大方廣佛華嚴經・入不思議解脫境界普賢行願品》卷四十比對，此片所存文句與之相應段落，文句相合，故擬定作「《大方廣佛華嚴經・入不思議解脫境界普賢行願品》殘片」。

18. M1・1463 ［F62：W1］**佛教殘頁**（第 8 冊，第 1768 頁）

［前缺］

□……□隨順眾生心□……□

□……□□諸佛■■（悉能）〔1〕□……□

［後缺］

校記

〔1〕 ▦▦ 雖由於紙張殘損，造成「悉能」二字構件不易辨認，但基本形態仍可明瞭，據外形可勾勒出「悉能」。

《大方廣佛華嚴經》卷四十七〈佛不思議法品〉：

一切諸佛悉能隨順眾生心念，令其意滿，決定無二；一切諸佛悉能現覺一切諸法，演說其義，決定無二；（《大正藏》第 10 冊，第 248 頁中。）

經與《大方廣佛華嚴經》卷四十七〈佛不思議法品〉，殘存經文與之相合，故擬定作「《大方廣佛華嚴經・佛不思議法品》殘片」。

18. M1・1465 ［F62：W6］**佛教殘頁**（第 8 冊，第 1768 頁）

［前缺］

□……□令其■滿以

□……□覺一切諸法

□……□諸佛悉能具

□……□■定無二一切

［後缺］

《大方廣佛華嚴經》卷四十七〈佛不思議法品〉：

一切諸佛悉能隨順眾生心念，令其意滿，決定無二；一切諸佛悉能現覺一切諸法，演說其義，決定無二；一切諸佛悉能具足去、來、今世諸佛智慧，

決定無二；（《大正藏》第 10 冊，第 248 頁中。）

　　經與《大方廣佛華嚴經》卷四十七〈佛不思議法品〉比對，殘存經文與之相合，故擬定作「《大方廣佛華嚴經·佛不思議法品》殘片」。

　　另，M1·1463［F62：W1］與 M1·1465［F62：W6］，二殘片似應同為《華嚴經·佛不思議法品》刻本殘片。其因有二，一者，從刻本諸字結體、刀口；二者，其所存經文同屬《華嚴經·佛不思議法品》。

　　19. M1·1466［F9：W4］佛教殘頁（第 8 冊，第 1769 頁）

　　［前缺］

　　公私口□□□□　一切灾殃皆解脫〔1〕。

　　我今稱念真言教　願降神通□（護）〔2〕我身。

　　十纏九結永消除　萬善千祥采（悉）〔3〕□□。

　　［後缺］

校記

〔1〕▓（脫），脫也。「脫」見於《漢隸字源·末韻·脫字》引〈殽阬碑陰〉，漢隸常見「口」「厶」混用，後楷承隸變而於寫本中二字亦常混用。《正字略》：「兊，作兗，非。」〔註76〕故殘本所存字，應作「脫」。

〔2〕▓（蒦）。所存僅為字之聲旁，據文意補入「護」，「神通護我身」，文意可通，且經云：「以大神通力擁護十方」〔註77〕「神通自在救護眾生」〔註78〕。故定「護」可確。

〔3〕殘本僅存「采」，從字形而言，其明顯是一個缺損構件之字，而非一獨立字，而補入「心」旁，所成「悉」在文意上可通，另則，前句「十纏九結」、〔註79〕「永消除」與後句「萬善千祥」、「悉□□」，二者文詞對仗，故定作「悉」。

　　刻本所存文句為偈頌體，雖藏經中未見對應文辭，然類似文句見於《佛母孔雀尊經科式》《孔雀尊經科儀》《圓悟佛果禪師語錄》《慈悲水懺法》等。

〔註76〕〔清〕王筠：《正字略》（道光大盛堂本），《續修四庫全書·經部·小學類》第 240 冊，上海：上海古籍出版社，2002 年，第 314 頁。

〔註77〕《佛說瑜伽大教王經》卷二〈三摩地品〉，《大正藏》第 18 冊，第 567 頁中。

〔註78〕《陀羅尼集經》卷五〈佛說跋折囉功能法相品〉，《大正藏》第 18 冊，第 828 頁中。

〔註79〕十纏、九結，佛教認為眾生所具有煩惱種類，其包括慚、愧、睡、悔、慳、嫉、姤、眠、忿、覆；愛結、恚結、慢結、癡結、疑結、見結、取結、慳結、嫉結。

　　《孔雀尊經科儀》云：「公私口舌似冰消，厭魅蠱毒而霧散。」〔註80〕
又《圓悟佛果禪師語錄》卷五：「千祥如霧集，萬善若雲臻。」〔註81〕《慈
悲水懺法》中所云：「又復某甲等……或因九結造一切罪……或因十纏造一
切罪……晝夜熾然，開諸漏門，造一切罪，惱亂賢聖，及以四生遍滿三界，彌
亘六道無處可避。今日至禱向十方佛尊法聖眾，慚愧發露皆悉懺悔。」〔註82〕
如上三段文句，與本件刻本所存「公私口□□□□　一切灾殃皆解脫」「萬
善千祥悉□□」「十纏九結永消除」，皆有神似與異曲同工之妙。

　　從頌文內容而言，明顯具有法事懺儀的特徵，是為信徒懺罪祈福之用。
「我今稱念真言教」，表明此與密教有某種程度上的關聯，然而由於刻本主
體部份缺失，無法知曉其所用密教典籍和咒語為何，今據所存文句中所含蠲
罪、祝福之文意，定名作「蠲罪禱祉文」。

　　20. M1・1467〔F13：W46〕佛經殘頁（第8冊，第1769頁）

　　〔前缺〕

　　□……□枯竭

　　□……□道果

　　□……□牢固

　　〔後缺〕

　　《妙法蓮華經》卷六〈隨喜功德品〉：

<u>齒疎形枯竭</u>，<u>念其死不久，我今應當教，</u>

<u>令得於道果</u>。<u>即為方便說，涅槃真實法，</u>

<u>世皆不牢固</u>，<u>如水沫泡焰，汝等咸應當，疾生厭離心。</u>（《大正藏》第9
冊，第47頁中）

　　經與《妙法蓮華經卷六〈隨喜功德品〉、《添品妙法蓮華經》卷六〈隨喜
功德品〉〔註83〕比對，殘存經文與之相合，故擬定「《妙法蓮華經・隨喜功德
品》殘片」或「《添品妙法蓮華經・隨喜功德品》殘片」。

　　21. M1・1470〔F6：W74〕佛經殘頁（第8冊，第1770頁）

　　〔前缺〕

〔註80〕《卍續藏經》第129冊（新文豐版），第46頁中。
〔註81〕《大正藏》第47冊，第736頁中。
〔註82〕《大正藏》第45冊，第970頁中。
〔註83〕《大正藏》第9冊，第181頁中。

■三藐三菩提□□□□……□

何降伏其心佛言□□□……□

菩□（提）〔1〕如汝所（說）〔2〕如來〔3〕□……□

菩薩□□□諸□□□□……□

當為汝說善□□□□□……□

〔後缺〕

校記

〔1〕提，原件殘損難辨，今比勘羅什本《金剛經》經文補入。

〔2〕說，原件構件殘缺，僅存「言」旁，今比勘羅什本《金剛經》經文補入。

〔3〕「如來」二字，圖錄中黏著與「菩薩□□□諸」下的一殘片之上，然從紙張斷裂紋、文意，非是。今比勘羅什本《金剛經》經文，「如來」當接於上句「菩提如汝所說」。之上。

《金剛般若波羅蜜經》（鳩摩羅什譯本）：

世尊！善男子、善女人，發阿耨多羅三藐三菩提心，應云何住？云何降伏其心？佛言：「善哉，善哉！須菩提！如汝所說：『如來善護念諸菩薩，善付囑諸菩薩。』汝今諦聽，當為汝說。善男子、善女人，發阿耨多羅三藐三菩提心，應如是住，如是降伏其心。」《大正藏》第 8 冊，第 748 頁下。）

經與《金剛般若波羅蜜經》（鳩摩羅什譯本）比對，殘本經文與之相合，故擬定作「《金剛般若波羅蜜經》殘片」。

二、《黑城出土文書（漢文文書卷）》佛教文獻定名

《黑城出土文書（漢文文書卷）》共刊佈佛教文獻 53 號，其中僅 F191：W102、F79：W7、F13：W11、F9：W36、F20：W3、F9：W42 六號不知何因未收錄《中國藏黑水城漢文文獻》中，餘皆收錄其下予以重新刊佈圖版。

F79：W7，在《中國藏黑水城漢文文獻》第 8 冊，亦收錄同號殘片，其編號為 M1·1474［F79：W7］佛經殘頁，僅一小片存三行十字，然二者內容完全相異。《黑城出土文書（漢文文書卷）》定名為《慈悲道場懺法》，〔註84〕《中國藏黑水城漢文文獻》所收 F79：W7，其題名暫無法確定。

〔註84〕吳超：《中國藏黑水城漢文文獻所見〈慈悲道場懺法〉考釋》，《赤峰學院學報（漢文哲學社會科學版）2011 年 8 月，第 29～33 頁。

　　《黑城出土文書（漢文文書卷）》中並未刊佈 F9：W42 的圖版，且《中國藏黑水城漢文文獻》亦未收錄此片。若此片如李逸友先生所言與 F13：W17 同為一書，〔註 85〕似可定作「圓覺疏抄隨文要解殘頁」，然此片無圖版核實，且 M1‧1412〔F13：W17-4〕原定名作「圓覺疏抄隨文要解殘頁」，經查原卷圖版，實非為《圓覺疏抄隨文要解》，故謹慎起見，可暫定為「圓覺疏抄隨文要解殘頁（疑）」。餘四號文獻定名，或據李逸友先生錄文，並迻錄之；或據其刊佈圖版〔註 86〕。若據李逸友之錄文，且無圖版可查看者，錄文與比對文本所出異字、異文，一般僅出校，並不作具體地分析。另，《黑城出土文書（漢文文書卷）》錄文皆為簡體字，而本文則為繁體，為統一錄文，凡迻錄李逸友先生之錄文皆改錄作規範的繁體字。

　　《黑城出土文書（漢文文書卷）》下篇〈凡例〉第七，「遇有缺損字時，每字用方格□代表，如缺三個字以上或不知字數用花方格表示。」〔註 87〕花方格無法輸入，本文以□……□代之。

1. F191：W102 五件（第 213 頁）

　　第一件〔註 88〕

釋徒吳智善習學

　　第二件

三歸依

稽首歸依佛　天宮坐

寶塔臺　有情思謁

仰　早願下生來

　　第三件

阿嚕揭帝莎縛訶

南無莫捺耶〔1〕　南無

捺〔2〕理麻耶　南無僧伽耶

稽首歸依法　河沙經藏開

總持心印法　無去亦無來

〔註 85〕《黑城出土文書（漢文文書卷）》，第 223 頁。
〔註 86〕《黑城出土文書（漢文文書卷）》所刊佈圖版甚為模糊，閱讀不易。
〔註 87〕《黑城出土文書（漢文文書卷）》，第 84 頁。
〔註 88〕此件附有圖版（圖版伍貳（1）），餘四件未刊佈。

阿嚕揭帝莎縛訶

南無莫捺〔3〕耶　南無捺〔4〕哩

校記

〔1〕〔2〕〔3〕〔4〕捺。抄件內容為佛教三歸依，即歸依佛（namo buddhāya）、歸依法（namo buddhāya）、歸依僧（namo saṃghāya），三歸依採用音譯的方式予以表達。然而，分別表示佛、法的音寫詞——「莫捺耶」「捺理麻耶」卻無法與梵語語音相合。若按中古漢語的構擬音，「莫捺耶」「捺理麻耶」分別是*munaya 和*narmaya，但其無法與 buddhāya（佛）和 dharmāya（法）的語音相合。「莫」「捺」分別是明母（MC.*m）和泥母（MC.*n），且皆為鼻音，而此二語音與之不合的 b、dh 為唇音、齒音。有研究表明西夏音寫字中鼻音中的明母、泥母既可分別與梵語 m-、n-對音，亦可分別與梵語 b-／bh-、d-／dh-。又，古鼻音聲母字常加「口」旁以對應梵語同部位的濁塞音。如是可知，「莫」可與梵語 b-對音，「捺」可與梵語 d／dh-對音。若「捺」加「口」旁成「𡂡」，則亦可與梵語 dh-對音。〔註89〕透過西夏譯經中梵漢對音現象，可知「莫捺耶」「捺理麻耶」可與 buddhāya（佛）、dharmāya（法）對音。

第四件

麻耶　南無僧伽耶

稽首歸依僧　三明具六通

靈山親受記　三會願相會

阿嚕揭帝莎縛訶

南無歸依十方盡虛空界一切諸

佛南無皈依十方盡虛空界一切

尊法南無皈依十方盡虛空界

一切賢聖僧南無如來應供正通〔1〕

知明行足善逝世間解上士〔2〕

校記

〔1〕正通知，誤。正遍知，佛之十種名號之一。

〔2〕上士，誤。疑脫「無」，即無上士，佛之十種名號之一。

〔註89〕參見《西夏新譯佛經陀羅尼的對音研究》，第59、81頁。

第五件

無上師〔1〕調御丈夫天人師佛世

尊南無釋迦摩尼佛

校記

〔1〕無上師，誤。應作「無上士」，佛之十種名號之一。

此號題解載，「摺疊為兩面，計10頁，其中5頁寫有習學經文，楷書。」〔註90〕此號五件所存內容主要是佛教三皈依之讚頌，依佛、法、僧順序而論，此五件排序似可為第一、二、四、五、三件。習誦者為「釋徒吳智善」，即名作吳智善的佛教弟子。五件殘片內容反映吳智善習學佛教三皈依，故擬定名作「釋徒吳智善習學皈依頌本」。

2. F13：W11（第220～221頁）

　　□……□者最極怖畏廣大寒林〔1〕墓冢之間吉祥智

　　　　尊擁護甚深諸大本續〔2〕救情智目具足記句〔3〕修

　　　　習人處伏冤之師間斷諸魔自在降諸惡緣主命

　　　　之鬼能護靈驗諸火中圍〔4〕成就作行汝是根本

　　　　頂具骷髏明滿諸相怒目張口其皺威儀面□

　　　　□大吉悅之相四臂執持作行手□二足勇□

　　　□……□獲救法□……□

校記

〔1〕寒林。即屍陀林，正言尸多婆那（Sītavana〔註91〕），此名寒林。其林幽邃而寒因以名也。在王舍城側，陀者，多也。死人多逩其中，今總指棄屍之處。名屍陀林者，取彼名。〔註92〕

〔2〕大本續。本續與續、密續同義，即所謂密宗典籍，相對於顯宗的經（sutra）而言。續，梵語tantra〔註93〕（Tib.rgyud）之意譯，音譯作怛特羅、坦特羅。密

───────────

〔註90〕《黑城出土文書（漢文文書卷）》，第213頁。

〔註91〕Sītavana: of a place（for receiving）corpse in Magadha; Sīta: cold, cool, chilly, frigid; vana: a forest（*A Sanskrit-English Dictionary*, p.917, pp.1077～1078.）按：慧琳釋「陀者，多也」。「陀」是sīta中ta之對音，然ta並無「多」義。

〔註92〕《一切經音義》卷三一，《大正藏》第54冊，第511頁中。

〔註93〕the warp, doctrine, rule, theory, scientific work, chapter of such a work.（*A Sanskrit-English Dictionary*, p436.）

續分作事、行、瑜伽、無上瑜伽四部。

〔3〕記句。《楞伽經》有此語。記，記論也。〔註94〕檢梵本，「記句」即 vyākaraṇapada（vyākaraṇapadam），〔註95〕黃寶生譯作「解釋句」，〔註96〕鈴木大拙譯為 explanation。〔註97〕vyākaraṇapada，由 vyākaraṇa 和 pada 構成的複合詞，vyākaraṇam，具有分析、文法分析、解釋、詮釋、辨別等涵義，〔註98〕pada，則有步（foot）、步驟（step）、位（place）、四半偈（a quarter of a verse），〔註99〕句、文句、章句、言〔註100〕。黃寶生稱：「句（pada，詞）指名詞、概念或範疇。這裡按照漢譯佛經的傳統譯法譯為『句』。」〔註101〕

〔4〕中圍，亦作壇場，乃曼陀羅（Maṇḍala）之意譯。

從第五、六行所描繪的形象，似與藏密中金剛手菩薩、金剛大威德相近。金剛手菩薩（金剛忿怒菩薩），如降魔金剛手、忿怒金剛手形象，一面四臂，右上手持金剛杵，左上手持金剛羂索，餘二手於胸間結降魔印，呲牙吐舌，慧眼怒視，五頂骨為冠，身掛五十隻濕頂骨等。〔註102〕金剛大威德，藏密無上瑜伽部本尊之一。文殊菩薩的化身，其與文殊菩薩身、口、意的事業功德毫無二致。如修持此尊，可獲得殊勝成就，同時可啟迪智慧，戰勝災害。其形象多為冷眉呲牙，眼冒怒火，五頂骨為冠，身掛五十隻鮮頂骨等。〔註103〕而「吉祥智慧尊」，則與文殊菩薩相關。文殊菩薩，亦名妙吉祥（Mañjuśrī〔註104〕），表能證

〔註94〕《楞伽經心印》，《卍續藏》第 27 冊，第 159 頁中。

〔註95〕Daisetz Taisetz Suzuki: *A Index to The Lankavatara sutra（Nanjio Edition）*, Kyoto: The Sanskrit Buddhist Texts Publishing Society, 1934, p331；黃寶生譯注：《梵漢對勘入楞伽經》，北京：中國社會科學出版社，2011 年，第 79 頁。

〔註96〕《梵漢對勘入楞伽經》，第 81 頁。

〔註97〕Translated by Daisetz Taisetz Suzuki: *The Laṅkāvatāra sutra*, Dethl: Motilal Banarsidass Publishers Private Limited, 2003, p33.

〔註98〕analysis; grammatical analysis; explaining, expounding, discrimination.（Prin. Vaman Shivram Apte: *The Practical Sanskrit-English Dictionary（Revised & Enlarged Edition）*, Tyoto: Rinsen Book Company, 1992, p.1516.）

〔註99〕Bernfride Schlerath: *Sanskrit Vocabulary*, Leiden: E. J. Brill, 1980, P.109.

〔註100〕荻原雲來編纂：《漢訳対照梵和大辞典》（增補改訂版），東京：講談社，昭和五十四年（1979），頁 732。

〔註101〕《梵漢對勘入楞伽經》，第 78 頁。

〔註102〕《藏傳佛教神明大全》上冊，第 315～316、319 頁。

〔註103〕《藏傳佛教神明大全》上冊，第 150、151～155 頁。

〔註104〕Mañju: Beautiful, lovely, charming, pleasant, sweet.;
Śrī: prosperity, welfare, good fortune, success, auspiciousness, wealth, treasure, riches.（*A Sanskrit-English Dictionary*, P774、1098.）

大智，〔註105〕亦號大智文殊菩薩。如是說明此件疑似從抄錄自金剛大威德相關的無上瑜伽續，而只是殘葉僅存此數行，難以判定典籍之歸屬，然殘文中有修習人、伏冤之師、惡緣主命之鬼、獲救法，意味著修習此法具除障祛冤之能，故擬定名作「金剛大威德獲救法殘片」。

3. F9：W36（第221頁）

西怛怛鉢得哩吽發怛依捺

設〔沒〕〔1〕末哩渴渴渴兮渴兮

誦三遍或五遍已然誦讚嘆禱

祝求索願事等畢奉送

□會其施食棄在於淨處回

校記

〔1〕依捺設：M1·1354 [F9：W38] 作「哝捺沒」，《磧砂藏》等諸刻本作「哝擔」。如是三音寫詞與 itaṃ（idaṃ）。「沒」為明母（MC.*m，鼻聲母），「擔」為談韻（MC.*am，陽聲韻），此中明母、談韻皆為鼻聲韻，如是可與 ṃ 對音，而「設」為「t」收尾的入聲韻（薛韻，MC.*æt），此無法與 ṃ 對音，故「設」當為「沒」之形誤。「設」「沒」之誤，此或為「言」「水」二旁行草書形近易誤識所致。《大白傘蓋總持陀羅尼經》中，其他相同用例，如「席怛沒」（staṃ）、「室哆沒」（ṣṭoṃ）、「室渴麻沒」（rakṣamaṃ）、「覔沒哝」（bhindha）。〔註106〕又，「捺」為泥母（MC.*n），此無法與梵語齒音 t、d 對音，[F191：W102] 中「捺」對音與本件情況相同。此中或有兩種情況，一者，西夏音寫字中鼻音中泥母既可與梵語 n- 對音，亦可與梵語 d-／dh-。二者，古鼻音聲母字常加「口」旁以對應梵語同部位的濁塞音。若為後者，疑當作「哝」，且西夏漢文密教文獻中常以「哝」與 d、dh 對音。

《佛說大白傘蓋總持陀羅尼經》：

若疲倦時欲奉施食，則面前置施食。念唵啞吽三字呪攝受，變成甘露，面前空中召請白傘蓋佛母為首，并二十二山塚所居陰母，及七種佛并十方正覺，三種具美淨梵帝釋伴繞等已。想舌變成金剛光筒，誦奉食呪曰。

唵　薩嚟幹（二合）　怛達遏哆　烏室禰折席口捺怛末嘚哩　吽　發（怛）

〔註105〕《翻譯名義集》，《大正藏》第54冊，第1061頁下。

〔註106〕《新編大藏全呪》第9冊，第205、216、217頁。

唵擔 末哩 渴 渴 渴兮 渴兮（Oṃ sarvatathāgata / uṣṇīṣasitātapatre | Hūṃ phaṭ itaṃ (idaṃ) baliṃta kha kha khāhi khāhi ||）〔註 107〕

誦三遍或五遍已。然誦讚歎禱祝，求索願事等畢。奉送佛會，其施食棄於淨處，回向善根矣。（《大正藏》第 19 冊，第 404 頁上。）

sitātapatre　　　Hūṃ　phaṭ　itaṃ（idaṃ）bhaliṃta　kha kha　khāhi　khāhi

西怛怛鉢得哩　吽　發怛　依捺設　末哩　渴　渴　渴兮　渴兮
（F9：W36）

西怛怛鉢嘚哩　吽　發怛　唵捺沒　末哩　渴渴　渴兮　渴兮（M1・
1354〔F9：W38〕）

席嘮嗒怛末嘚哩　吽　發怛　唵擔　末哩　渴　渴　渴兮　渴兮（《大正藏》本〔註 108〕）

西答阿答巴答呼　吽翁　菔查　伊答嘛　撥靈答　喀　喀　喀阿希　喀阿希（《大藏全咒》本〔註 109〕）

第一、二行為咒語，祈禱者通過諷誦咒語，並施食，以期成就所願之事。《大白傘蓋總持陀羅尼經》中奉食咒，雖從文字上與本抄本無法一一對應，然就其梵語對音而論，二者則幾近相同。

咒語部份的音寫字，抄本與 M1・1354〔F9：W38〕題作「佛說大白傘蓋總持陀羅尼經」〔註 110〕幾乎相同，唯本件作「鉢得哩」「依捺設」，M1・1354〔F9：W38〕作「鉢嘚哩」「唵捺沒」。《永樂北藏》《龍藏》二本卷末所附「音

〔註 107〕 本句梵文轉寫參見《新編大藏全咒》第 9 冊，第 204 頁；孫伯君：《西夏新譯佛經陀羅尼的對音研究》（北京：中國社會科學出版社，2010 年，第 71～77 頁）、《真智譯〈佛說大白傘蓋總持陀羅尼經〉為西夏譯本考》，《寧夏社會科學》2008 年第 4 期，第 99～100 頁。

又，itaṃ，疑當作 idaṃ（這個、此）。於咒語後文 bali（祭品）語義而言，idaṃ 作為 bali 的指示代詞可通，且其他咒語亦有相近的用法，如 idaṃ baliṃ grihṇa grihṇa|，或 imaṃ baliṃ grihṇa grihṇa| kha kha| khāhi khāhi|，（咒語參見 Balimālikā: Digital Sanskrit Buddhist Canon – Books https://www.dsbcproject.org/canon-text/content/780/2908，2022-02-19）其中 imaṃ 亦是作 bali 的指示代詞。itaṃ，其原形為 ita（走向、返回、獲得、銘記、方法），語義上與 bali（祭品）

〔註 108〕 《磧砂藏》、《永樂北藏》、《龍藏》同。（《宋版磧砂大藏經》第 37 冊，臺北：新文豐出版股份有限公司，1987 年，第 209 頁；《永樂北藏》第 72 冊，第 252 頁；《龍藏》第 63 冊，第 580 頁；《大正藏》第 19 冊，第 404 頁上）

〔註 109〕 《新編大藏全咒》第 9 冊，第 204 頁。

〔註 110〕 《中國藏黑水城漢文文獻》第 8 冊，第 1694 頁。

釋」載，「（嗉），奴帶切……哎、嘚……已上字《篇韻》無出。按經註云咒內字多從口，但依本音轉舌呼之。」〔註111〕依此發音正好構成濁音，漢字中古鼻音、清塞音、擦音三種聲母，加口旁所造新字，代表同部位梵語的濁塞音。〔註112〕也就意味著 M1・1354［F9：W38］選用嘚（端母 t，清塞音，d→dh）、哎（影母?，清塞音，ī→i）使其發音更接近梵語語音。

又，抄本與 M1・1354［F9：W38］作「西怛怛鉢得（嘚）哩」，《磧砂藏》等諸刻本作「席嚧怛末嘚哩」，此皆為 sitātapatre（白傘蓋）音寫字。《廣韻・齊韻》：西，心母（s），開口，四等，平聲，先稽切。《廣韻・昔韻》：席，邪母（z），開口，三等，入聲，祥易切。「西」為心母，此是清擦音；「席」為邪母，此是濁擦音。《中原音韻》中，「西」「席」二字皆為心母。宋元時北方方音入聲字［-p、-t、-k］三種塞音韻尾逐漸合流為喉塞音［-ʔ］，〔註113〕如是會形成短促的語音。「西」（MC.*siei）、「席」（MC.*ziek & *siek），此二字與 si 對音，而 s 後 i，此為短元音，發音與漢語入聲接近，如此「席」語音更近似梵語 si 發音。又，據孫伯君研究真智譯本梵漢對音規律，端母對 t、ṭ，泥母對 d、n、ṇ，明母對 b、bh、m，幫母對 p、ph。〔註114〕「末」為明母字（MC.*bh）；「鉢」為幫母字（MC.*ph），如是在語音上「鉢得（嘚）哩」較之「末嘚哩」更近 patre。「怛」為端母字，梵語對音作 t；「捺」為泥母字（n），加「口」旁所成「嚩」，李範文、聶鴻音、孫伯君等認為加「口」旁作用是使清音濁化，其表示西夏語音相當於中古漢語的定母（d），擬定梵語對音作 d 或 dh。〔註115〕

〔註111〕《永樂北藏》第 72 冊，第 266 頁；《龍藏》第 63 冊，第 590 頁。

〔註112〕孫伯君：《西夏新譯佛經中的特殊標音漢字》，《寧夏社會科學》2007 年第 1 期，第 97～99 頁。

〔註113〕萬獻初：《音韻學要略》（第二版），武漢：武漢大學出版社，2012 年，第 214 頁。

〔註114〕孫伯君：《真智譯〈佛說大白傘蓋總持陀羅尼經〉為西夏譯本考》，《寧夏社會科學》2008 年第 4 期，第 97 頁；《西夏譯經的梵漢對音與漢語西北方音》，第 12～19 頁。

〔註115〕參見李範文《宋代西北方音：〈番漢合時掌中珠〉》中關於清聲母加「口」變為濁聲母、次濁加「口」變為全濁的討論。（北京：中國社會科學出版社，1994 年，第 111～114 頁）其後《西夏新譯佛經中的特殊標音漢字》（第 99 頁），聶鴻音《西夏佛經翻譯的用字特點與譯經時代的判定》（《中華文史論叢》2007 年第 2 期（總第 86 輯），第 316 頁）孫伯君《西夏新譯佛經陀羅尼的對音研究》（北京：中國社會科學出版社，2010 年，第 59～60、81～82、96 頁）對此情況亦有討論。

sitātapatra 中，〔註116〕tā、ta 皆為清音，而真智譯本「席嚺怛」中卻以濁音化「嚺」與 ta 對音，是值得關於語音現象。實際上，《大白傘蓋總持陀羅尼經》中「嚺」的對音情況並不統一，如嚺羅禰（daraṇi）、西嚺（引）怛（siddhata）、西嚺怛（sitāta），此中是否存在清濁音、送氣音與不送氣音不分，此尚需待考。

從如上對抄本咒語的語音分析，雖用字略異與其他黑城抄本和真智譯本，但就其梵漢對音而論，可以認定屬於《佛說大白傘蓋總持陀羅尼經》之奉食咒，且第三至五行文句，除殘缺一字，餘之則與《佛說大白傘蓋總持陀羅尼經》相應文句完全相合。故重定名作「《佛說大白傘蓋總持陀羅尼經》抄本殘片」。

孫伯君先生認為真智譯《佛說大白傘蓋總持陀羅尼經》，非元譯本，實為西夏譯本。〔註117〕若真智譯本確為西夏譯本，而黑城所出土西夏抄本咒語部份用字卻異與真智譯本，如黑城抄本 M1．1364［F13：W15-10］、M1．1365［F13：W15-11］，作「鉢嗼哩」（patre）、「（覓嚺能上腭）薩捺割囉」、「麻訶屹囉嚺訶能」（mahā-grahanān），而刻本藏經分別作「末嗼哩」、「薩捺葛囉」（sanakar／覓嚺能薩捺葛囉 bidhvansanakari）、「麻渴屹囉曷捺能」。

依孫伯君先生研究真智譯本對音而論，「割」「葛」，二字同為見母字（k），故「薩捺葛囉」與「薩捺割囉」，具相同對 sanakar。然而，「鉢」為幫母字（梵語對音 p，ph）；「末」為明母字（梵語對音 b、bh、m）。「訶」為曉母字（梵語對音 h）；「渴」為溪母字（梵語對音 kh）。如此，「鉢嗼哩」較之「末嗼哩」，音近 patre；「麻訶屹囉嚺訶能」則較之「麻渴屹囉曷捺能」，音近 mahā-grahanān，如是而論，似乎抄本所用音譯字更近梵語語音。如此，《佛說大白傘蓋總持陀羅尼經》，黑城出土抄本和真智譯本中咒語選字不同，是否為抄本為符合使用區域語音而對音譯字予以改訂，目前尚無證據，對此需要進一步研究。

4. F20：W3（第 221 頁）

麻曷歲幹吽　想七寶□中降下

〔註116〕關於加「口」旁而致字音產生變化的相關討論可參見如下：如李範文《宋代西北方音：〈番漢合時掌中珠〉》（北京：中國社會科學出版社，1994 年，第111～114、221 頁），孫伯君《西夏新譯佛經中的特殊標音漢字》（《寧夏社會科學》2007 年第 1 期，第 99 頁）、《西夏新譯佛經陀羅尼的對音研究》（北京：中國社會科學出版社，2010 年，第 59～60、81～82 頁）聶鴻音《番漢合時掌中珠〉注音符號研究》（《語言研究》1987 年第 2 期，第 183 頁）、《西夏佛經翻譯的用字特點與譯經時代的判定》（《中華文史論叢》2007 年第 2 期（總第 86 輯），第 316 頁），等等。

〔註117〕《真智譯〈佛說大白傘蓋總持陀羅尼經〉為西夏譯本考》，第 96～101 頁。

标〔攝〕〔1〕受瓶　遣魔四面咒

增長佛慢　念忿怒咒

唵末則唯麻曷末辣吽發怛

三字标〔攝〕〔2〕受種集

採糖密乳咒

校記

〔1〕〔2〕标，當作「攝」。攝受也。草書「攝」「标」二形相近，易為誤認，《黑城
　　　出土文書（漢文文書卷）》M1・1378［F9：W13］亦有相同書寫字形。

　　此件中有四面咒、忿怒咒、密乳咒。忿怒咒，「唵　末則唯　麻曷末辣　吽
發怛」，此與《大乘經咒》中十方忿怒明王咒之「大力忿怒咒」（唵　麻曷八辣
吽　發吒二合 Oṃ mahābala Hūṃ phaṭ）十分接近〔註118〕。「大力忿怒咒」，大力，
音譯作摩訶跋藍（mahābala），意譯作大力。本件所抄錄忿怒咒，較之「大力忿
怒咒」多「末則唯」一詞。又，《妙吉祥平等祕密最上觀門大教王經》卷一中「西
北方摩訶麼攞大明王真言」、永樂大鐘「西北摩訶跋藍大忿怒明王咒」與本卷，
三者皆不相同。〔註119〕四面咒，咒語名亦可見於 A7 慈烏大黑要門，〔註120〕
由於本卷未錄咒語內容，故無法確知二者是否一致。密乳咒，暫未檢得同名咒
語，僅見乳真言（瞻）、乳海真言（曩謨三滿多　沒馱喃　鑠），〔註121〕且內容

〔註118〕《大乘經咒》為臺北國立故宮博物院所藏明永樂年泥金寫本，原清宮舊藏。
　　　　全卷錄文見臺北國立故宮博物院網站（http://www.npm.gov.tw/dm/buddhist/b/
　　　　K3G000701N000000000IA_a.htm，2015-11-02）。

〔註119〕「西北方摩訶麼攞大明王真言」作「唵（引一）吽（二）發吒（二合）發吒
　　　　（二合三）搗仡囉（二合）戍攞播抳（四）吽吽發吒（五）唵（引六）乳（自
　　　　綠切）底儞哩（二合）曩娜（七）吽（八）唵（引九）發吒（二合）發吒（二
　　　　合十）摩賀麼攞野（十一）娑嚩（二合）賀（引）」。（《大正藏》第 20 冊，
　　　　第 909 頁上。）
　　　　永樂大鐘鑄「大力忿怒咒」銘文「唵　摩訶跋藍　吽　發咤」。（張寶勝：《永
　　　　樂大鐘梵字銘文考》，北京：北京大學出版社，2006 年，第 159～160 頁）
　　　　又，張寶勝先生在《永樂大鐘梵字銘文考》之「十方忿怒明王咒」注文（第
　　　　159～160 頁）中對咒語內容相異情況有所討論，可茲參考。

〔註120〕《俄藏黑水城文獻》第 5 冊，第 185 頁。

〔註121〕乳真言、乳海真言，二咒分別存於《金剛手光明灌頂經最勝立印聖無動尊大
　　　　威怒王念誦儀軌法品》（《大正藏》第 21 冊，第 4 頁上。）和《瑜伽集要救阿
　　　　難陀羅尼焰口軌儀經》（《大正藏》第 21 冊，第 471 頁中。），另參見林光明
　　　　編修《新編大藏全咒》相應內容（第 16 冊，第 51 頁；第 9 冊，第 102 頁）。

相異。又，「麻曷歲幹　吽」（mahāsva Hūṃ），亦暫未明瞭屬於何種咒語。

「三字攝受種集」，此三字似應「唵啊吽（oṃ a hūṃ）」，此三者乃根本種子字，「凡諸作法，以此真言總加持之，皆得堅固廣大無窮無盡之用也。」〔註122〕殘件中只有唵、吽。「想七寶」，乃誦咒時亦觀想七寶從某處降下，密法修習中謂之身口意三密相應，殘頁存文顯示口（誦咒語）、意（觀想七寶從口中入下）相應。故擬定名作「四面咒、忿怒咒、密乳咒等修習法殘片」。

第二節　英藏黑水城漢文佛教文獻定名

英藏黑水城漢文具有刊佈早、分散的特點。現有四種刊本，分別為馬伯樂《斯坦因第三次中亞探險所獲漢文文書》〔註123〕、郭鋒《斯坦因第三次中亞探險所獲甘肅新疆出土漢文文書—未經馬斯伯樂刊佈的部分》〔註124〕、沙知、吳芳思主編《斯坦因第三次中亞考古所獲漢文文獻（非佛經部分）》〔註125〕和西北第二民族學院、上海古籍出版社、英國國家圖書館共同編纂《英藏黑水城文獻》〔註126〕。前三種圖錄刊佈 Or.8212 特藏系列，且以社會文書的刊佈為主要對象，而後一種圖錄則刊佈 Or.12380 特藏系列。

一、Or.8212 特藏系列中黑水城漢文佛教文獻定名

1. 馬伯樂刊本中漢文佛教文獻重定名

（1）N°584.—KK.Ⅱ.0243（cc）.（i²）原題作「金剛般若波羅蜜多經」（p.227）

Variante: 1.9-12……善逝應機洲〔1〕……｜……如是修｜……心〔2〕智收｜……同著相求｜〔註127〕

〔註122〕《修設瑜伽集要施食壇儀》卷一，《卍續藏》第 104 冊，第 841 頁中。

〔註123〕Henri Maspero: *Les Documents Chinois: De La Troisième Expédition De Sir Aurel Stein En Asia Centrale*. London: The Trustees of British Museum, 1953.

〔註124〕蘭州：甘肅人民出版社，1993 年。

〔註125〕上海：上海辭書出版社，2005 年。

〔註126〕上海：上海古籍出版社，2005～2010 年。

〔註127〕凡本文勘定馬伯樂所刊黑水城文獻定名所據錄文，皆依《斯坦因第三次中亞考察所獲漢文文書》迻錄之。

按：馬伯樂未將殘葉內容全部錄文，一般情況，與羅什譯本比對無異的殘文，僅記《大正藏》的頁碼與行數，而殘文與之不一，其謂之異文（Variante）則予以錄文。

校記

〔1〕洲。S.1846《梁朝傅大士頌金剛經》作「詶」。〔註128〕《御製秘藏詮》卷八引
此頌文「〈金剛頌〉云：空生初請問，善逝應機詶。」（《高麗藏》本〔註129〕）
詶，回答、應答也，此與前句「空生初請問」之「問」對仗。酬，亦有應答之
義。「酬」「詶」，二字音同，《廣韻‧尤韻》皆作市流切。又，〔明〕洪蓮《金
剛經註解》、〔明〕韓巖《金剛經補註》、〔明〕曾鳳儀《金剛經宗通》三書，引
《梁朝傅大士頌金剛經》頌文，皆作「善逝應機酬」〔註130〕。

〔2〕心。S.1846《梁朝傅大士頌金剛經》作「悲」。〔註131〕

　　馬伯樂書中載：「P.749a, l.6-11 et l.12。」其所對應羅什譯本《金剛經》經
文如下：

　　其心：「所有一切眾生之類，若卵生、若胎生、若濕生、若化生，若有色、
若無色，若有想、若無想、若非有想非無想，我皆令入無餘涅槃而滅度之。」
如是滅度無量無數無邊眾生，實無眾生得滅度者。何以故？須菩提！若菩薩
有我相、人相、眾生相、壽者相，即非菩薩。『復次，須菩提！菩薩於法，應
無所住，行於布』。（《大正藏》第 8 冊，第 749 頁上 6～12 行）

　　《梁朝傅大士頌金剛經》

　　空生初請問，善逝應機詶。

　　先答云何住，次教如是修。

　　胎生卵濕化，咸令悲智收。

　　若起眾生見，還同著相求。（《大正藏》第 85 冊，第 1 頁下；《敦煌寶藏》
第 14 冊，第 104 頁）

　　此馬伯樂所列出四行異文，實為《梁朝傅大士頌金剛經》頌文，故此件
重定名作「《梁朝傅大士頌金剛經》殘片」。

　　（2）Nº585.—KK. Ⅱ.0243 (cc). (i³) 原題作「金剛般若波羅蜜多經」
　　　　（p.227）

〔註128〕《大正藏》第 85 冊，第 1 頁下。《敦煌寶藏》第 14 冊，臺北：新文豐出版
　　　　公司，1986 年。第 104 頁。

〔註129〕《景印高麗大藏經》第 35 冊，臺北：新文豐出版公司，1982 年，第 858 頁
　　　　上；《高麗大藏經初刻本輯刊》第 77 冊，重慶：西南師範大學出版社、北京：
　　　　人民出版社，2012 年，第 383 頁。

〔註130〕《卍續藏經》第 38 冊，第 860 頁上。

〔註131〕《大正藏》第 85 冊，第 1 頁下；《敦煌寶藏》第 14 冊，第 104 頁。

〇〇〇〇〇　　無量劫來因｜〇〇〇〇〇　　貪愛若〇〇｜〇〇〇

〇〇　　居〇不染〇｜〇〇〇〇〇　　〇〇〇王身｜〇〇〇〇〇　〇

境若龜毛｜〇〇〇〇〇　逢難〇〇牢｜〇〇〇〇〇　　無下亦無高

〇〇〇〇〇「分第」〇

｜不應住色生心不應住色」聲香味｜「觸法生心應生無所住心」〔1〕

〇〇〇〇〇　　〇〇〇三檀｜〇〇〇〇〇聲色勿相干｜〇〇〇〇〇中

道不須安｜〇〇〇〇〇　　背境向心觀

校記

〔1〕馬伯樂題名記此件為鳩摩羅什譯，然羅什譯本作「應無所住而生其心」〔註132〕，

卻與菩提流支譯本同，流支本作「應生無所住心。」〔註133〕另，羅什、流支

二本皆作「不應住聲、香、味、觸、法生心」，此色、聲二字倒文。

馬伯樂書中載：「P.750b, I.22.」其所對應羅什譯本《金剛經》經文如下：

心，不應住色生心，不應住聲香味觸法。（《大正藏》第 8 冊，第 750 頁

中 22 行）

《梁朝傅大士頌金剛經》（S.1846）：

妙行無住分第四

復次須菩提。於法應無所住。行於布施。所謂不住色布施。不住聲香味

觸法布施。須菩提。菩薩應如是布施不住於相。何以故。若菩薩不住相布施。

其福德不可思量。

檀波羅蜜（布施）　彌勒頌曰。

施門通六行　　六行束三檀

資生無畏地　　聲色勿相干

二邊純莫立　　中道不須安

欲覓無生處　　背境向心觀

尸波羅蜜（持戒）　彌勒頌曰。

尸羅得清淨　　無量劫來因

妄想如怨賊　　貪愛若參辰

在欲而無欲　　居塵不染塵

〔註132〕　《金剛般若波羅蜜經》，《大正藏》第 8 冊，第 749 頁下。

〔註133〕　《金剛般若波羅蜜經》，《大正藏》第 8 冊，第 750 頁中。

　　　　權於離垢地　　　當證法王身

　　屬提波羅蜜（忍辱）　　彌勒頌曰。

　　　　忍心如幻夢　　　辱境若龜毛

　　　　常能修此觀　　　逢難轉堅牢

　　　　無非亦無是　　　無下亦無高

　　　　欲滅貪瞋賊　　　須行智惠（慧）刀」（《大正藏》第 85 冊，第 2 頁上；

《敦煌寶藏》第 14 冊，第 104 頁〔註134〕）

　　經與《梁朝傅大士頌金剛經》比對，文句可與之相合，然此件第一至三行、第四至七行，二段倒文，第四至七行應在其前。今據殘文內容，重定名作「《梁朝傅大士頌金剛經》殘片」。

　　（3）N°586.─KK.Ⅱ.0243 (cc).(iˡ)原題作「金剛般若波羅蜜多經」(p.227)

○○○○○　　須行智慧○│○○○○○　　○○慧光舒│○○○

○○　　三空境上祛│○○○○○　　○○執情除〔1〕│○○○○○　何

當至無餘〔2〕│○○隨浪靜〔3〕　　定水逐波清│○○生覺性息廬〔4〕滅

迷情│○

　　計虛分別　　由來假立名│○○依他起　　無別有圓成│○○登〔5〕加

朗　　蘊界若乾城○○○○○　　○○暫時停│○○○○○　　乃

見我人形│○○○○○　　○得一空名│○○○祇劫　萬形具齊ˣ〔6〕悠〔7〕

校記

〔1〕除。敦本 S.1846 作「知」。

〔2〕餘。敦本 S.1846 作「為」。

〔3〕靜。敦本 S.1846 作「淨」。

〔4〕廬。馬伯樂對該字加注「廬 for 慮？」。敦本 S.1846 作「慮」。

〔5〕登。敦本 S.1846 作「燈」。

〔6〕x。馬伯樂本縮略符「x」表示文字殘缺，經覆核 S.1846，「齊」至「悠」脫三十字。

〔7〕悠。敦本 S.1846 作「憂」。

　　《梁朝傅大士頌金剛經》

　　屬提波羅蜜（忍辱）　　彌勒頌曰。

〔註134〕黃永武主編：《敦煌寶藏》，臺北：新文豐出版公司，1986 年。

忍心如幻夢　　辱境若龜毛

常能修此觀　　逢難轉堅牢

無非亦無是　　無下亦無高

欲滅貪瞋賊　　須行智惠（慧）〔註135〕刀

毘離耶波羅蜜（精進）　彌勒頌曰。

進修名焰地　　良為惠（慧）光舒

二智心中遣　　三空境上祛

無明念念滅　　高下執情知

觀心如不間　　何啻至無為

禪波羅蜜（禪定）　彌勒頌曰。

禪河隨浪淨　　定水逐波清

澄神生覺性　　息慮滅迷情

遍計虛分別　　由來假立名

若了依他起　　無別有圓成

般若波羅蜜（智慧）　彌勒頌曰。

惠（慧）燈如朗日　　蘊界若乾成〔註136〕

明來闇便謝　　無暇暫時停

忘〔註137〕心猶未滅　　乃見我人形

妙智圓光照　　唯得一空名

三代〔註138〕僧祇劫　　萬行具齊修

既悟無人我　　長依聖道流

二空方漸證　　三昧任遨遊

〔註135〕原卷作「惠」，通「慧」，此敦煌寫本常見。《大正藏》錄文徑改錄為「慧」，下文同。

〔註136〕原卷作「成」，《大正藏》錄文同，CEBTA 錄入時標記「成＞城」。〔明〕洪蓮《金剛經註解》引用傅大士此頌文，作「城」。（《卍續藏經》（新文豐版）第 38 冊，第 866 頁中）

〔註137〕原卷作「忘」，《大正藏》錄文同，CEBTA 錄入時標記「忘＞妄」。〔明〕洪蓮《金剛經註解》引用傅大士此頌文，作「妄」。（《卍續藏經》（新文豐版）第 38 冊，第 866 頁中）

〔註138〕原卷作「代」，《大正藏》錄文同，CEBTA 錄入時標記「代＞大」。〔明〕洪蓮《金剛經註解》引用傅大士此頌文，作「大」。（《卍續藏經》（新文豐版）第 38 冊，第 866 頁中）

　　<u>創居歡喜地</u>　　<u>常樂逐忘憂</u>（《大正藏》第 85 冊，第 2 頁上；《敦煌寶藏》第 14 冊，第 104～105 頁）

　　經與《梁朝傅大士頌金剛經》比對，文句可與之相合，然若干字與對勘本 S.1846 略有不同。今據殘文內容，重定名作「《梁朝傅大士頌金剛經》殘片」。

2. 郭鋒刊本中黑水城漢文佛教文獻重定名〔註139〕

（1）〈三〇六〉內容不明殘文 Or.8212／1211 KKⅡ 0229tt〔註140〕（第 146 頁）

　　〔前缺〕

　　□㳂□

　　□陲須薩吃嘿揉□……□

　　□……□　　阿羅迦□……□

　　□……□　　　　過你□……□

　　□……□四天母　□……□

　　〔後缺〕

　　□……□　　　　過你□……□

　　□……□四天母　□……□

（2）〈三一一〉殘刻本失名書 Or.8212／1223〔註141〕無原編號（第 147～148 頁）

　　□……□世音經一千遍當得免死□……□

　　□……□一百遍請求使人慢行隨路□……□

　　□……□並前所持經數滿一千遍監□……□

　　□……□宣王敕遂令斬之敬德身□……□

〔註139〕郭鋒：《斯坦因第三次中亞探險所獲甘肅新疆出土漢文文書——未經馬斯伯樂刊佈的部分》，蘭州：甘肅人民出版社，1993 年。
　　　　郭鋒刊本僅錄文，未公佈圖版，故凡需要重定名的文獻，皆據原書錄文迻錄之。另，郭鋒錄文皆為簡體字，而本文則為繁體，為統一錄文，凡迻錄郭鋒先生之錄文皆改錄作規範的繁體字。

〔註140〕樓按：原題館藏號記 Or.8212／1121，誤。據此片內容、發掘地號，查檢郭錄，應為 1211，其載「內容不明殘文 kkⅡ 0229tt，有『阿羅迦』等語，存五行。」（《斯坦因第三次中亞探險所獲甘肅新疆出土漢文文書——未經馬斯伯樂刊佈的部分》，第 216 頁）今據實正之。

〔註141〕郭錄題名作「殘刻本」。（《斯坦因第三次中亞探險所獲甘肅新疆出土漢文文書—未經馬斯伯樂刊佈的部分》，第 216 頁）

　　「世音經」，似應《觀世音經》，《法華經觀世音菩薩普門品》之略稱。當然，以此為名的經非僅此一部，如《十一面觀世音經》（亦名《佛說十一面觀世音神咒經》)）、《請觀世音經》（亦名《請觀世音菩薩消伏毒害陀羅尼呪經》)、《高王觀世音經》、《大悲觀世音經》（亦名《觀世音十大願經》)）、《瑞應觀世音經》等。〔註142〕殘片中「（觀）世音經一千遍當得免死」，是謂持頌本經之功德，法藏云：「觀世音經中即時觀其音聲皆得解脫，解云等觀世間隨聲救苦名觀世音。」〔註143〕故據殘文可擬定作「觀世音經稱頌文」。

　　(3)〈三二七〉內容不明殘文 Or.8212／1269 KK 無原編號（第155頁）

　　〔前缺〕

　　□捺麻吽割耶彌□……□

　　□渴麻葛嚕末瓦□……□

　　□補廝併　　欫併□……□

　　□阿羅迦　　過泥〔1〕□……□

　　□喀〔2〕末羅□……□

　　〔後缺〕

校記

〔1〕1211號作「過你」。

〔2〕A11密教念誦集，所存咒語有「唵末囉吽」，「唵」與郭鋒所錄「喀」形近，正字中未見有「喀」，故疑應為「唵」。

　　郭錄1269載，「內容同前1211」。〔註144〕二件殘片咒語音譯，阿羅迦、過你（泥）均有，餘不同。二件殘片所存音譯字暫無法檢得對應的咒語，然1211號存「四天母」，藏密中有護門四天母、佛目四天母」〔註145〕，前者是

〔註142〕《大悲觀世音經》《瑞應觀世音經》，二經僅見於經錄，未見傳本。又《大悲觀世音經》異名可參見〔隋〕彥琮：《眾經目錄》卷四（《大正藏》第55冊，第172頁下)、〔唐〕智昇《開元釋教錄》卷十八（《大正藏》第55冊，第675頁中。）〔唐〕圓照：《貞元新定釋教目錄》卷二十八（《大正藏》第55冊，第1019頁下)。

〔註143〕〔唐〕法藏：《華嚴經探玄記》卷十九〈入法界品〉，《大正藏》第35冊，第471頁下。

〔註144〕《斯坦因第三次中亞探險所獲甘肅新疆出土漢文文書——未經馬斯伯樂刊佈的部分》，第217頁。

〔註145〕此屬於成就各業天母，久美卻吉多傑編著，曲甘·完瑪多傑譯：《藏傳佛教神明大全》下冊，西寧：青海人民出版社，2004年，第517頁。

守護壇場的九舉瑪、秀巴瑪、九捉瑪、直五瑪。〔註146〕或許殘片中之咒語與
四天母相關，如有「摩利支天母呪」。又 A11 密教念誦集，此中「八天母」、
「四天母供養」、「梵音四天母」所見咒語與本件頗為接近，如「薩埵須薩葛
囉」、「唵末囉吽」、「阿羅迦　渴麻渴野你」、「過你　渴麻孤嚕蒙」、「補斯併」，
〔註147〕故 1211、1269 二號暫擬定作「四天母咒語殘片」。

　　（4）〈三四〇〉殘佛經刻本 Or.8212／1339 無出土編號（第 159、218
　　　頁）〔註148〕

　　　［前缺］

　　　□……□菩薩到曇□……□

　　　□……□故曇無竭□……□

　　　［後缺］

《大智度論》卷九十八〈薩陀波崙品〉：

　　亦聽我身及五百侍女先所給使，共薩陀波崙菩薩到曇無竭菩薩所，為供
養般若波羅蜜故，曇無竭菩薩當為我等說法，我當如說行，當得諸佛法。（《大
正藏》第 25 冊，第 739 頁中）

　　經與《大智度論》卷九十八〈薩陀波崙品〉相應比對，殘文可與之相合，
故重定名作「《大智度論·薩陀波崙品》殘片」。

3. 沙知刊本中黑水城漢文佛教文獻重定名〔註149〕

　　凡 OR.8212 系列殘片中，同一館藏號殘片於郭鋒、沙知皆刊佈，若需要
重定名者，因沙知公佈圖版，便於查看殘片存文實情，而郭鋒僅有錄文，故
皆依沙知刊本重定名。

　　（1）Or.8212／1162《五燈會元》卷第十一殘文（第 2 冊，第 81 頁）

　　　［前缺］

　　　□□

〔註146〕《中國各民族宗教與神話大詞典》，北京：學苑出版社，1993 年，第 730 頁。

〔註147〕《俄藏黑水城文獻》第 5 冊，第 220～221 頁。

〔註148〕郭錄載「1339 殘佛經刻本 9.7×4.5cm，黃紙，存二行。」而於「黑城子文書」
　　　　刊佈時，卻題名作「殘文」，並將館藏號誤作 1337。郭錄中，1337 題名「殘
　　　　帳目」，且亦於「黑城子文書」刊佈。（《斯坦因第三次中亞探險所獲甘肅新
　　　　疆出土漢文文書─未經馬斯伯樂刊佈的部分》，第 159、218 頁）

〔註149〕沙知、吳芳思主編：《斯坦因第三次中亞考古所獲漢文文獻（非佛經部分）》
　　　　第 2 冊。

具壽

［後缺］

沙知先生稱：「說明　第一行二模糊字可比定為『曰學』」，然從圖版卻殊難辨認出此二字，一者字形模糊，且紙張摺疊，二者所存構件不全。「具壽」，〔註150〕佛經常用語，常為耆宿長老名前所用尊稱。若僅以「具壽」二字，難以推定究竟屬於何種佛教文獻。故以「具壽」一語，擬定名作「漢文佛教文獻殘片」。

（2）Or.8212／1208［K.K.Ⅰ.ii.02z］殘文（第2冊，第107頁）

［前缺］

□……□□如常〔1〕□……□

□……□能攝諸〔2〕□……□

［後缺］

校記

〔1〕原卷「如」下一字形近「栄」，其右側書「常」，「常」應為更正書寫訛誤。

〔2〕原卷僅存「者」，據頌文補入。

《廣大發願頌》：

<u>忍辱精進二度門，願我悉如常精進。</u>

<u>定力能攝諸散亂</u>，願我得如金剛手。（《大正藏》第32冊，第756頁下）

殘文與龍樹菩薩《廣大發願頌》頌文相近，故擬定名作「《廣大發願頌》殘文」。

（3）Or.8212／1242 K.K.Ⅱ.0244.a.ⅹⅹⅳ印本古籍？殘頁（第2冊，第116頁）

［前缺］

□……□少〔1〕

□……□疾得

□……□聞其名〔2〕

□……□　七字〔3〕

〔註150〕具壽（āyuṣmat），Possessed of vital power, healthy, long-lived, alive, living; old aged, m, life-possessing' often applied as a kind of honorfic title, especially to royal personages and Buddhist monks.（*A Sanskrit-English Dictionary*, p149.）

　　□……□地獄畜生

　　□……□乘圓教〔4〕

　　□……□成佛之宗〔5〕得道

　　□……□■國〔6〕中有沙彌名

　　□……□嚴天帝請迎乃曰

　　□……□經諸天護持請為

　　□……□■（修）〔7〕羅軍眾覩此威神

　　〔後缺〕

校記

〔1〕少，原卷難辨，沙知錄作「文」，參《華嚴感通靈驗傳記》（TK61）作「少」。

〔2〕聞其名，三字大於其他諸字，應為正文，餘者皆為注文。

〔3〕七字，「七」前難識，沙知先生錄作「題」。

〔4〕教，沙知先生錄作「敀」，誤。圓教，究竟圓滿之教，此乃漢傳佛教判立諸經
　　次第所設。如，天台宗立《法華經》、《涅槃經》為圓教，華嚴宗立《華嚴經》
　　為圓教。參《華嚴感通靈驗傳記》（TK61）亦作「圓教」也。

〔5〕宗，原卷此字僅下部構件依稀可見，沙知錄作「果」，參《華嚴感通靈驗傳記》
　　（TK61）作「宗」。

〔6〕闐國，「闐」無存，沙知先生似據文意補錄「于」。

〔7〕■（修），此字所存構件無法辨識，沙知先生似據文意補錄「脩」。「修」「脩」，
　　二字音同而義略異，《說文·肉部》：「脩，脯也。」《說文·彡部》：「修，飾也。」
　　修羅，乃阿修羅之略稱，即梵語 āsura（asura）之音寫詞。佛經「修羅」「脩羅」
　　皆有，然以「修羅」居多。

　　《華嚴感通靈驗傳記》（TK61）

　　上聖同推下類難知（經云此經十方諸佛同說同讚海會菩薩俱來證明一切聲聞緣覺不聞此經何況受持）以少方便功越僧祇（經云以少方便疾得菩提又云若菩薩億那由他劫行六波羅蜜不聞此經雖聞不信是等猶為假名菩薩）但聞其名不墮修羅之四趣（傳云聞大方廣佛華嚴經經題七字者決定不墮修羅餓鬼地獄畜生等四趣何況受持）法界圓宗真如牓樣（華嚴是一乘圓教乃成佛之宗得道之本）昇天而能退強敵（聖歷年中于闐國有沙弥名弥伽專誦華嚴天帝請迎乃曰每被修羅見擾故屈師表師受持華嚴經諸天護持請為誦經以攦彼敵遂登華座誦華嚴經修羅軍眾覩此威神即便退蚓）修禪習慧實通九會之中。（俄黑第2冊，第65頁）

　　沙知先生將此號定作印本，但似有疑，故於「印本」後加？。此殘片與俄藏 TK61、TK64、TK65、TK69、TK72、TK161，同為《華嚴感通靈應記》印本，此文附於《大方廣佛華嚴經入不思議解脫境界普賢行願品》卷末。僅此件存文甚少，應為同為皇后羅氏所施印。經與《華嚴感通靈應記》比對，殘文可與之相合，故重定名作「《華嚴感通靈驗傳記》刻本殘片」。

　　（4）Or.8212／1261 K.K.Ⅱ.0277.hhh（ⅰ）（ⅱ）殘句（第 2 冊，第 123 頁）

〔前缺〕

看似水中月

〔後缺〕

〔前缺〕

□身何增減

〔後缺〕

《少室六門》：

不增不減。

如來體無相。滿足十方空。空上難立有。有內不見空。

看似水中月。聞如耳畔風。法身何增減。三界號真容〔註151〕。（《大正藏》第48 冊，第 365 頁下）

　　經與《少室六門・第一門心經頌》相應文句比對，殘文與之相合，故重定名作「《少室六門・第一門心經頌》殘片」。

　　（5）Or.8212／1270KK.Ⅱ.0282.b（ⅱ）禮敬金剛修習（第 2 冊，第 125 頁）〔註152〕

反果上所說皆從大■〔1〕■□……□■

敬礼〔2〕金剛修■〔3〕■□……□

夫作供養者歸□……□菩提心作

定念咒〔4〕已然自創間〔5〕想一日輪於上想一〔6〕

赤色六角軫中想本佛周圍左■〔7〕

〔註151〕《大正藏》校勘記：容＝空？。

〔註152〕郭錄載：「KK 無編號」，（《斯坦因第三次中亞探險所獲甘肅新疆出土漢文文書——未經馬斯伯樂刊佈的部份》，第 217 頁）即無發掘地號。

六甲母然後曰軩放光出於臍〔8〕間照

着〔9〕供養種〔10〕集等離障清淨三〔11〕字

呪抔（攝）授〔12〕成智甘露首先供養師佛

　　　宙七〔13〕

味〔14〕母然後自受〔15〕用時如燒施儀■〔16〕

佛母等飽滿歡喜想之然作供養

讚嘆舞歌岐〔17〕樂已善根〔18〕迴向此法

至妙宜可秘藏者矣

此法頻頻供養享熟者〔19〕絕食之法至

極甚妙久必澄□□■〔20〕也

校記

〔1〕「從大」郭刊未錄。沙知錄作「從大乘」，乘，原卷構件殘損嚴重，且紙張皺摺，
　　以致字形難辨，沙知似據文意補入「乘」。

〔2〕原卷作「礼」。沙知改錄作「禮」。

〔3〕沙知錄作「習」，郭刊未錄。歡，從殘存構件並不能還原為「習」。

〔4〕咒，郭刊錄作「收」。

〔5〕間，郭刊錄作「問」。

〔6〕郭刊未錄。

〔7〕郭刊未錄，沙知錄作「者？」。所存構件模糊可見「土」。

〔8〕郭刊錄作「臍？」。原卷脂為臍之俗寫。

〔9〕原卷作「著」。

〔10〕郭刊未錄。

〔11〕郭刊錄作「二（？）」。

〔12〕郭刊未錄。沙知錄作「抔授」，應作「攝授」。抔，實為「攝」之草書。〔註
　　153〕攝授，亦作攝受。「攝授（受）成智甘露」，如《瑜伽集要焰口施食儀》云：
　　「唵（引）　啞　吽（二七遍。攝受成智甘露）」〔註154〕

〔13〕郭刊未錄。此二字書於版心，似頁碼。

〔14〕郭刊錄作「味（？）」。味母，俄藏 A21.6 供養陀羅尼中，有「味母白色　阿

〔註153〕參見《草書大字典》上冊，「攝」字。（第 547 頁）
〔註154〕《大正藏》第 21 冊，第 476 頁上。

捺成吽」。〔註 155〕

〔15〕郭刊錄作「受（？）」。

〔16〕郭刊未錄，沙知錄作「如？」。原卷僅存「女」旁。

〔17〕郭刊錄作「岐（？）」，沙知錄作「岐（伎？）」，「岐」「伎」二字音同（gǐe）〔註 156〕，《廣韻・支韻》皆作巨支切，疑為音同而借用。「舞歌」，原卷二字間有一倒文號。即「歌舞伎樂」。

〔18〕根，郭刊錄作「報」。

〔19〕郭刊未錄。

〔20〕郭刊未錄，沙知錄作「醒？」。原卷僅「是」可見，無「酉」旁。

沙知先生以首行「敬礼金剛修」，定名作「禮敬金剛修習」；郭鋒則以原卷「絕食之法」，定名作「佛教絕食等修煉法」。然而，其一，「敬礼金剛修」非原卷首題，僅是修習法常有語，如「禮敬金剛薩埵」（《金剛頂瑜伽金剛薩埵五秘密修行念誦儀軌》）；其二，雖有「絕食之法」，然原卷中臍輪觀想、燒施儀等修法；故依此定名皆不宜。

俄藏黑水城文獻中所存數種有關金剛亥母修習法，本件內容頗為接近。二者相近文句如次。

Or.8212／1270KK.Ⅱ.0282.b（ⅱ）：

「敬禮金剛修」，「夫作供養者歸□……□菩提心作」，「赤色六角軨」，「六甲母」，「佛母」「供養種集等離障清淨三字」，「呪攝授成智甘露首先供養師佛」，等等。

俄藏黑水城文獻中金剛亥母修習法：

Инв.274.1《金剛亥母略施食儀》，「夫禪定行人，若將浸時，先歸衣（依）三宝發菩提心，起佛慢已」。Инв.274.2《金剛亥母自攝授要門》，「敬禮金剛亥母」；「召請自性宮中金剛亥母至於面前，意作供養食已，其佛頂上想一八輻輪上想一白色唵字，喉中雜色八葉蓮花上想一赤色啞字，心頭□輪上想一青色吽字，臍下法生宮內想一赤色口邦字」；「臍上次等排六甲呪」；「夫修習人出定行者……臍下法生宮內相智金剛亥母，其食唵啞吽三字內攝授成智甘露，將甘露供金剛亥母」。Ф.249、Ф.327《金剛亥母修習儀》，「禮敬金剛空行母」，「次亥母臍間想赤色三角法性」；「若作究竟定者……於自杵根想六角

〔註 155〕《俄藏黑水城文獻》第 5 冊，第 297 頁下。
〔註 156〕《漢字古今音表》，第 40 頁。

輪，頂上亦想六角輪」。

　　如此看來，本件似應與金剛亥母修法有密切關係，只是本件僅存一葉，無法窺見其全貌，如是亦難以確知究竟屬於何種修法，故僅定名作「金剛亥母修法殘片」。

　　（6）Or.8212／1291 K.K. Ⅲ.015.oo（i）西夏乾祐年間文書殘片（第 2 冊，第 130 頁）

　　〔前缺〕

　　□……□乾祐十□……□

　　□……□■僧□……□

　　□……□■〔1〕十八日□……□

　　□……□■　■□……□

　　〔後缺〕

校記

〔1〕沙知補錄「月」。

　　郭鋒此號於正文和目錄著錄了兩個不同的題名，分別是「乾祐十年殘文」、「乾祐十年殘帖？」。〔註157〕殘文中「僧」，或許顯示文書與僧人相關，惟因殘損嚴重無法還原文書全部內容。郭鋒先生稱：「此件殘片，可為西夏文未能普及，民間僧俗猶用漢字之又一例證。」〔註158〕或許亦如先生所言，是否為僧俗交往之文書？題名僅以殘文所示時間定之，而未將「僧」，即與僧人、寺院相關信息納入，似欠妥。基於此，故重定名作「乾祐年佛教寺院文書」。

　　（7）Or.8212／1294（E）K.K. Ⅲ.015.s 印本殘片（第 2 冊，第 133 頁）

　　〔前缺〕

　　□……□憍慢□……□

　　□……□邊□……□

〔註157〕《斯坦因第三次中亞探險所獲甘肅新疆出土漢文文書——未經馬斯伯樂刊佈的部分》，第 157、217 頁。
　　　　另，郭鋒先生此號按語稱：「此乾祐十年即西夏仁宗乾祐十年（1090）已見前言分析。」（第 157 頁）且僅以殘文存「乾祐十」定名作「乾祐十年殘文」、「乾祐十年殘帖？」有妄斷之嫌，且乾祐年（1170～1193），乾祐十年（1179），非先生所示公元紀年。

〔註158〕《斯坦因第三次中亞探險所獲甘肅新疆出土漢文文書——未經馬斯伯樂刊佈的部分》，第 158 頁。

□……□日起□……□

〔後缺〕

《慈悲道場懺法》卷六〈解怨結之餘〉：

或為驕慢，或為嫉妒。起妄語業。如是罪惡無量無邊，今日懺悔願乞除滅，又無始已來至于今日。起兩舌業。(《大正藏》第45冊，第948頁上）

「憍慢」乃佛教文獻常見用語，殘文似與《慈悲道場懺法》卷六〈解怨結之餘〉相應文句相合，故擬重定名作「《慈悲道場懺法》卷六殘片」。

（8）Or.8212／1302（1）KK.Ⅲ.020.w 道書殘片（第2冊，第134頁）

〔前缺〕

□……□鬼競來□……□

□……□無有休〔1〕□……□

□……□鬼皆悉消滅□……□

□……□如是〔2〕□……□

〔後缺〕

校記

〔1〕〔2〕「有休」、「如是」，皆殘部分構件，此據殘存構件及比對經文後補入。

《天地八陽神咒經》：

若有眾生信邪倒見，即被邪魔外道、魑魅魍魎、鳥鳴百怪、諸惡鬼神競來惱亂，與其橫病、惡種、惡注，受其苦痛無有休息。遇善知識為讀此經三遍，是諸惡鬼皆悉消滅，病即除愈身強力足，讀經功德獲如是福。(《大正藏》第85冊，第1422頁下）

郭鋒刊佈著錄四行，其文如次，「□……□鬼不□……□／□……□無□□□……□／□……□皆悉消滅□……□／□……□是□……□」，〔註159〕經與《天地八陽神咒經》相應經文比對，殘文可與之相合，故重定名作「《天地八陽神咒經》殘片」。

（9）Or.8212／1302（2）KK.Ⅲ.020.w（ⅰ）道書殘片（第2冊，第135頁）〔註160〕

〔註159〕《斯坦因第三次中亞探險所獲甘肅新疆出土漢文文書——未經馬斯伯樂刊佈的部分》，第158頁。

〔註160〕又沙知先生於 1302（1）KK.Ⅲ.020.w 說明「此片與 Or.八二一二／一三〇二（ii）內容、書法、格式及紙質相似，疑原為同件裂出者。」而 1302（2）

〔前缺〕

藏六（畜）〔1〕□□□……□

五土地神（青）〔2〕□……□

諸神土尉伏□□□……□

方形消〔3〕影不〔4〕□□……□

〔後缺〕

校記

〔1〕〔2〕〔4〕「畜」「青」「不」，皆殘部分構件，此據殘存構件及比對經文後補入。

〔3〕形消，《天地八陽神咒經》作「影銷」。「消」「銷」，二字音同，《廣韻・宵韻》
皆作相邀切。又，桂馥《說文解字義證・金部》：「銷，通消。」《一切經音義》
卷八《大般若波羅蜜經》之「銷滅」，慧琳云：「小姚反。亦作消。」〔註161〕
《一切經音義》卷四《大般若波羅蜜經》之「銷雪」，慧琳云：「上音消。王
注《楚辭》：『銷，滅也。』《玉篇》：『散也。』」〔註162〕如是「消」「銷」，
二字音義相通。又，《天地八陽神咒經》中「影銷影滅不敢為害」，殘片脫「滅」
字。

《天地八陽神咒經》：

碓磑庫藏、六畜欄圂，日遊月殺、大將軍太歲、黃幡豹尾、五土地神、青
龍白虎朱雀玄武、六甲禁諱、十二諸神、土尉伏龍、一切鬼魅皆悉隱藏遠屏
四方，影銷影滅不敢為害，甚大吉利得德無量。（《大正藏》第 85 冊，第 1422
頁下）

郭鋒刊本僅著錄三行，第一行缺。其錄文作「□……□五土地神□……

KK.III.020.w（i）亦說明「參 Or.八二一二／一三○二（i）」（第 2 冊，第 134
～135 頁）。又 1302（1）KK.III.020.w、1302（2）KK.III.020.w（i），圖版所
示二號內容與郭鋒對此二號之錄文恰好相反，且郭鋒所刊二號的發掘地號亦
有小異，即郭鋒刊佈 1302（1）KK.III.020.w（i）、1302（2）KK.III.020.w（ii）
分別對應沙知刊本 1302（2）KK.III.020.w（i）、1302（1）KK.III.020.w。另，
此二號實則一號，即郭錄 1302 號，其著錄「道教殘文* KK.III.020.w（i）、
（ii），道教文二件，a 件 7.2×7cm，存四行，b 件 8.8×6.5cm，存三行，皆楷
書，黃紙。」另，此二件尺寸與書中正文刊本的略有差異，a 件 7.1×7cm、
b 件 8.8×6cm（《斯坦因第三次中亞探險所獲甘肅新疆出土漢文文書——未
經馬斯伯樂刊佈的部分》，第 158、217 頁）

〔註161〕《大正藏》第 54 冊，第 351 頁下。

〔註162〕《大正藏》第 54 冊，第 328 頁上。

□／□……□諸神土（？）尉伏□……□／□……□方形消影□……□」。〔註163〕經與《天地八陽神咒經》相應經文比對，殘片文辭略異，然殘文基本可與之相合，故重定名作「《天地八陽神咒經》殘片」。

（10）Or.8212／1314 KK.Ⅲ.021.ss（ⅱ～ⅲ）〔註164〕**印本殘片（第 2 冊，第 135～136 頁）**

（ⅱ）錄文

［前缺］

□……□使黑風吹其□……□

□……□■■■■■□……□

［後缺］

（ⅲ）錄文

［前缺］

□……□寶入於大海■□……□

□……□■舫（甫妄）〔1〕飄墮羅□……□

□……□若有乃至□……□

［後缺］

校記

〔1〕沙知先生第二行「舫」後文錄作「舖」，將其作為一個獨立形聲字，誤也。經文中無此字，且甫、妄字形小於正文諸字，依格式而論，實當屬正文下小字注文，即「舫」反切注音，《廣韻·漾韻》作甫妄切。

《妙法蓮華經》卷七〈觀世音菩薩普門品〉：

<u>若有百千萬億眾生，為求金、銀、琉璃、車渠、馬瑙、珊瑚、虎珀、真珠等寶，入於大海，假使黑風吹其船舫，飄墮羅剎鬼國，其中若有，乃至一人，稱觀世音菩薩名者，是諸人等皆得解脫羅剎之難。</u>（《大正藏》第 9 冊，第 56 頁下）

〔註163〕《斯坦因第三次中亞探險所獲甘肅新疆出土漢文文書——未經馬斯伯樂刊佈的部分》，第 158 頁。

〔註164〕劉波《黑水城漢文刻本文獻定名商補》（《文獻》2013 年第 2 期，第 75～76 頁）將該號（ⅱ）重定名作「《添品妙法蓮華經》卷第七《觀世音菩薩普門品第二十四》殘文」，然事實上此片與羅什本《妙法蓮華經》亦可比定，且此與（ⅲ）片為一體，不宜分開定名，故今重新勘定。

　　《添品妙法蓮華經》卷七〈觀世音菩薩普門品〉：

　　若有百千萬億眾生，<u>為求金、銀、琉璃、車渠、馬瑙、珊瑚、琥珀、真珠</u><u>等寶</u>，入於大海，<u>假使黑風吹其船舫，飄墮羅剎鬼國，其中若有乃至一人稱</u><u>觀世音菩薩名者，是諸人等皆得解脫羅剎之難，以是因緣名觀世音。</u>（《大正藏》第 9 冊，第 191 頁下。）

　　（ii）片依經文應置於（iii）後。殘文可與《妙法蓮華經》卷七〈觀世音菩薩普門品〉，或《添品妙法蓮華經》卷七〈觀世音菩薩普門品〉相應經文相合，然僅存此殘文，無法完整比勘經文，故據殘文重定名作「《（添品）妙法蓮華經觀世音菩薩普門品》殘片」。

　　（11）Or.8212／1315 背 K.K.Ⅲ.022.v 印本曆書殘片（第 2 冊，第 136頁）

　　　［前缺］

　　■■■□……□

　　時處■總〔1〕□……□

　　一切知〔2〕□……□

　　金剛般若〔3〕□……□

　　原夫波□……□

　　是知■□

　　　［後缺］

校記

〔1〕總，原字殘下部，依字形推斷作「總」。

〔2〕知，通「智」。

〔3〕般若，二字構件殘損，依殘存構件及上文推斷作「般若」。

　　沙知先生稱：「此件背為寫經殘片，係二次利用。」然殘片背面沙知先生未予錄文，筆者據圖版錄文。殘片未經修復，第一、二行褶皺，頗難識別。殘文暫無法與藏經內容比對，現僅據殘文之「一切知」、「金剛般若」，重定名作「佛教文獻殘片」。

　　（12）Or.8212／1326 KK.Ⅲ.025（i）道書殘片（第 2 冊，第 137 頁）

　　　［前缺］

　　□……□曰〔1〕遊月□……□

　　□……□龍白虎□……□

［後缺］

校記

〔1〕沙知錄作「日」，並在字旁加「？」，看來先生對此亦有疑問。因字有殘損，就存構件似無法確定日或曰。

《陀羅尼雜集》卷五：

今為某甲勅曰。遊月殺五土神府將軍。四季諸神青龍白虎朱雀玄武歲殺月殺六甲禁忌。（《大正藏》第 21 冊，第 609 頁下。）

「曰遊月」。若定作「曰」，則依殘文，可與《陀羅尼雜集》文句相合；若定作「日」，雖道經中有類似文句，如「日遊月行」（《太上黃籙齋儀》卷四十四、四十五〈安宅行道方懺〉〔註165〕〈安宅方懺〉〔註166〕等、《道門科範大全集》卷四十三〈安宅解犯懺方儀〉〔註167〕等；「貴神日遊月行」（《太上宣慈助化章》卷一〈救急解計章〉〔註168〕；「日遊月真」（「日月蝕晦九旡符」《高上神霄玉清真王紫書大法》卷一〔註169〕）；「日遊月旋」（《上清高聖太上大道君洞真金元八景玉籙》〔註170〕）；「日遊月建神」（「安宅七十二位神」，《道門定制》卷九〔註171〕）；「若犯日遊月建神者」（《道門科範大全集》卷四十二〈安宅解犯儀〉〔註172〕）。下文「龍白虎」，若補入「青」，則相應文句在道經中不勝枚舉。然而，若上下文句相合，卻無法檢得相應道經。故筆者認為，還是定名作「《陀羅尼雜集‧佛說呪土經》殘片」為宜。

（13）Or.8212／1330（25）正 KK. Ⅲ.025.n 寫本殘片〔註173〕（第 2 冊，第 140 頁）

［前缺］

〔註165〕張繼禹主編《中華道藏》第 43 冊，北京：華夏出版社，2004 年，第 262 頁下。

〔註166〕《中華道藏》第 43 冊，第 266 頁上。

〔註167〕《中華道藏》第 42 冊，第 366 頁下。

〔註168〕《中華道藏》第 8 冊，第 683 頁上。

〔註169〕《中華道藏》第 31 冊，第 182 頁中。

〔註170〕《中華道藏》第 2 冊，第 557 頁中。

〔註171〕《中華道藏》第 42 冊，第 627 頁中。

〔註172〕《中華道藏》第 42 冊，第 363 頁中。

〔註173〕背面，原題「文書殘片」，存二行，「□……□母（毋、世）八足■□……□／□……□虎尾領□……□」。樓按：母（毋），沙知錄作「世？」然從字形上更近母、毋。原卷中「虎、尾」，二字皆以俗體書之。

□……□■（與）〔1〕其橫■□……□

□……□■（善）〔2〕■（知）〔3〕■（識）〔4〕□……□

〔後缺〕

校記

〔1〕 ⬚，與。

〔2〕 ⬚，善。

〔3〕 ⬚，知。

〔4〕 ⬚，識。沙知錄作⬚。

《天地八陽神咒經》：

若有眾生信邪倒見，即被邪魔外道、魑魅魍魎、鳥鳴百怪、諸惡鬼神競來惱亂，與其橫病、惡種、惡注，受其苦痛無有休息。遇善知識為讀此經三遍，是諸惡鬼皆悉消滅，病即除愈身強力足，讀經功德獲如是福。（《大正藏》第 85 冊，第 1422 頁下）

〔1〕〔2〕〔3〕〔4〕四字，皆僅存部份構件，然據構件與《天地八陽神咒經》相應經文比對，可描摹後勘定作與、善、知、識。如是所存殘文可與《天地八陽神咒經》相應經文相合，故重定名作「《天地八陽神咒經》殘片」。

二、Or.12380 特藏系列中黑水城漢文佛教文獻定名

1. Or.12380-0080（K.K.Ⅱ.0283）佛經（漢文）（第 1 冊，第 35、36 頁）

0080aRV

〔前缺〕

□……□曰世□……□〔1〕

〔後缺〕

校記

〔1〕所存字構件，似可比定此二字。

〔前缺〕

□……□愛■（制）□……□〔2〕

□……□■〔3〕□……□

〔後缺〕

校記

〔1〕〔2〕二件，正面存字，反面無字。另，「愛」下疑似為「制」。

〔3〕僅右部存「口」，餘缺失。

0080bRV

〔前缺〕

□……□應心〔1〕念□……□

□……□男〔2〕礼〔3〕拜供養〔4〕□……□

□……□德〔5〕□……□

〔後缺〕

校記

〔1〕〔2〕〔4〕〔5〕應心、男、養、德，如是五字皆依前後文句，及所存構件比定而得。

〔3〕礼，禮。《干祿字書》云：「禮、礼，并正，多行上字。」〔註174〕

《妙法蓮華經》卷七〈觀世音菩薩普門品〉：

<u>是故眾生常應心念。若有女人，設欲求男，禮拜供養觀世音菩薩，便生福德智慧之男</u>；（《大正藏》第 9 冊，第 57 頁上）

此號共五件，一件存三字可直讀，另五字皆以比定而得；餘四件，僅二件各存「應、薩」。另，從刻本殘片字形觀之，存一字二件為同一刻本殘片，而存字多者與此二相異。

據所存殘文，可與《妙法蓮華經》卷七〈觀世音菩薩普門品〉相應經文吻合，故改定作「《妙法蓮華經・觀世音菩薩普門品》殘片」。

0080cRV

〔前缺〕

□……□■■□……□

□……□於婬欲□……□

〔後缺〕

〔前缺〕

□……□■瞋若多□……□

〔註174〕《干祿字書》，第 38 頁。

□……□菩薩□……□

［後缺］

［前缺］

□……□眾□……□

［後缺］

《妙法蓮華經》卷七〈觀世音菩薩普門品〉：

<u>若有眾生多於婬欲</u>，<u>常念恭敬觀世音菩薩，便得離欲</u>。若多瞋恚，常念恭敬觀世音菩薩，便得離瞋。若多愚癡，<u>常念恭敬觀世音菩薩，便得離癡。</u>（《大正藏》第9冊，第57頁上）

經與之《妙法蓮華經》卷七〈觀世音菩薩普門品〉比對，可與殘文相合，笈多譯本《添品妙法蓮華經‧觀世音菩薩普門品》亦可與之相合，故擬定作「《（添品）妙法蓮華經‧觀世音菩薩普門品》殘片」。

0080bRV、0080cRV，經比對為《妙法蓮華經》殘文，而0080aRV二件，其字形大小與b、c二件不同，故無法合併比對。所存「曰世」、「愛」，雖檢《添品妙法蓮華經》可尋得相同文字，然無旁證，故僅憑此三字實難將之定作《添品妙法蓮華經》殘片。另，此三字佛教典籍多見，又從本件刻本字體結構而論，與0080bRV、0080cRV之字形相當接近，且《普門品》有此二字，唯圖版中此件字形明顯大於另二號，不知圖版中的尺寸是否與原件一致，基於此，故未作同一卷定名。另一件存二行，第一行「愛制」，第二行僅存字之右部構件，即「口」，似與《三彌底部論》卷三部份文句可比對，然此件僅存三字，其中二字乃推斷而知，且原卷行款不明，故暫未定名。

0080aRV，原題「漢文佛經」。然，經者，契經也。「謂薄伽梵於彼彼方所，為彼彼所化有情，依彼彼所化諸行差別。宣說無量蘊相應語處相應語……不淨息念諸學證淨等相應語。」〔註175〕又，「謂能貫穿縫綴種種能引義利，能引梵行，真善妙義。」〔註176〕既然殘文無法確認屬何經，故將之擬定作「漢

〔註175〕《瑜伽師地論》卷二十五，第30冊，第418頁下。完整文句如下：
「謂薄伽梵於彼彼方所。為彼彼所化有情。依彼彼所化諸行差別。宣說無量蘊相應語處相應語。緣起相應語食相應語。諦相應語界相應語。聲聞乘相應語獨覺乘相應語。如來乘相應語念住正斷神足根力覺支道支等相應語。不淨息念諸學證淨等相應語。」
〔註176〕《瑜伽師地論》卷二十五，第30冊，第418頁下。

文佛教文獻」為妥。

　　2. Or.12380-0137aRv（k.k）漢文戒本（第 1 冊，第 51 頁）

　　　［前缺］

　　　□……□者今念□……□〔1〕

　　　［後缺］

校記

〔1〕此號共兩片，另一片僅存二字部份構件，分別是扌、开。

　　3. Or.12380-0137c Rv（k.k）漢文戒本（第 1 冊，第 52 頁）

　　　［前缺］

　　　□……□■（犯）■〔1〕□……□

　　　□……□錄或依■〔2〕□……□

　　　［後缺］

　　　［前缺］

　　　□……□錄或□……□〔3〕

　　　［後缺］

校記

〔1〕![字]，殘字存形旁「犭」，另一構件形近　或巳，若㔾，則为「犯」，若巳，其
　　隷形見於《鄭固碑》「犯（![犯字]）顏謇愕」。〔註 177〕「犯」下所存構件近似「幺」，
　　但無法斷为「糹」，餘下構件殘缺嚴重無法確知為何。

〔2〕僅存形旁「亻」聲旁缺失，無法斷定何字。

〔3〕此片因拍攝圖錄時，誤將殘葉反置，且紙張褶皺嚴重，致使存字不易辨識。然
　　通過 ACD 軟件翻轉後，二字識別為「錄或」（![字]）。

　　4. Or.12380-0137b（K.K.）原題作「漢文戒本」（第 1 冊，第 52 頁）

　　　［前缺］

　　　□……□所有■……□

　　　［後缺］

　　5. Or.12380-0137d Rv（k.k）漢文戒本（第 1 冊，第 52 頁）

　　　［前缺］

〔註 177〕《隸辨》，第 475 頁。

而依■□……□

我慢自稱〔1〕秘密□……□

□□人稱〔2〕秘密者□……□〔3〕

〔後缺〕

校記

〔1〕〔2〕稱（稱），《敦煌俗字譜》「稱」下所收「稱」，〔註178〕二者字形同。此
俗寫時將「爫」下省略三點而成，稱（《唐李從征墓誌》）。〔註179〕

〔3〕此號共計兩片，另一片從圖片觀之，有少許墨蹟，但是否為文字，無法認定。

Or.12380-0137aRv（k.k）、Or.12380-0137c Rv（k.k）、Or.12380-0137b、
Or.12380-0137d Rv（k.k），此四號殘葉，經翻檢現存漢文戒本（聲聞、菩薩），
並未發現與殘葉所存文字有相應之文句或文字，故原定名作「漢文戒本」，誤。

四號內容、墨色不一，書風並非完全相近，似非一人所書。

Or.12380-0137aRv（k.k）、Or.12380-0137c Rv（k.k）、Or.12380-0137b，三
號依所存字難以確定殘葉內容所指，故改定作「漢文殘片」。

《八種麤重犯墮》：「第五頌云：我慢聲聞者，共宮在七夜。持秘密禪定
人與小乘聲聞等不得同房在七夜，犯粗重罪。」又「第七頌云：不解禪定智，
密者起我慢。持禪定者不解此教法義，強言『我能解秘密法。』誑初受戒人。
實不解，妄生解。犯粗重罪。」〔註180〕Or.12380-0137d Rv（k.k）所存文句意
蘊似與之頗為相近，然抄本中未見於戒條相關語詞，且文句並無對應之處，
故暫不宜定作「八種麤重犯墮」。

抄本中存「我慢自稱秘密」、「稱秘密者」，依行文而論，「我慢自稱秘密」，
似可補入「者」，即「我慢自稱秘密者」。「我慢者謂倨傲，恃所執我，令心高
舉。」〔註181〕秘密者，即修密法者也。所顯文意，與密教修習相關。依密法
修習，須受灌頂、三昧耶戒，且對修習者要求甚高。

經云：「此人不應於諸有情，而生倨傲我慢自慢。應於一切有識有情起大

〔註178〕《敦煌俗字譜》，第226頁。

〔註179〕羅振鋆、羅振玉：《增訂碑別字》，北京：文字改革出版社，1957年，第162
頁。

〔註180〕方廣錩先生整理，并認為此《俄藏敦煌文獻》第4冊所收入Ф221號應為黑
水城文獻。（《藏外佛教文獻》第1冊，第62、63頁）

〔註181〕《成唯識論》卷四，《大正藏》第31冊，第22頁中。

悲心，常備修治此三昧耶者。」〔註182〕又，一行釋《大日經・世出世護摩法品》中所云：「欲伏諸外道分別邪正，令彼知有真護摩故，以諸淨行等，於所宗吒韋叻陀之典，自謂祕密而生慢心，今佛自說吒韋叻陀原本而於其中，更顯正理、真護摩法。此佛吒韋叻陀，當知最為第一祕密之藏，彼聞已生希有心，即生信解也。」〔註183〕據抄本所存文意而論，「我慢自稱祕密」，殘片中同語重複，似為懺法儀軌用語，如是結合文句所示似乃未得灌頂而肆言為修密而生慢心，或不明祕密而言祕密並生慢心，似為行者對所具二事而起懺悔之心，此與密乘戒律存在一定關係，又因本件內容《八種麁重犯墮》相近，或本抄件亦屬於某種藏傳密教「修習本續」儀軌文本的殘片，〔註184〕故擬定作「金剛乘懺法（懺慢心）殘片」。

6. Or.12380-0598（K.K.）漢文佛經名詞（第 1 冊，第 219 頁）

〔前缺〕

□……□■響□……□

□……□香臭□……□

〔後缺〕

〔前缺〕

□……□身意□……□

〔後缺〕

《少室六門》卷一

無眼耳鼻舌身意。

六根無自性。隨相與安排。色分緣聲響。人我舌詼諧。

鼻或分香臭。身意欲情乖。六處貪愛斷。

萬劫不輪迴。

無色聲香味觸法。

證智無聲色。香味觸他誰。六塵從妄起。凡心自惑疑。

生死休生死。菩提證此時。法性空無住。

〔註182〕《不空罥索神變真言經》卷十二〈如來加持品〉，《大正藏》，第 20 冊，第 291 頁上。

〔註183〕〔唐〕一行：《大日經義釋》卷十四，《卍續藏》第 36 冊，第 964 頁上。

〔註184〕參見孫伯君《黑水城出土西夏文〈八種麁重犯墮〉考釋》（《西夏研究》2016 年第 2 期，第 3～6 頁）。

只恐悟他遲。

無眼界乃至無意識界。

六識從妄起。依他性自開。眼耳兼身意。誰肯自量裁。

舌鼻行顛倒。心王卻遣回。六識中不久。

頓悟向如來。(《大正藏》第 48 冊，第 365 頁下)

此號〈敘錄〉題名作「寫本（漢文）」。從圖版觀之，分為二件，從殘存文字似有與《少室六門》文句相合處，故將擬定作「《少室六門》殘片」。

7. Or.12380-0610（K.K.Ⅱ.0230.aa）漢文佛經（第 1 冊，第 224 頁）

〔前缺〕

□……□量壽決定光明

□……□是時復有八十

□……□□□音亦說此

□……□□□來陀羅尼

□……□□□胝佛一心

□……□□量壽決定光

□……□□□是時復有

□……□□□同音亦說

□……□光明□……□

〔後缺〕

《佛說大乘聖無量壽決定光明王如來陀羅尼經》：

亦說此無量壽決定光明王如來陀羅尼經。是時復有八十四俱胝佛。一心異口同音。亦說此無量壽決定光明王如來陀羅尼經。是時復有七十七俱胝佛。一心異口同音。亦說此無量壽決定光明王如來陀羅尼經。是時復有六十六俱胝佛。一心異口同音。亦說此無量壽決定光明王如來陀羅尼經。(《大正藏》第 19 冊，第 85 頁下)

經與《佛說大乘聖無量壽決定光明王如來陀羅尼經》比對，所存經文與之相合，故重定名作「《佛說大乘聖無量壽決定光明王如來陀羅尼經》殘片」。

8. Or.12380-0686（K.K.）漢文佛經（第 1 冊，第 248 頁）

〔前缺〕

□□■菩■此□量壽□□□□□

王如來一百八名陀羅尼□□□□
■自書寫□■他人書是□□□□
□□□□□□□■殿堂內清淨之
［後缺］

《佛說大乘聖無量壽決定光明王如來陀羅尼經》：

妙吉祥菩薩。此無量壽決定光明王如來一百八名陀羅尼。若有人躬自書寫。或教他人書是陀羅尼。安置高樓之上。或殿堂內清淨之處。（《大正藏》第19冊，第85頁中）

經與《佛說大乘聖無量壽決定光明王如來陀羅尼經》比對，所存經文與之相合，故重定名作「《佛說大乘聖無量壽決定光明王如來陀羅尼經》殘片」。

9. Or.12380-2369（K.K.）漢文佛經（第3冊，第85頁）

［前缺］
□……□我常如慈氏□……□
□……□願如神通□……□
［後缺］

《廣大發願頌》：「慈意善觀諸情品，願我常如慈氏尊。布施願如虛空庫，持戒願如神通慧。」（《大正藏》第32冊，第756頁下）

此號二件，一件存上九字，另一件僅存「品、願、願」三字可辨，餘二字難識，且存字未成文句。殘文與《廣大發願頌》比對，二者相合，故重定名作「《廣大發願頌》殘片」。

10. Or.12380-2719 漢文佛經（第3冊，第208頁）

［前缺］
□……□■誦■□……□
□……□千百億□……□
□……□提樹〔1〕□……□
□……□十八□……□
［後缺］

校記

〔1〕原件分作兩片，此二字恰處於殘片邊緣，兩片拼合後，正好還原作「提樹」。

《梵網經》卷二：

俱來至我所，聽我誦佛戒。甘露門則開，是時千百億。還至本道場，各坐菩提樹。誦我本師戒，十重四十八。(《大正藏》第 24 冊，第 1004 頁上)

經與《梵網經》卷二頌文比對，殘文與之相合，故擬定「《梵網經》殘片」。

11. Or.12380-2726（k.k.）漢文佛經（第 3 冊，第 209 頁）

〔前缺〕

觸俱獲圓通頂■〔2〕□……□〔1〕

登（證）〔3〕果海耳

一如來部□……□

二佛母部□……□

三菩薩部□……□

四金剛部□……□

五護神部□……□

〔後缺〕

校記

〔1〕刻本行款，非如一般漢文古書從右至左，而是從左至右，故錄文依原卷次第錄之。另，原卷於「金剛部、菩薩部」下有一二小碎片，其上存「十」、「七」。

〔2〕存「戈」，餘殘。

〔3〕登果海。何休注《公羊傳・隱公五年》：「登來之也。云：『登，讀言得。得來之者，齊人語也。齊人名求得為得來。作登來者，其言大而急，由口授也。』」〔註185〕廣真注《華嚴經》有云：「然而文殊勸令入普賢之行，正是勸登妙覺之果海也」。〔註186〕澄觀《大方廣佛華嚴經隨疏演義鈔》卷十六云：「唯證相應，則泯同果海也」。〔註187〕證，證入（pra-viṣṭa，原形為 pra-√viś，意為進入、帶入等義，漢譯佛典中有作悟入、得入等。〔註188〕《華嚴經行

〔註185〕〔漢〕何休撰：《公羊傳》卷三，《漢魏古注十三經》下冊，北京：中華書局，1998 年，第 15 頁。

〔註186〕〔清〕廣真：《一貫別傳》卷五，《嘉興藏》第 40 冊，臺北：新文豐出版股份有限公司，1987 年，第 183 頁中。

〔註187〕《大正藏》第 36 冊，第 124 頁上。

〔註188〕 *A Sanskrit-English Dictionary,* p692；《漢訳対照梵和大辞典》，頁 873。

願品疏》云：「果位有二，一者究竟圓極之果，謂如來自證果海離言……二隨能證如與佛智合，即名果海。」〔註189〕如此而論，登果海與證果海，二語意可通。

金剛乘（密宗）一般分為四部，即事部、行部、瑜伽部和無上瑜伽部。事部又分為善逝如來部（即佛部）、蓮花部、金剛部、有財部、藥叉部、餘世間部。〔註190〕又，密教成佛作法分作金胎二部，胎藏界之佛、蓮花、金剛三部，金剛界之如來、金剛、寶、蓮花、羯磨五部。

殘葉存有如來、佛母、菩薩、金剛、護神五部之名，并有所證之境描述，如「觸俱獲圓通」、「登果海」。雖護神部未見於密典，然護神於密法修習亦為不可或缺一環，如《佛說灌頂經》卷五：「向五方燒香散諸名華，師當專心一意，說是五方守護神名，一方至四十九遍誦是章句。」〔註191〕又，《瑜伽集要焰口施食儀》：「我今奉獻甘露食，量等須彌無過上。色香美味遍虛空，上師三寶哀納受。次供顯密護神等，後及法界諸有情。受用飽滿生歡悅，屏除魔礙施安寧。」〔註192〕由此可見，本刻本似與密教修習相關之法本，故重定名作「密教修習法本殘片」。

12. Or.12380-2730（k.k.）漢文佛經（第3冊，第210頁）

〔前缺〕

□……□論□……□

〔後缺〕

原題作「漢文佛經」，殘片僅存「論」一字，唯依此一字，缺乏其他旁證，即定作「漢文佛經」似不妥。《文心雕龍·論說》：「聖哲彝訓曰經，述經敘理曰論，論者，倫也；倫理無爽，則聖意不墜。」〔註193〕三教聖賢皆有論著，如《正統道藏·洞真部》入有《金晶論》、《丹經極論》，《四庫全書·子部·儒

〔註189〕〔唐〕澄觀：《華嚴經行願品疏》卷一，《卍續藏》第7冊，第500頁中。
〔註190〕多羅那他：〈金剛乘密法概論〉，阿旺洛追扎巴：《覺囊派教法史》「附錄一」，許得存譯、陳慶英校，拉薩：西藏人民出版社，1993年，第274～275頁。另可參見克珠杰《密續部總建立廣釋》（談錫永譯，香港：密乘佛學會、博益出版集團有限公司，1996年）修訂版為中國書店2007年。
〔註191〕《大正藏》第21冊，第511頁中。
〔註192〕《大正藏》第21冊，第476頁上。
〔註193〕〔南朝梁〕劉勰著，周振甫注：《文心雕龍注釋》，北京：人民文學出版社，1981年，第200頁。

家類》入有王符《潛夫論》〔註194〕，故不宜獨見「論」字，即劃入佛教典籍，應擬改定作「漢字殘片」。

13. Or.12380-3132（K.K.Ⅱ.0266.q）漢文佛經（第 4 冊，第 12 頁）

［前缺］

■■生善男□……□

■生而枝□……□

訶薩菩提心□……□

長養一切智□……□

［後缺］

《大方廣佛華嚴經》卷七八〈入法界品〉：

菩薩摩訶薩菩提心金剛亦復如是，唯從大悲救護眾生金剛處、一切智智殊勝境界金處而生，非餘眾生善根處生。善男子！譬如有樹，名曰：無根，不從根生，而枝、葉、華、果悉皆繁茂。菩薩摩訶薩菩提心樹亦復如是，無根可得，而能長養一切智智神通大願；（《大正藏》第 10 冊，第 434 頁上）

經與《大方廣佛華嚴經・入法界品》比對，殘文與之相合。另，《華嚴經合論・入法界品第三十九》相應文句亦可與之相合，因殘文僅限經文部份，故雖與《華嚴經合論・入法界品第三十九》有相合部份，但餘者無法比對，今僅以所存經文勘定名作「《大方廣佛華嚴經・入法界品》殘片」。

14. Or.12380-3554（k.k.）漢文佛經（第 4 冊，第 245 頁）

［前缺］

□……□尒［爾］時十方無量諸天

□……□天宮時兜〔1〕率天宮有五□

［後缺］

校記

〔1〕兜（兠），兜。「兜」見於《明涿州石經山琬公塔院碑》。〔註195〕

─────────

〔註194〕儒家典籍鮮有以「論」為名的論著。朱彝尊《經義考》所載八千四百餘種，（數據引自林慶彰：《經義考新校序》，林慶彰、蔣秋華、楊晉龍、馮曉庭主編：《經義考新校》，上海：上海古籍出版社，第 1 頁）如《周易連珠論》、《聖證論》、《春秋救日論》、《閏月不告朔論》、《春秋論》、《公羊難答論》、《樂記論》等。

〔註195〕《碑別字新編》，第 147 頁。

《佛說觀彌勒菩薩上生兜率天經》卷一：

爾時十方無量諸天命終。皆願往生兜率天宮。時兜率天宮有五大神。（《大正藏》第 14 冊，第 419 頁中）

經與《佛說觀彌勒菩薩上生兜率天經》比對，殘葉所存文句與之相合，故擬定作「《佛說觀彌勒菩薩上生兜率天經》殘片」。

15. Or.12380-3703（k.k. II.0281.a.i）漢文佛經（第 4 冊，第 365 頁）

　　〔前缺〕

　　丗〔世〕音菩薩名号〔號〕〔1〕乃至一時礼〔禮〕〔2〕

　　拜供養是二人福正等無異

　　扵〔於〕〔3〕百千萬億劫不可窮盡無

　　盡意受持觀丗〔世〕音菩薩名号〔號〕

　　得如是無量無邊福德之利

　　無盡意菩薩白佛言丗〔世〕尊觀

　　丗〔世〕音菩薩云何遊〔遊〕〔4〕此娑婆丗〔世〕

　　界云何而為眾生說法方便

　　〔後缺〕

校記

〔1〕号，號。「号」「號」古為二字，《說文・号部》：「号，痛聲也，從口在丂上，凡号之屬皆從号。」「號，呼也，從号從虎。」〔註196〕又，段注本《說文・口部》云：「号，礧也。凡礧、號字，古作号。今字則號行，而号廢矣。」〔註197〕

〔2〕礼，禮。《干祿字書》云：「禮、礼，并正，多行上字。」〔註198〕

〔3〕扵，於。秦簡多簡寫作「𠃬」，刻得草率的權衡銘文或作𠃬。〔註199〕漢碑《北海相景君銘》、《武榮碑》、《鄭固碑》皆可見「𠃬」。〔註200〕《干祿字書》云：「扵，於，并上通下正。」〔註201〕

〔4〕遊，遊。《魯峻碑》「游（游）夏之徒。」〔註202〕《新加九經字樣》云：「游，

〔註196〕《說文解字》，第 101 頁。
〔註197〕《說文解字注》，第 204 頁。
〔註198〕《干祿字書》，第 38 頁。
〔註199〕裘錫圭：《文字學概要》，北京：商務印書館，1988 年，第 71～72 頁。
〔註200〕《隸辨》，第 76 頁。
〔註201〕《干祿字書》，第 18 頁。
〔註202〕《隸辨》，第 289 頁。

作**游**者訛。」〔註 203〕「遊」「游」，二字聲旁同為「斿」，「斿」之形旁訛化为「扌」。

《妙法蓮華經》卷七〈觀世音菩薩普門品〉：

<u>佛言</u>：「<u>若復有人受持觀</u>世音菩薩名號，乃至一時禮拜、供養，是二人福，正等無異，於百千萬億劫不可<u>窮盡</u>。無盡意！受持觀世音菩薩名號，得如是無量無邊福德之利。」

無盡意菩薩白佛言：「世尊！觀世音菩薩，云何遊此娑婆世界？云何而為眾生說法？方便<u>之力，其事云何</u>？」（《大正藏》第 9 冊，第 57 頁上）

經與《妙法蓮華經》卷七〈觀世音菩薩普門品〉比對，刻本經文與此一致，《添品妙法蓮華經》卷七〈觀世音菩薩普門品〉〔註 204〕與之亦同，故擬定作「《（添品）妙法蓮華經‧觀世音菩薩普門品》殘片」。

16. Or.12380-3822（K.K.）金剛經（漢文）（第 5 冊，第 136 頁）

〔前缺〕

□……□燈□□□二萬

□……□燈明〔1〕又同□□姓頗

□……□後佛皆同一字名曰

□……□說〔2〕法初中後善其

□……□八王子一名有意二

□……□四名寶意五〔3〕名增意

□……□意八名法意是八王

□……□下是諸王子聞父

〔後缺〕

校記

〔1〕**明**，明。月，省略二橫。未查見諸字書未收此形，造成原因或許有二，一者省筆避諱所致，二者刻工誤刻。若省筆避諱而論，古之有省筆避諱之習，如唐太宗李世民，為避太宗之諱，將「民」改作「**𢎥**」。刻本為黑水城出土文獻，殘葉，上無紀年，然黑水城文獻的一般時間在西夏及與之平行的宋、金、元三朝。

〔註 203〕《新加九經字樣》，廿四。
〔註 204〕《大正藏》第 9 冊，第 192 頁上。

此四朝，僅景宗元昊，有以「明道」（1032）為年號，故依此推測或許「明」之省筆，疑乃避景宗諱所致。

〔2〕說，聲符兌作兊。兊，兊。《五經文字・儿部》云：「兊、兊。大外反。上《說文》，下經典相承，隸省，凡字從兊者放此。」〔註205〕

〔3〕五。刻本因褶皺致原字中部構件墨蹟剝落，今據經文補入。

《妙法蓮華經》卷一〈序品〉：

次復有佛亦名日月燈明，如是二萬佛皆同一字，號日月燈明。又同一姓，姓頗羅墮彌勒。當知初佛後佛皆同一字，名日月燈明。十號具足，所可說法，初中後善，其最後佛未出家時，有八王子，一名有意、二名善意、三名無量意、四名寶意、五名增意、六名除疑意、七名響意、八名法意，是八王子威德自在，各領四天下。是諸王子聞父出家，得阿耨多羅三藐三菩提，悉捨王位亦隨出家，發大乘意，常修梵行，皆為法師，已於千萬佛所、殖諸善本。（《大正藏》第9冊，第3頁下）

本刻本殘葉與鳩摩羅什譯《妙法蓮華經》卷一〈序品〉、闍那崛多共（達摩）笈多譯《添品妙法蓮華經》卷一〈序品〉〔註206〕文句內容同，此二譯本雖不同，但為《妙法蓮華經》異譯本，故擬定名作「漢文《（添品）妙法蓮華經・序品》殘片」。

17. Or.12380-3823（K.K.）彌勒上生經（漢文）（第5冊，頁137）

〔前缺〕

□□□□□■（根）〔1〕俻［備］〔2〕五乘［乘］〔3〕竭〔4〕□□□

□□□□□界他〔5〕方〔6〕千百■（億）〔7〕□□

□■

志心帰〔8〕命礼［禮］兠［兜］率天宮主弥［彌］〔9〕勒大慈□□（尊貝）〔10〕

齒蓮睟（眸）〔11〕菓辱（脣）〔12〕螺髻〔13〕四■■■〔14〕□□□□

時〔15〕住龍花（華）〔16〕現身扵［於］額■（寶）〔17〕宮■□□□

殿內〔18〕大喜大■（捨）〔19〕大慈大悲〔20〕弥［彌］□□□（勒菩薩）〔21〕□

〔註205〕《五經文字》下冊，四十。

〔註206〕《大正藏》第9冊，第264頁下。

［後缺］

　　按：俄藏黑水城文獻 A8.1 原題「彌勒真言」首頁與本件內容相合，唯文字書寫略有不同，今據此本比勘本件文句。

校記

〔1〕 ▉，唯存「木」，餘構件部份缺失，其形近「艮」。又，據 A8 作「根」，故定作「根」。

〔2〕 俻，備。《干祿字書》謂備之俗寫。〔註207〕A8.1 作「被」。《廣韻・真韻》：被，並母，開口、三等，去聲，平義切；《廣韻・至韻》：備，並母，開口，三等，去聲，平秘切。真韻（MC. *iĕ）、至韻（MC. *i）韻目相近，〔註208〕《廣韻》中二韻可同用。〔註209〕又，宋代西北方音中，「備」「被」韻母皆作 [i]，〔註210〕如是「備」「被」二字同音，疑音同而借用。

〔3〕 ▉，乘。《碑別字新編》「乘」下收此形：乗（《魏王偃墓誌》）。〔註211〕

〔4〕 竭，具完全，全部之意。《管子・八觀》云：「民倍本行而求外勢，則國之情偽竭在敵國矣。竭，盡也」〔註212〕《祖堂幽棲禪寺大悲壇記》「某生平精力，竭在茲壇。」〔註213〕亦可為證。又，據 A8.1 作「竭欲海濤之浪」，故定作「竭」。

〔5〕〔6〕 他，原卷形近「池」，界池，唯見於《大丈夫論・法施品》：「法施如甘雨，充滿陰界池。」〔註214〕▉，原卷此處墨漬泛化，形近方、万，然「界池方（万）

〔註207〕 《干祿字書》，第 46 頁。

〔註208〕 古音擬音參見《漢字古今音表》，第 68、72 頁。

〔註209〕 唐作藩《音韻學教程》，北京：北京大學出版社，1991 年，第 86 頁。

〔註210〕 《宋代西北方音：〈番漢合時掌中珠〉對音研究》，第 293 頁。

〔註211〕 《碑別字新編》，第 109 頁。

〔註212〕 黎翔鳳撰：《管子校注》上，北京：中華書局，2004 年，第 269 頁。

〔註213〕 〔明〕智旭：《靈峰蕅益大師宗論》卷五，《嘉興藏》第 36 冊，第 348 頁下。

〔註214〕 提婆羅菩薩造：《大丈夫論》卷上，《大正藏》第 30 冊，第 262 頁中。
　　《大正藏》校勘記載：池，《思溪藏》、《普寧藏》、《方冊藏》、宮內省圖書寮本作「地」。《金藏》校勘記載，《資福藏》、《磧砂藏》、《普寧藏》、《永樂南藏》、《徑山藏》、《清藏》作「地」。《金藏》、《高麗藏》、《房山石經》皆作「池」。（《趙城金藏》第 30 冊，第 791 頁；《景印高麗大藏經》第 17 冊，第 601 頁；《房山石經》第 20 冊，第 193 頁。另，敦煌寫經中雖存《大丈夫論・法施品》（北 7260 號）殘葉，然「充滿陰界」下殘，無法推知何字。（《敦煌寶藏》第 105 冊，第 148 頁）雖只此三本作「池」，然皆為宋、遼金刻本，而較之刻本更早的文獻，且唐道世《法苑珠林》（卷八十）、《諸經要集》（卷十）所引《大丈夫論》亦作「池」，且從行文而論，「充滿陰界池」與前句「法施甘露雨」相連文意貫通，故作「界池」為妥。

千百」，文意無解。又，據 A8.1 作「此界他方千百億化身釋迦牟尼佛」。由此可知，應作「他方」二字。

〔7〕億。原卷聲旁「立」下殘損，今據 A8.1 補入。

〔8〕■，歸。《說文・止部》：「歸，籀文省。」〔註215〕《玉篇・止部》：「帰，籀文。」〔註216〕抄本存字為其草化所成，《草書大字典》可見其形，■。〔註217〕

〔9〕弥，彌。《玉篇・弓部》：「彌，大也，偏也。弥，亦同上。」〔註218〕

〔10〕尊貝，原殘片缺，今據 A8.1 補入。

〔11〕〔12〕原卷形近■、辱，今據今據 A8.1 改錄。

〔13〕■，髻。《敦煌俗字譜》「髻」下收錄此形，〔註219〕此字形當屬構件易位所致。《玉篇・彡部》：「髻，髮結也。」螺髻者，螺形髮髻也。

〔14〕■、■。此二字因紙張破損、墨蹟污染，難以識別。雖形似「个」「乍」，然語意不詳，無法疏解。

〔15〕■，疑作「恃」或「時」。原卷此字部份殘缺，其形旁形近心部（「忄」），然「恃住」，語意難解。今據 A8.1 原題「彌勒真言」改錄。

〔16〕■，龍。元至治刊本《三國志平話》（日本鹽谷溫影印）有此字形。〔註220〕華，花也。故「龍花」亦可作「龍華」，即彌勒菩薩之龍華會。

〔17〕於額■（寶）。原卷此處撕裂，經拼合後還原作「於額」，餘一構件殘損嚴重，無法識別。今據 A8.1 原題「彌勒真言」補入。

〔18〕■ ■，殿內。原卷此處破損，唯「又」可識別，比對 A8.1 實為「殿」之部份構件，今據此改錄。

〔19〕■，捨。因抄本皺褶遮蔽，就字形外觀而言，無法辨識，然前後文分別作「大喜大」、「大慈大悲」，依佛經習用語，將之定作「捨」，又據 A8.1 作「大喜大捨」，故補入之。

〔20〕■，悲。由於紙張皺褶，雖形似近「悉」，然「大慈大悉」，無此語詞，據 A8.1 作「大慈大悲」，故改錄之。

〔21〕■，此字缺損部份構件，然依所存「弓」與缺損構件所遺存之筆跡，疑似

〔註215〕《說文解字》，第 38 頁。

〔註216〕《宋本玉篇》（據張氏澤存堂本影印），北京：中國書店，1983 年，第 200 頁。

〔註217〕《草書大字典》中冊，第 699 頁。

〔註218〕《宋本玉篇》，第 314 頁。

〔註219〕《敦煌俗字譜》，第 378 頁。

〔註220〕《宋元以來俗字譜》，第 114 頁。

「弥」，而本卷前文所言「兜率天宮主彌勒大慈」，又據 A8.1 作「彌勒菩薩」，
故補入之。

　　經與《彌勒上生經》（《佛說觀彌勒菩薩上生兜率天經》、）比對，無相關
文句，故不可定名作「彌勒上生經（漢文）」。另，與彌勒菩薩相關的其他四部
經典，如《佛說彌勒下生經》、《佛說彌勒下生成佛經》、《佛說彌勒大成佛經》、
《佛說彌勒來時經》中亦無相關經文。抄本中有關於禮敬稱讚彌勒菩薩之文
句，如「志心歸命禮兜率天宮主彌勒」、「龍華現身」、「大慈大悲彌（勒）」。此
實與俄藏黑城文獻 A8.1 原題「彌勒真言」（1. 彌勒菩薩懺儀 2. 三身佛讚）文
句（七片），其中圖版 23-1、23-2 完全可與本件殘文相合，故據此本件改定名
作「彌勒菩薩懺儀殘片」。又，「彌勒菩薩懺儀」出自《讚佛稱讚慈尊》，本件
或許是此集子的另一種抄本。

　　18. Or.12380-3824（K.K.）梁朝傅大士頌金剛經莊嚴淨土分第十（漢
　　　　文）（第 5 冊，第 137 頁）

　　〔前缺〕

　　佛告須菩提於意云何如來昔在然□

　　佛所於法有所得不不也〔1〕世尊如來□

　　然□佛所於法實無□□須菩提於□

　　云何菩薩莊嚴佛土不不也世尊何□

　　故莊嚴佛土者即非莊嚴是名莊嚴□

　　故須菩提諸菩薩摩訶薩應□□□□

　　淨心不應住色生心不應住聲香□□

　　〔後缺〕

校記

〔1〕《大正藏》（以高麗藏為底本）羅什譯《金剛經》無此二字，其校勘記載，宋（思
　　溪藏）、元（普寧藏）、明方冊（嘉興藏）、宮內省舊宋本〔註221〕，存「不也」。
　　《房山石經》、敦煌寫本中存有相當數量年代早於宋本羅什譯《金剛經》之文本，

〔註221〕此藏按《法寶總目錄》云：「北宋板開元寺本，其所闕本以東禪等覺院本補
　　　　入」（第一冊，臺北：新文豐出版公司，1983 年，第 759 頁），此二本分別謂
　　　　之毗盧藏和崇寧藏，二藏皆刊刻於福州，故統稱為「福州藏」。由於宮內省
　　　　圖書寮和《大正藏》並未言明所用羅什譯《金剛經》所屬藏經名，故其具體
　　　　為何暫無法確知。

《房山石經》唐刻八洞六本存「不也」〔註222〕，而唐刻五洞一四二、八洞四一零無。〔註223〕敦煌本如 S.28、S.58、S.119 無，〔註224〕而 S.47、S.137 存「不也」。〔註225〕羅什譯本之抄本、刻本「不也」存軼不一，似無法勘定。然而，《金剛經》之異譯本，菩提流支本（「不也」）、〔註226〕留支本（「不也」）、〔註227〕笈多本（「不如此」）、〔註228〕真諦本（「不取」）、〔註229〕玄奘本（「不也」）、〔註230〕義淨本（「不爾」）〔註231〕皆有此二字或語意相同的詞彙，另，存世 Müller 本、Conze 本梵文校訂本亦有「不也」（no hīdaṃ Bhagavan）、〔註232〕且從文意而論，若無「不也」，則前後文難以貫通，故依梵本、異譯本、文意而言，必定存「不也」，而羅什譯《金剛經》若干刻本、抄本無「不也」，似因脫落所致。

《梁朝傅大士頌金剛經》（S.1846）雖與此抄本所存經文一致，然《梁朝傅大士頌金剛經》經文後附隨彌勒菩薩頌文，而寫本中未見，或許頌文恰好殘損，但現僅依所存文句似定作《金剛經》為宜，並經與《金剛經》諸譯本比對，此抄本與鳩摩羅什譯本一致，故改定名作「鳩摩羅什譯《金剛般若波羅蜜經》殘片」（《金剛般若波羅蜜經》殘片）。

19. Or.12380-3824V（K.K.）梁朝傅大士頌金剛經莊嚴淨土分第十（漢文）（第 5 冊，第 137 頁）

〔前缺〕

淨三昧人中最為第一是第一□□

〔註222〕中國佛教協會、中國佛教圖書文物館編：《房山石經》第 2 冊，北京：華夏出版社，2000 年，第 410 頁。

〔註223〕《房山石經》第 2 冊，第 413、526 頁。

〔註224〕黃永武主編：《敦煌寶藏》第 1 冊，臺北：新文豐出版公司，1986 年，第 156、297、593 頁。

〔註225〕《敦煌寶藏》第 1 冊，第 215、694 頁。

〔註226〕〔元魏〕菩提流支譯：《金剛般若波羅蜜經》，《景印高麗大藏經》第 5 冊，第 986 頁。

〔註227〕〔元魏〕留支譯：《金剛般若波羅蜜經》，《大正藏》第 8 冊，第 758 頁中。

〔註228〕〔隋〕笈多譯：《金剛能斷般若波羅蜜經》，《大正藏》第 8 冊，第 768 頁上。

〔註229〕〔陳〕真諦譯：《金剛般若波羅蜜經》，《景印高麗大藏經》第 5 冊，第 994 頁。

〔註230〕〔唐〕玄奘譯：《能斷金剛般若波羅蜜經》，《景印高麗大藏經》第 5 冊，第 1003 頁。

〔註231〕〔唐〕義淨譯：《佛說能斷金剛般若波羅蜜多經》，《大正藏》第 8 冊，第 772 頁下。

〔註232〕如實佛學研究室編著：《新譯梵文佛典‧金剛般若波羅蜜經》第 5 冊（文獻編），臺北：如實出版社，1996 年，第 580、653 頁。

羅漢世尊〔1〕我不作是念我是□□□□□

漢世尊我若作是念我得阿羅漢□□〔2〕

尊則不說須菩提是樂阿蘭那行□□

須□提〔3〕實無所行而□□菩提是樂

蘭那行

　　　莊嚴淨土分第十

校記

〔1〕世尊，羅什譯《金剛經》本無。玄奘本、義淨本無，菩提流支本、真諦本有。

〔2〕「世尊！我若作是念我得阿羅漢道。」《梁朝傅大士頌金剛經》無此段文句，而羅什譯《金剛經》本有此段。另，菩提流支、〔註233〕留支、〔註234〕笈多、〔註235〕真諦〔註236〕四本譯文中皆有「世尊」（no ca me Bhagvan evaṃ bhavati），〔註237〕而玄奘、義淨二本無〔註238〕。

〔3〕原卷存「提」，餘須、菩皆有殘損，此依文意補入。

抄本文末雖題有「莊嚴淨土分第十」，但其內容實屬「一切無相分第九」，而此分段名僅為「莊嚴淨土分」之起首。〔註239〕Or.12380-3824（K.K.）、Or.12380-3824V（K.K.）與英藏 S.1846〔註240〕、法藏 P.3325（《金剛經讚》）和上圖 004 號（《梁朝傅大士頌金剛經》）相較〔註241〕，無頌文；另，文句上英藏 S.1846 無「我不作是念，我是離欲阿羅漢。」，而 Or.12380-3824（K.K.）、法藏 P.3325、上圖 004 號〔註242〕，及《房山石經》本《梁朝傅大士夾頌金剛

〔註233〕《大正藏》第 8 冊，第 753 頁下。

〔註234〕《大正藏》第 8 冊，第 758 頁中。

〔註235〕《大正藏》第 8 冊，第 768 頁上。

〔註236〕《大正藏》第 8 冊，第 763 頁上。

〔註237〕《新譯梵文佛典‧金剛般若波羅蜜經》第 5 冊，第 580 頁（Müller）、第 653 頁（Conze）。

〔註238〕《大正藏》第 8 冊，第 1002 頁下、第 772 頁下。

〔註239〕從書寫筆法、結體而論，Or.12380- 3824（K.K.）與 Or.12380-3824V（K.K.）為同一文本，從內容上而論，前者屬於「一切無相分第九」，而後者屬於「莊嚴淨土分第十」，然而，俄方編號時，卻將前後葉倒置，此應予注意。

〔註240〕《大正藏‧古逸部》所收錄正為此卷（第 85 冊，第 3 頁）。

〔註241〕達照整理：《金剛經讚集》，《藏外佛教文獻》第九輯，北京：宗教文化出版社，2003 年，第 113、145 頁。

〔註242〕參校本 S.1846、S3373、S5699（《金剛般若波羅蜜經》）、S4732、P.2997、P.4823、P2756。

《經》〔註243〕皆作「我不作是念，我是離欲阿羅漢。世尊，我若作是念，我得阿羅漢道。」由上諸點觀之，若將其定作「《梁朝傅大士頌金剛經》」欠妥，故還以「鳩摩羅什譯《金剛般若波羅蜜經》殘片」（《金剛般若波羅蜜經》殘片）定名為宜。

20. Or.12380-3827（K.K.）佛經（漢文）（第 5 冊，第 139 頁）

〔前缺〕

觀察一一力中□……□

應諮問聞〔1〕□……□

觀察□……□

□……□界如幻〔2〕如□……□

□……□如變化若□……□

□……□觀行相應〔3〕□……□

〔後缺〕

校記

〔1〕二字形旁「門」，訛化為「门」。

〔2〕原卷「幻」前有「本」為墨跡所塗去。

〔3〕觀、應，原卷部分構件殘缺，據《大方廣佛華嚴經‧梵行品》相應經文補入。

《大方廣佛華嚴經‧梵行品》：

觀察一一力中，<u>有無量義，悉應諮問聞已</u>，應起大慈悲心。觀察眾生而<u>不捨離思惟諸法，無有休息，行無上業，不求果報，了知境界，如幻如夢，如影如響，亦如變化。若諸菩薩能與如是</u>觀行相應。（《大正藏》第 10 冊，第 88 頁下）

抄本文句與《大方廣佛華嚴經‧梵行品》相合，惟此本缺失嚴重，僅存數字而已。擬定作「漢文《大方廣佛華嚴經‧梵行品》殘片」。

21. Or.12380-3917.3（k.k.）佛經（第 5 冊，第 305 頁）

〔前缺〕

〔註243〕《梁朝傅大士夾頌金剛經》，《藏外佛教文獻》第九輯，第 175 頁。
拓片影印本見於《房山石經‧遼金刻經》「俊～寧」冊），北京：中國佛教圖書文物館，1999 年，第 605～616 頁；《房山石經（遼金刻經）》第二十八冊，北京：華夏出版社，2000 年，第 605～616 頁。

第四十□……□

鐵〔1〕砧又□……□

［後缺］

校記

〔1〕鐵，鐵也。

慧琳《一切經音義》卷五十八之《十誦律》第四十八卷：

第四十八卷

鐵砧：又作椹、㪛〔註 244〕二形，同。豬金反，鈇砧也。律文作鈂，丈心反〔註 245〕，函屬也。(《大正藏》第 54 冊，第 696 頁中）

玄應《一切經音義》（金藏本）卷十五之《十誦律》第四十八卷：

第四十八卷

鐵砧：又作椹、㪛〔註 246〕二形，同。猪金反，鈇砧也。律文作鈂，丈心反，函属也。(《中華大藏經》第 56 冊，第 1044 頁中）

此號原題名「佛經」，乃西夏文佛經之省略，共五件，其中四件西夏文，一件漢文。漢文一件未予標出。殘文可與慧琳《一切經音義》卷五十八之《僧祇律》和玄應《一切經音義》卷十五之《十誦律》中「鐵砧」詞條文句皆可比對，然僅憑殘文尚無法斷定殘片究竟屬於何種音義書，故擬定名作「《一切經音義》殘片」。

〔註 244〕徐時儀校注：《一切經音義三種校本合刊》（修訂版）二，作「㪛」。（上海：上海古籍出版社，2012 年，第 1542 頁）

〔註 245〕《麗藏》本（再雕本）作「文心反」(《高麗大藏經》第 43 冊，第 190 頁），《大正藏》本承《麗藏》本作「文心反」。然，《慧琳音義》卷五六之《正法念經》卷九（《高麗大藏經》第 43 冊，第 119 頁）和《玄應音義》卷十五之《十誦律》卷四十八，「鐵砧」條，「鈂」皆作丈心反。《一切經音義三種校本合刊》（修訂版）本條「鈂」亦作丈心反。又《廣韻》中，「鈂」（直深切）和「丈」（直兩切）聲母皆為澄母（ȡ），故「丈」可為「鈂」作反切上字；而「文」聲母為明母（m），不可能作「鈂」之反切上字。

《大正藏》本雖以《麗藏》本（再雕本）為底本，然《慧琳音義》卷五六之《正法念經》卷九，「鐵砧」條，「鈂」誤作文心反，CBETA 錄文時未予校正。又，金藏本《玄應音義》卷十五之《十誦律》卷四十八，「鐵砧」條，丈心反，CBETA 誤錄作「文心反」。

〔註 246〕㪛之俗寫。徐時儀校注《一切經音義三種校本合刊》（修訂版）一，徑錄作㪛。

22. Or.12380-3917.5（k.k.）佛經（第 5 冊，第 306 頁）

［前缺］

□……□■〔1〕去■〔2〕□……□

□……□皮他■〔3〕□……□

□……□者□……□

［後缺］

校記

〔1〕 ▰，木旁可辨。

〔2〕殘存「厶」，即「口」。

〔3〕殘存「曰」。

樓按：〔1〕、〔2〕、〔3〕所存構件，與《一切經音義》卷五十八「作棬」、「獺皮」詞條文句比對，可推斷為棬、員、遏。

慧琳《一切經音義》卷五十八之《十誦律》第三十九卷：

作棬：去員反。屈不〔註247〕為之謂之棬。經又作棬〔註248〕，非也。

獺皮：他遏、他轄二反。《說文》：形如小犬，水居，食魚者也。律文作狚〔註249〕，非也。狚，多達反。又作㹠、蠦、蛆、蟽〔註250〕等形，並非也）。（《大正藏》第 54 冊，第 696 頁上）

此號原題名「佛經」，乃西夏文佛經之省略，共五件，其中四件西夏文，一件漢文。漢文一件未予標出。殘文與之比對，可與慧琳《一切經音義》卷五十八相應文句相合，故擬定名作「慧琳《一切經音義》卷五十八（《慧琳音義》卷五十八）殘片」。

〔註247〕《金藏》本《玄應音義》之《十誦律》第三十卷同詞條，作「屈木」（第 56 冊，北京：中華書局，1993 年，第 1043 頁），徐時儀校注：《一切經音義三種校本合刊》（修訂版）二，徑錄「木」（第 1540 頁），未出校注。

〔註248〕徐時儀校注：《一切經音義三種校本合刊》二，「棬」校注：「玄卷十五釋此詞作㯀」。（第 1548 頁）

〔註249〕《金藏》本《玄應音義》之《十誦律》第三十九卷同詞條，狚作狚。（第 1043 頁）後文「狚」亦作狚。

〔註250〕《金藏》本《玄應音義》之《十誦律》第三十九卷同詞條，蟽作㘉。（第 1043 頁）《一切經音義三種校本合刊》（修訂版）一，校勘注〔六一〕：「㘉 慧作『蟽』。」（第 337 頁）

23. Or.12380-3921.1（k.k.）1. 佛經、2. 佛說天地八陽神咒經（第 5 冊，
　　第 344 頁）

第一件

［前缺］

□……□哩□……□

□……□割薩〔1〕□……□

□……□唵■■你你你〔2〕□……□

□……□■嚧嚧嚧〔3〕吽□……□

□……□■■■

□……□■■

□……□■■吽

□……□吽吽〔4〕

□……□■〔5〕□…□

□……□■愿〔6〕

□……□唵欣〔7〕□……□

□……□唵欣〔8〕□……□

［後缺］

校記

〔1〕■（哩）、■、■（薩）。此三字，原存此號一呈三角形殘葉上，并倒置於圖錄
　　右上方。

　　哩，「里」上存一短橫，從行筆觀之，應為上字殘留之筆劃，如是可定作「哩」。

　　哩，來母字，對音 r 或 l，梵語對音 li、ri、re、ra，〔註 251〕由於殘片「哩」
　　上下皆缺損，故無從判斷此是獨立詞，或「哩」僅是一個詞其中的一個音節。

　　■，因紙張缺損，致部份構件缺失，殘存構件形近「割」，然咒語音譯字未見
　　之，若缺損構件為宀，則似可還原作「割」，如《佛說大白傘蓋總持陀羅尼經》，
　　黑城抄本中「覓□捺能上腭薩捺割囉」，其藏經諸刻本則作「覓□捺能薩捺葛囉」。
　　〔註 252〕其中「割」＝「葛」，對音為 ka。

　　薩，阝旁，因紙張缺損而致部份筆劃缺失，依字形還原作「薩」。

────────

〔註 251〕枳哩（kiri）、多引哩引（tāre）、嚩日哩二合（bajra），參見《新編大藏全咒》
　　　　　第 10 冊，第 458～460 頁。

〔註 252〕參見前文 1.2.3 F9：W36 論述。

〔2〕此六字皆存部份構件，第一、四字，殘存構件形近唵、你，又「你」字下有兩
個重文號；第二、三字（），難以還原，第三字僅存ㄔ旁。

〔3〕嚨，後二字原卷以重文號代之。隆，象聲詞，雷聲不絕之狀。隆加「口」，或
有二因，一者加「口」旁使清聲母字濁化，〔註 253〕然而，隆是來母字（l），
本即濁音，故此因不成；二者來母字加「口」旁可代表梵語中的顫舌音 r-〔註
254〕，以咒語音譯而論，「隆」可與 rūṃ 對音，〔註 255〕故此因成。

〔4〕第五、七、八行，皆有重文號。殘葉第五行首字僅存部份構件，難以辨識，字
下有兩個重文號；第七行，「吽」字上為兩個重文號；第八行，「吽」字下有一
重文號。

第六行二字形模糊，且構件缺失，形近中、殿。

〔5〕為一小片殘葉，僅存「米」，無法確定是形旁，或是單一字。

〔6〕。僅存「金」，聲旁所存構件不明為何？

。尢，《說文》作介部，聲旁為自。形旁近九，如是與馗（逵）形近。馗，
《華山亭碑》：「主薄湖陽馗（）伯馮。」〔註 256〕隸書承襲了篆書寫法，
。宋刊本《取經詩話》中馗（），又繼承了隸書寫法。〔註 257〕本卷所書
形，疑為減筆所致。

〔7〕（欨），《廣韻·唐韻》：欨，呼郎切。〔註 258〕《玉篇·欠部》：「欨，火郎
切。歈欨。」〔註 259〕「欨」，中古音、近代音擬音分別作 haŋ、haŋ。〔註 260〕
宋法賢譯《佛說瑜伽大教王經》中不空成就如來真言「唵（引）亢（引）」。咒
語中「亢」，《大藏全咒》本音寫字改作「杭」，其梵語對音為 haṃ，全咒對音
即作 Oṃ haṃ；〔註 261〕清人鄭應房所集《法界聖凡水陸大齋法輪寶懺》卷九
不空如來根本真言則改作「唵，吭」。〔註 262〕「杭」「吭」，二字音同，《廣韻·

〔註 253〕參見前文 1.2.3 F9：W36 論述。
〔註 254〕《西夏譯經的梵漢對音與漢語西北方音》，第 13 頁。
〔註 255〕《西夏譯經的梵漢對音與漢語西北方音》，第 18 頁。
〔註 256〕《隸辨》，第 52 頁。
〔註 257〕《宋元以來俗字譜》，第 124 頁。
〔註 258〕《宋本廣韻·永祿本韻鏡》，南京：江蘇教育出版社，2005 年，第 52 頁。
〔註 259〕《宋本玉篇》，第 180 頁。
〔註 260〕欨、炕，二字反切同。擬音參見「炕」。（《漢字古今音表》，第 332 頁）
〔註 261〕《大正藏》第 8 冊，第 562 頁下；《新編大藏全咒》第 10 冊，第 457 頁。
〔註 262〕《卍續藏》（新文豐）第 130 冊，第 53 頁中。

唐韻》同作胡郎切（MC.*ɣaŋ〔註263〕）。又，《法界聖凡水陸大齋法輪寶懺》
《大藏全咒》皆為清代著作（近代音時期），因濁音清化的緣故，使得「杭」
「吭」之聲母由匣母（不送氣濁擦音）變作曉母（不送氣清擦音），擬音皆作
haŋ。〔註264〕如此而論，「㰖」「杭」「吭」，三字中古音相近，近代音相同，
與梵音haṃ相近或相同，如是「唵，㰖」，梵語對音亦可作Oṃ haṃ。

又，在大藏經刻本系統中，《佛說瑜伽大教王經》之不空成就如來真言並未改
字，《磧砂藏》《洪武南藏》二本《佛說瑜伽大教王經》卷一末「音釋」下，「亢」
注音作「苦浪反（切）」，〔註265〕《廣韻‧唐韻》注音與此二本「音釋」相同，
中古音、近代音擬音分別作k'aŋ、k'aŋ。諸藏經刻本，唯「亢」下注文有「引」
「引一」「引一句」「一引」之別。〔註266〕「引」，一般使用於咒語音寫字下
標明長元音。其下「一」「一句」，僅具標記咒語序號功能，與語音標記無涉。
為了更精準念誦，抄寫者及後世轉錄者將haṃ的音譯「亢」改作「㰖」「杭」
「吭」。

〔8〕㰖（㰖）。《廣韻‧欣韻》：曉母，開口，三等，平聲，許斤切（MC.*hĭæn〔註
267〕）。〔註268〕曉母（MC.*x）可與梵語h對音。如是，「㰖」梵語對音可構
擬作hin（或hiṃ），然咒語中未見hin（或hiṃ），此或當擬作hriṃ。

宋法賢譯《佛說瑜伽大教王經》中無量壽如來真言「唵（引）紇唎（二合）」
（Oṃ hrīḥ），〔註269〕清咫觀《法界聖凡水陸大齋法輪寶懺》卷九亦載阿彌陀
如來根本真言「唵。紇哩（二合）」。〔註270〕

《一切經音義》卷四十《金剛頂瑜伽祕密三摩地念誦法》之「紇哩」，慧琳
注云：「上痕入聲，下音里，二合彈舌呼之。〔註271〕「紇哩」，梵語對音作

〔註263〕《漢字古今音表》，第332、333頁。
〔註264〕《漢字古今音表》，第332、333頁。
〔註265〕《磧砂藏》第33冊，第182頁；《洪武南藏》第182冊，第368頁）。
〔註266〕亢（引），《麗藏》本（第34冊，第426）、《房山石經》本（第27冊，第103
　　　　頁）同，《磧砂藏》本（第33冊，第180頁）作「一引」，《永樂北藏》本（第
　　　　73冊，第15頁）、《龍藏》本（第64冊，第272頁）作「引一句」，《洪武
　　　　南藏》本（第182冊，第363頁）作「引一」。
〔註267〕《漢字古今音表》，第170頁。
〔註268〕《宋本廣韻》，第31頁。
〔註269〕《大正藏》第18冊，第562頁下；《新編大藏全咒》第10冊，第456頁。
〔註270〕《卍續藏》（新文豐影印），第130冊，第53頁中。
〔註271〕《大正藏》第54俄，第570頁中。

hri。〔註272〕其業格形態是 hriṃ，此與 hin（或 hiṃ）發音相近，唯缺少 r。hr 為複輔音，此於漢語不易表現，故音譯咒語時為準確反映複輔音的發音常以附注「二合」方式予以體現。又，「欣」「紇」二字聲母分別是曉母（MC.*x）、匣母（MC.*ɣ），而曉母（MC.*x）較之匣母，其發音更接近梵語 [h]，如此「欣」較「紇」的發音更近 [h]。因抄本殘損，致「欣」下遺失「唎」或「哩」，今據此還原為「唵。欣唎（哩）二合」（Oṃ hrīḥ）。

本件抄本過於破碎，共計十片，每片不過二三字，多者未越五字，且拼合時左右前後顛倒，故辨識極為困難。錄文以從左至右，先上後下為序。

Or.12380-3921.1（k.k.），分作兩部分，此四片原定名作「佛經」。由於抄本破碎嚴重，致抄本咒語無法一一還原，今僅以還原的兩個咒語重定名，重擬定名作「不空成就如來真言、無量壽如來真言等咒語殘片」。

第二件

［上殘］

□……□師〔1〕傳□……□

□……□乱［亂］〔2〕傳□……□

□……□七門〔3〕□……□

□……□九門前〔4〕□……□

□……□人成□……□

□……□捉■（咒）〔5〕□……□

□……□面怎生□……□

□……□色□……□

□……□黃□……□

［下殘］

校記

〔1〕〔3〕〔4〕原卷此六字皆有構建部分缺損，依筆勢還原作此。

〔2〕乱，亂之俗寫。〔註273〕

〔註272〕紇利、紇梨、紇哩、紇力 hri（bīja）、hriḥ（bīja）紇林 hriṃ（bīja）〔德〕R·海涅曼：《漢梵梵漢陀羅尼用語用句辭典》，藍吉富主編：《世界佛學名著譯叢》第9冊，臺北：華宇出版社，1986年，第58頁。

〔註273〕《干祿字書》，第52頁。

〔5〕此片原橫於「九門前」上方，經軟件調整後方見紙端之字。「捉」下一字，但見「叩」，下部構件缺損，惟存「十」形，然從行筆及筆意銜接觀之，疑似「咒」。

原題作「佛說天地八陽神咒經」，然本經中無與本件內容相近之經文，故不可定作此名。殘葉所存「九門」「七門」僅為序數詞，「亂傳」「師傳」，佛教文獻和世學文獻皆可查得，而其他諸字連綴也無明顯的佛教意蘊，故定作「漢文殘片」為宜。

24. Or.12380-3921.2（K.K.）佛經（第 5 冊，第 345 頁）

〔前缺〕

□……□之難■□……□

年〔1〕益〔2〕壽〔3〕而無橫□……□

有人盡能書寫□……□

不可稱〔4〕不可量無□……□

佛

佛告無礙菩薩■□……□

〔後缺〕

校記

〔1〕年。原卷「年」分作兩片，經拼合而成一字。

〔2〕，益。《敦煌俗字譜》、《宋元以來俗字譜》「益」下收錄此形，此俗寫為增筆所致。〔註274〕

〔3〕，壽。《敦煌俗字譜》「壽」下收錄此形。〔註275〕

〔4〕，稱。《史晨銘》：「報稱（）為效。」〔註276〕

按：本卷經文與 S.5673 所存經文相合，然兩號抄本均為殘葉，故可對校部分僅為數字而已。另，本葉原置於圖錄版面之左側，然依經文先後及書寫

〔註274〕《敦煌俗字譜》，第 213 頁，《宋元以來俗字譜》，第 55 頁。《取經詩話》作此形。

〔註275〕《敦煌俗字譜》，第 59 頁。

〔註276〕《隸辨》，第 618 頁。

通例，此葉應置於右側為宜，故錄文按此順序錄之。

　　〔前缺〕

　　□有眾〔1〕□……□

　　□……□

　　見此經信敬供□……□

　　除滅慈悲喜捨□……□

　　復〔2〕次無礙〔3〕菩薩〔4〕若□……□

　　法先讀此經三遍築□……□

　　堂東序〔5〕□序廚□……□

　　〔後缺〕

校記

〔1〕**眾**（眾）、眾。《說文・乑部》：「眾，从乑、目。」〔註277〕隸書多取「眾」，〔註278〕日本刊《五經文字》、宋刊《廣韻》、宋刊《集韻》皆取「眾」形。〔註279〕《敦煌俗字譜》收錄此形，〔註280〕《正字通・血部》：「眾，眾字之譌。別詳目部眾註。舊本承譌附血部，非。」

〔2〕**復**，復。《敦煌俗字譜》將此形作為「復」之俗寫，非是。此當屬「彳」草書化或草書楷定，非改換構件所致俗寫。

〔3〕**礙**，礙。疑，《校官碑》：「咨疑（**疑**）元老。」〔註281〕楷書保留部份隸書筆法，如《干祿字書》：「**疑**、疑，上通下正。」〔註282〕即「疑」聲旁下部矢書作「天」。又，「疑」形旁上部「マ」書作「丷」，乃行草書所致，如「**疑**」〔註283〕。如是書法行筆便利使然下，致寫卷中「礙」字形異與正字。

〔4〕**薩**，薩。《敦煌俗字譜》「薩」下收錄此形。〔註284〕

〔5〕本卷作「東序□序」，S.5673、北7611作「東序西序」，P.2181作「東序」，S.0127

〔註277〕《說文解字》，第169頁。
〔註278〕《隸辨》，第480頁。
〔註279〕《五經文字》下冊，廿八；《宋本廣韻》，第98頁；《宋刻集韻》，第132頁。
〔註280〕《敦煌俗字譜》，第217頁。
〔註281〕《隸辨》，第57頁。
〔註282〕《干祿字書》中冊，第17頁。
〔註283〕《草書大字典》，第882頁。
〔註284〕《敦煌俗字譜》，第282頁。

缺此段，《大正藏》本〔註285〕作「東廂西廂」，其校勘記云：「廂」，《大日本續藏經》本作「序」。

25. Or.12380-3921.3（K.K.）原題作「佛經」（第5冊，第345頁）

〔前缺〕

吉〔1〕昌不求自得若□……□

得冝（宜）〔2〕利門興〔3〕人貴■□……□

女貞兄恭弟〔4〕順■■■■□……□

就〔5〕若有眾生■□……□

此經〔6〕三遍■得解脫■□……□

讀誦為他書寫〔7〕八陽■□……□

或〔8〕在山澤虎狼〔9〕■□……□

成無上道

■復有人■□……□

持〔10〕讀誦此經永除四過〔11〕□……□

若有〔12〕善男子善女人　等〔13〕□……□

墮地獄受無量〔14〕■■■即□……□

母〔15〕即離地獄而生天上見□……□

成佛道

佛告無礙菩薩毗■□……□

夷〔16〕心不信邪敬崇佛□……□

須〔17〕作即作一無■■■□……□

等供養〔18〕得無漏■■□……□

應正〔19〕等覺劫名大滿〔20〕國号（號）■□……□

薩道無所〔21〕得法

〔後缺〕

〔註285〕　《大正藏》本校勘記云：〔原〕大日本續藏經，校者曰原本以鮮本校異，〔甲〕大英博物館藏燉煌本，S. 127，甲本首缺。
　　　　　按：《大正藏》本所言鮮本，即為朝鮮本，然其並未言明所用版本。關於朝鮮本《天地八陽神咒經》的情況可參見增尾一郎所撰《朝鮮本〈天地八陽神咒経〉その流伝》（《東京成德大學研究紀要》第4號（1997），頁181～196）。

校記

〔1〕**吉**，吉也。《說文·口部》：「吉，善也。从士口。」〔註286〕隸書卻多將「士」書作「土」，《隸辨》云：「《六經正誤》云：『吉凶之吉。』從士從口，非從土也。**吉**上，從土，音確。諸碑書士為土，故吉亦作**吉**，無從士者。」〔註287〕

〔2〕**宜**（冝），宜也。《玉篇·宀部》云：「宜，今作冝。宐，同上。」〔註288〕《說文》作「宐」，此承篆體。段注本《說文·宀部》云：今據以正篆體，多省聲。……漢石經作宜。〔註289〕另，「冖」「宀」二旁常存混用現象，如《干祿字書》所錄「冨」，作「富」之俗寫。〔註290〕

〔3〕**興**，興。《干祿字書》云：「興、興，上通下正。」〔註291〕

〔4〕**苐**（苐），當作「弟」也。抄本所書「苐」當為省筆所致俗寫，《干祿字書》：「苐、第。次第，上俗下正。」〔註292〕「苐」「第」，實本為二字，「苐」見於《說文·艸部》，「第」則是「弟」本字，見於《說文·弟部》，《廣韻·霽韻》：「第，次第。《說文》本作『弟』『韋束之次弟也。』今為兄弟字。」兄恭弟順，於文意可通。《天地八陽神呪經》：「父慈子孝男忠女貞，兄恭弟順夫妻和睦。」〔註293〕

〔5〕**就**，就。隸書中常見此字形，如《景北海碑》《孔宙碑》所書「**京尤**」。又，《干祿字書》：「京、京，上通下正。」〔註294〕《新加九經字樣·口部》：「音驚，人所居高丘也，從高省。就字從之，作京，訛。」〔註295〕如是，「**就**」為「就」之俗寫。

〔6〕**此經**，此經也。抄本所見為「此」之俗寫。〔註296〕抄本所見「經」，可見於隸書中，如《華山廟碑》《武碑》所書「**經**」。〔註297〕

〔註286〕《說文解字》，第 33 頁。
〔註287〕《隸辨》，第 670 頁。
〔註288〕《宋本玉篇》，第 209 頁。
〔註289〕《說文解字注》，第 340 頁。
〔註290〕《干祿字書》，第 56 頁。
〔註291〕《干祿字書》，第 33 頁。
〔註292〕《干祿字書》，第 49 頁。
〔註293〕《大正藏》第 85 冊，第 1423 頁上。
〔註294〕《干祿字書》，第 31 頁。
〔註295〕《新加九經字樣》，二十一。
〔註296〕《干祿字書》，第 35 頁。
〔註297〕《隸辨》，第 263 頁。

〔7〕**寫**，寫。《干祿字書》云：「**寫**，寫，上俗下正。」〔註298〕《五經文字・宀部》云：「寫，作**寫**，訛。」〔註299〕三種俗寫皆為改「宀」作「冖」，而餘構件略有差別，《五經文字》所錄與本卷近，唯曰下橫筆斷之異。

本卷作「為他書寫八陽」，P.2181、北7611、《大正藏》本同，其校勘記云：「他」，《大日本續藏經》本後有「人」，《大日本續藏經》本「八」前有「天地」。

〔8〕**或**，或。《干祿字書》云：「或，或，上通下正。」〔註300〕「口」改作「厶」，俗寫常見之。

〔9〕**虎**，虎。《干祿字書》云：「虎，虎，上通下正。」〔註301〕狼，原卷犬旁（「犭」）缺失。

〔10〕**持**，持。木旁草書楷化與手旁（「扌」）形近。

〔11〕本卷作「永除四過」，P.2181、北7611同，《大正藏》本作「永除四惡過」，其校勘記云：《大日本續藏經》無「惡」。本經四惡過指「妄語、綺語、惡口、兩舌」，而此種表達唯有在《菩薩善戒經》出現過，經云：「菩薩摩訶薩修柔軟語，能破現在口四惡過。」〔註302〕其四惡過指，妄語、兩舌、惡口、無義語，如是與本經同。口之四種過失，在經典中除上述二經外，皆以「四過」表述，如「離口四過」（《阿那律八念經》）、「護口四過」（《出曜經》）、「無口四過」（《勝天王般若波羅蜜經》），等等，故「永除四過」，無煩改作「永除四惡過」。

〔12〕**若**，若。《干祿字書》云：「若、若，上通下正。」〔註303〕

本卷作「若有善男子」，《大正藏》本作「若善男子」，P.2181、北7611作「復次善男子」。

〔13〕**等**、**等**，等。《干祿字書》云：「荨、等，上通下正。」「艸」（艹）「竹」（　）二旁常混用，如《干祿字書》種所收「著」「第」「篡」等皆是如此。

〔14〕本卷作「墮地獄受無量■■■即□……□母即離地獄而生天上見□……□」，《大正藏》本「當墮地獄受無量苦，其子即為讀此經七遍，父母即離地獄而生天上」P.2181作「應墮地獄而生天上」，北7611作「應墮地獄受無量苦，其子即為讀斯經典七遍，父母即離地獄而生天上」。

〔註298〕《干祿字書》，第42頁。
〔註299〕《五經文字》上，二十九。
〔註300〕《干祿字書》，第65頁。
〔註301〕《干祿字書》，第37頁。
〔註302〕《菩薩善戒經》卷七〈菩薩相品〉，《大正藏》第30冊，第1001頁上。
〔註303〕《干祿字書》，第64頁。

〔15〕 **毋**（毋），母。諸字書中未錄「毋」作「母」之俗寫，而「毋」「母」二字形近，故疑抄寫者因形近而訛。甲骨文中「毋」「母」無別，皆作 **𢆶**、**𢆶**。卜辭「母」亦用「毋」，「毋」乃後世區別之文。〔註 304〕

〔16〕 **夷**，夷。《干祿字書》云：「夷、夷，上通下正。」〔註 305〕

〔17〕 **湏**（湏），當作「須」。《正字略》云：「須、湏，上古鬚字，易賁其須，皆為待須臾用之，從之者準此下古鬚字。」〔註 306〕「湏」「須」本為二字，《說文》「水」「須」二部收錄，古代寫本、刻本常混用「須」「湏」二字。「須作」，於抄本文意，當是。《天地八陽神呪經》：「毗婆尸佛時，有優婆塞、優婆夷心不信邪 [10] 敬崇佛法，書寫此經受持讀誦，所作所為須作即作一無所問。」〔註 307〕

〔18〕 **養**，養。《干祿字書》云：「養、養，上俗下正。」〔註 308〕

〔19〕 **正**，正。《干祿字書》云：「**正**、正，上通下正。」〔註 309〕

〔20〕 **滿**，滿。《堯廟碑》「滿（**𣶃**）而不溢」。按：「滿，從 **㒼**，「㒼」通「兩」，碑多變從雨。」〔註 310〕《正字略》云：「作 **滿**，非。」〔註 311〕
本卷作「劫名大滿，國號」，P.2181、北 7611 同，《大正藏》本作「劫名大漏，國名」，其校勘記云：「漏」，《大日本續藏經》本作「滿」。S.5673 此段經文殘闕，無法對校。「滿」「漏」，二字形近易混。「大漏」，僅見於本經；「大滿」，見於多部經典，一般非以獨立詞出現，而作為名詞之修飾詞，如大滿迦樓羅王、大滿空、大滿願義等。劫名，乃劫（kalpa）之名稱，如「舍利弗！彼佛出時，雖非惡世，以本願故，說三乘法。其劫名大寶莊嚴。」（《法華經》）〔註 312〕諸經劫名中未見此二名。本經中「劫名離苦，國號無邊」與「劫名大滿，國號無邊」對應。「離苦」，《大正藏》本校勘記：「離苦」，S.0127 本作「圓滿」。

〔註 304〕 《甲骨文詁林》第一冊，第 450 頁。
〔註 305〕 《干祿字書》，第 17 頁。
〔註 306〕 《正字略》，第 323 頁。
〔註 307〕 《大正藏》第 85 冊，第 1423 頁上。
〔註 308〕 《干祿字書》，第 42 頁。
〔註 309〕 《干祿字書》，第 55 頁。
〔註 310〕 《隸辨》，第 402～403 頁。
〔註 311〕 《正字略》，第 329 頁。
〔註 312〕 《妙法蓮華經》卷二〈譬喻品〉，《大正藏》第 9 冊，第 11 頁中。
　　　　Mahāratnapratimaṇḍitaś ca nāma śāriputra sa kalpo bhaviṣyati/（蔣忠新編注：《民族文化宮圖書館藏梵文〈妙法蓮華經〉寫本（拉丁字母轉寫本）》，北京：中國社會科學出版社，1988 年，第 64 頁）

又，《思益梵天所問經》卷三：「時世有佛號曰普光，劫曰名聞，國名憙見。」
〔註313〕［明］圓澄云：「此智十界同見，故曰名聞」。〔註314〕如是而論，「大滿」似與經意相應。

〔21〕 **所**，所。《五經文字・斤部》云：「石經作**所**。」〔註315〕隸書中多見此形，如《孔龢碑》《鄭固碑》等。〔註316〕

26. Or.12380-3921.4（K.K.）佛經（第 5 冊，第 346 頁）

［前缺］

復次無礙菩〔1〕薩此■　經〔2〕行□……□

處〔3〕有八菩薩〔4〕諸■天王一□……□

香華〔5〕供養如佛無異

佛告無礙菩薩摩訶〔6〕□……□

為諸眾生講〔7〕說此經深達實〔8〕□……□

知身心佛身法心所以能〔9〕■□……□

種種無盡色色即是□……□

亦空即是妙色身如來

耳常聞種種無盡聲聲〔10〕□……□

即是妙音聲如來

鼻常嗅〔11〕種種無盡香香□……□

即是香積如來〔12〕

舌常了種種無盡味〔13〕味即是□……□

是法喜如來

身常覺〔14〕種種無盡觸觸□……□

即是智明［明］〔15〕如來

意常思想能分別種種無盡法法〔16〕□……□

〔註313〕《思益梵天所問經》卷三〈論寂品〉，《大正藏》第 15 冊，第 51 頁上。
《思益梵天所問經》之同本異譯本《勝思惟梵天所問經》、《持心梵天所問經》
分別作「劫名名稱，國名喜見」。（《勝思惟梵天所問經》卷四，《大正藏》第
15 冊，第 84 頁上），「劫曰名聞，世界名愛見」。（《持心梵天所問經》卷三
〈論寂品〉，《大正藏》第 15 冊，第 20 頁中）

〔註314〕《卍續藏》第 33 冊，第 878 頁上。

〔註315〕《五經文字》中，四八。

〔註316〕《隸辨》，第 363 頁。

即是法明〔明〕如來〔17〕

善男子此六根〔18〕顯現人皆□……□

善法常轉〔19〕即成聖道說〔20〕□……□

即墮〔21〕地獄善男子善惡〔22〕之理□……□

子人之身心是佛法噐〔器〕〔23〕亦是□……□

也無始已來轉讀不盡〔24〕不□……□

〔後缺〕

校記

〔1〕**菩**，菩。《敦煌俗字譜》「菩」下收錄此俗寫。〔註 317〕

〔2〕本卷作「復次，無礙菩薩此■　經」，《大正藏》本作「復次，無礙菩薩此八陽經」，S.4360、P.2181、北 7611 作「復次，善男子此八陽經」。

〔3〕**處**，處。《五經文字·虍部》云：「俗作**處**，非。」〔註 318〕此隸書中可見，如《靈臺碑》《楊信碑》等。〔註 319〕

〔4〕本卷作「八菩薩」，S.4360、P.2181、《大正藏》本同，S.5673、北 7611 作「八陽菩薩」。

〔5〕**華**，華。《敦煌俗字譜》「華」下收錄「**華**」，〔註 320〕與本卷「華」俗寫形近。前者「艹」下為土加羊，而後者「艹」下幸。《古俗字略》「華」下收「**華**」，〔註 321〕此皆為減筆所成。P.2181 作「香花」，北 7611 作「香華」。

〔6〕S.4360、P.2181、北 7611 無「佛告無礙菩薩摩訶薩」。

〔7〕**講**，講。《正字略》云：「作**講**，非。」〔註 322〕

〔8〕實，原卷「貝」缺失。本卷作「深達實□……□」，《大正藏》本「深達實相」，S.4360、P2181、北 7611 作「深解實相」。

〔9〕**能**，能。《干祿字書》云：「**能**、能，上通下正。」〔註 323〕

〔10〕**聲**，聲。《敦煌俗字譜》「聲」下收錄此俗寫。〔註 324〕

〔註 317〕《敦煌俗字譜》，第 275 頁。
〔註 318〕《五經文字》下，四七。
〔註 319〕《隸辨》，第 362 頁。
〔註 320〕《敦煌俗字譜》，第 276 頁。
〔註 321〕《古俗字略》，第 57 頁。
〔註 322〕《正字略》，第 333 頁。
〔註 323〕《干祿字書》，第 34 頁。
〔註 324〕《敦煌俗字譜》，第 256 頁。

〔11〕嗅，嗅。《干祿字書》云：「臬、臭，上俗下正。」〔註325〕如是「嗅」之聲旁「臭」俗寫作「臬」，故本卷「嗅」，亦可謂「嗅」之俗寫。

〔12〕本卷作「即是香積如來」，《大正藏》本同，S.4360、北7611無「即」。

〔13〕本卷作「舌常了種種無盡味」，北7611、《大正藏》本同，S.4360作「吉（舌）〔註326〕常覺種種無盡味」，S.5673作「□……□常覺種種無□……□」，P.2181作「舌常覺種種無盡味」，後句為「身常覺種種無盡觸」。了味、覺味，經文皆可見，《薩婆多宗五事論》更有了色、了聲、了香、了聲、了觸、了法。〔註327〕了，具憭悟之意。〔註328〕《俱舍論》云：「以即見色，名了色（rūpasya vijñānaṃ）故。」〔註329〕

〔14〕覺，覺。《干祿字書》云：「學、學，上俗下正。」「罍、罍，上俗下正。」〔註330〕覺、學、罍，形旁同，故「覺」亦可謂「覺」之俗寫。

〔15〕明，明。《干祿字書》云：「明、朙。上通下正。」《說文》僅收「朙」，《說文·月部》云：「朙，古文从日。」段注本《說文·月部》：「云古文作明，則朙非古文也。蓋籀作朙，而小篆隸从之，……開成石經作明，從張參說也。漢石經作明。」〔註331〕又，本卷作「智明如來」，北7611本、《大正藏》本同，S.4360脫「明」。

〔16〕本卷作「意常思想能分別」，大正藏同，S.4360、北7611作「意常想分別」，S.5673作「意常想分〔註332〕」，P.2181作「意常憶想分別」。

〔17〕本卷作「法明如來」，S.5673、P.2181、《大正藏》本同，S.4360脫「法」。

〔18〕本卷作「此六根」，S.4360、P.2181、北7611同，《大正藏》本作「觀此六根」。

〔19〕轉（轉），轉。抄本「轉」之聲符作「專」，《干祿字書》云：「專、專，上通下正。」〔註333〕「轉」見於隸書《仙人唐公房碑》「轉（轉）景即至」。（《漢

〔註325〕《干祿字書》，第56頁。
〔註326〕舌，訛寫作吉。
〔註327〕〔唐〕法成譯：《薩婆多宗五事論》，《大正藏》第28冊，第996頁上。
〔註328〕《說文解字注》，第743頁。
〔註329〕《阿毘達磨俱舍論》卷二〈分別界品〉，《大正藏》第29冊，第11頁上。江島惠教編《梵文阿達毘磨俱舍論Ⅰ：界品》，東京：山喜房佛書林，1989年，頁48。
〔註330〕《干祿字書》，第58頁。
〔註331〕《說文解字注》，第314頁。
〔註332〕原卷此字有殘缺，依字形補入。
〔註333〕《干祿字書》，第25頁。

　　隸字源・獼韻》《隸辯》）如是而論，「轉」當承「轉」之隸變，當屬俗寫。

〔20〕本卷作「□……□善法常轉，即成聖道說□……□」，《大正藏》本作「人皆空口常說之，若說善語，善法常轉，即成聖道，若說邪語」，S.4360、P.2181 作「人皆口說其善法，法輪常轉，得成聖道，若說邪語」，S.5673 作「□……□說甚善法輪□……□」，北 7611 作「人皆口說其善，法輪常轉，得成聖道，若說邪語」。

〔21〕𡐌，墮。隸書「墮」（《陳球後碑》）。〔註 334〕元刊本《太平樂府》、清初刊本《目連記》、清同治刊本《嶺南逸事》可見。〔註 335〕

　　本卷作「即墮地獄」，《大正藏》本同，S.4360、S.5673、P.2181、北 7611 作「即墮惡趣」。此句前文為「若說善語，善法常轉，即成聖道」，以文句對仗而論，聖道與惡趣，更為契合。又《三聚經》：「云何八法向惡趣？謂八邪行：邪見、邪志、邪語、邪業、邪命、邪方便、邪念、邪定。」〔註 336〕且惡趣包含畜生、餓鬼、地獄，如是而論，「即墮惡趣」似更為合理。

〔22〕𢙲（惡），惡。《干祿字書》云：「𢙲、惡，上俗下正。」〔註 337〕《五經文字・心部》云：「惡，從亞。亞象曲脊醜惡之形。從西者訛，凡堊、蜸之類皆從亞。」〔註 338〕

〔23〕噐，器。《干祿字書》云：「噐、器，上通下正。」〔註 339〕

　　本卷作「□……□子人之身心是佛法器」，《大正藏》本作「善男子！人之身心是佛法器」，S.4360、P.2181、北 7611 作「無礙菩薩！人之身心是佛法器」。前後文句皆以「善男子」為談話對象，若忽現「無礙菩薩」，即顯十分突兀，故此處仍以「善男子」為妥。

〔24〕本卷作「轉讀不盡」，《大正藏》本同，S.4360、北 7611 作「轉轉不盡」。由文意而論，S.4360、北 7611 所作應為誤寫。

27. Or.12380-3921.5（K.K.）佛經（第 5 冊，第 347 頁）

　　〔前缺〕

　　唯識心見性者之所能知□……□

〔註 334〕《隸辨》，第 426 頁。

〔註 335〕《宋元以來俗字譜》，第 18 頁。

〔註 336〕《長阿含經》卷十，《大正藏》第 1 冊，第 59 頁下。

〔註 337〕《干祿字書》，第 64 頁。

〔註 338〕《五經文字》中，二十四。

〔註 339〕《干祿字書》，第 46 頁。

能知也〔1〕善男子讀誦此經〔2〕□……□

心是佛法噐〔器〕若醉〔醉〕〔3〕迷不醒□……□

本流浪〔4〕諸趣墮於惡道□……□

名字

尒〔爾〕時五百天子在大眾中聞□……□

淨〔5〕皆大歡喜即發〔6〕無等等□……□

菩提心〔7〕〔8〕

無礙菩薩復白佛言世尊□……□

生不擇〔9〕日時至即生死不擇□……□

殯〔10〕葬即問良晨〔11〕吉日然□……□

還有妨害貧窮者〔12〕多滅□……□

尊為諸耶（邪）〔13〕見無知（智）〔14〕眾生說□……□

除其顛倒佛言善哉善哉〔15〕善□……□

問於眾生生死之事殯葬□……□

為汝說大道之法〔16〕夫天地廣□……□

時年〔17〕善善美〔18〕實無有異□……□

甚〔19〕大〔20〕慈悲愍〔21〕念眾生皆□……□

父母順於俗人教於俗法〔22〕□……□

下令知時節為有平滿成□……□

破煞〔23〕之文愚人依字信用□……□

使耶（邪）師厭鎮說是道非求〔24〕□……□

殃自受苦如斯人輩〔25〕返天□……□

之光明常投〔26〕闇室違正道□……□

〔後缺〕

校記

〔1〕本卷作「之所能知」,《大正藏》本同,北 7611 作「知所能知」,疑「知」為音
　　近訛寫。

　　　本卷作「能知也」,S.4360 同,《大正藏》本作「所能知」,P.2181 作「所知也」。

〔2〕本卷作「善男子！讀誦此經□□□□□□」,《大正藏》本作「善男子！讀
　　誦此經,深解真理」,S.4360、北 7611 作「復次。善男子！讀誦此經,為他
　　講說,深解真理」,S.1979、P.2181 作「復次。善男子！讀誦此經,為他講說,

深解真理者」。〔註340〕

〔3〕**醉**（醉），醉。《宋元以來俗字譜》「醉」下錄此俗寫，其出自宋刊本《取經詩話》、元刊本《通俗小說》、元刊本《三國志平話》等。〔註341〕

〔4〕**本**（夲），本。《五經文字·木部》云：「本、夲。上《說文》從木，一在其下。今經典相承隸省。」〔註342〕《干祿字書》云：「夲、本，上通下正。」〔註343〕本卷作「流浪」，S.5673、S.4360、S.1979、P.2181、北7611同，《大正藏》本作「流轉」，其校勘記云：「轉」，《大日本續藏經》本作「浪」。「流浪」「流轉」，二詞語意上可作同解。如，《增壹阿含經》中「使此眾生流浪生死」，〔註344〕《雜阿含經》卷六第133經中則有「生死輪迴，生死流轉」。〔註345〕《增壹阿含經》卷十八第6經「若不覺此四法時，便流轉生死，周旋五道。」〔註346〕

〔5〕**淨**，淨。《干祿字書》云：「争、爭，上通下正。」〔註347〕「夂」（冫）、「水」（氵）二旁有混用現象，如《干祿字書》：「涷，俗作凍」。〔註348〕

〔6〕**發**，發。《干祿字書》云：「**發**、發，上俗下正。」〔註349〕《宋元以來俗字譜》錄作「**發**」，〔註350〕《敦煌俗字譜》錄作「**發**」，〔註351〕本卷下部構件與之書寫同形，而上部略有差異。上部構件訛化，亦可見於登，《正字略》收**登**，其謂「俗本《爾雅》作**登**，出自近人誤改。」〔註352〕

〔7〕S.1979、S.4360、P.2181、北7611無此段，「爾時五百天子……菩提心」。

〔註340〕 S.1979原卷「復次。善男子！」處破損，僅存各字一半之構件，然尚可還原作此六字。
〔註341〕《宋元以來俗字譜》，第111頁。
〔註342〕《五經文字》上，三。
〔註343〕《干祿字書》，第39頁。
〔註344〕《增壹阿含經》卷三十九〈馬血天子問八政品·第二經〉，《大正藏》第2冊，第760頁下。同樣的表達在《增壹阿含經》卷四十一〈馬王品·第六經〉、《賢愚經》卷六〈尼提度緣品〉等均有出現。
〔註345〕《雜阿含經》卷六〈第133經〉，《大正藏》第2冊，第41頁下。同樣的表達在《雜阿含經》卷六〈第一三六經〉等。
〔註346〕《增壹阿含經》卷十八，《大正藏》第2冊，第637頁下。
〔註347〕《干祿字書》，第31頁。
〔註348〕《干祿字書》，第45頁。
〔註349〕《干祿字書》，第60頁。
〔註350〕《宋元以來俗字譜》，第128頁。
〔註351〕《敦煌俗字譜》，第211頁。
〔註352〕《正字略》，第324頁。

〔8〕〔9〕提（提）、擇（擇）、投（投），寫本中木、手（扌）二旁時有混用，如
《干祿字書》所收「枉，俗寫作扗」。〔註353〕

〔10〕殯，殯。《新加九經字樣》云：「賓，音濱。從貝從歺。歺，音麪。經典相承
作賓已久不可改正，於字義不同。」〔註354〕《宋元以來俗字譜》將此字形錄
為俗寫，見於元刊本《三國志平話》。〔註355〕

〔11〕晨，晨。《干祿字書》云：「辰、辰，上通下正。」〔註356〕本卷作「良晨」，
S.5673、北7611同，《大正藏》本、S.1979作「辰」。「晨」「辰」二字相通，
〔註357〕《玉篇‧晶部》：「晨，亦作辰。」段注本《說文‧辰部》云：「〈晶部〉
晨字下曰：『房星，為民田時者。』從晶辰聲，或省作晨。此房星之字也。而
此云辰、房星。辱下云：『房星為辰，田候也』，則字亦作辰。《爾雅》『房心尾
為大辰』是也。」〔註358〕

〔12〕還，還。《宋元以來俗字譜》將此字形錄為俗寫，如宋刊本《取經詩話》、元
刊本《三國志平話》等。〔註359〕
宮（宮），害。《干祿字書》云：「宮、害，上俗下正。」〔註360〕
貧，貧。《干祿字書》云：「分、分，上通下正。」〔註361〕抄本「貧」之「分」
（分），是為「分」俗寫，故「貧」亦當是「貧」之俗寫。又，行草書中亦多
見此形，如「貧」（米芾書）。
本卷作「妨害貧窮者」，S.4360、S.1979、P.2181、北7611、《大正藏》本同，
S.5673作「□……□窮生離者□……□」。

〔13〕耶，邪。《干祿字書》云：「上通下正。」〔註362〕《正字略》云：「邪、耶，
上正下俗。漢隸牙、耳、身部別，是以緣譌，今專以邪為邪，正字莫邪、琅邪，
及語詞通用邪、耶。」〔註363〕

〔註353〕《干祿字書》，第43頁。
〔註354〕《新加九經字樣》，四。
〔註355〕《宋元以來俗字譜》，第134頁。
〔註356〕《干祿字書》，第22頁。
〔註357〕高亨纂，董志安整理：《古字通假會典》，濟南：齊魯書社，1989年，第139頁。
〔註358〕《說文解字注》，第745頁。
〔註359〕《宋元以來俗字譜》，第96頁。
〔註360〕《干祿字書》，第48頁。
〔註361〕《干祿字書》，第22頁。
〔註362〕《干祿字書》，第28頁。
〔註363〕《正字略》，第313頁。

〔14〕知，智。S.1979、S.4360 作「知」，S.5673、《大正藏》本作「智」。段注本《說文·亏部》云：「𣉻，此與〈矢部〉知音義皆同，故二字多通用。𥤑，古文智。此依鍇本，𠙻，即口。𥪦，即知也，省白。」〔註364〕

〔15〕善，善。《正字略》云：「作善。善，非。」〔註365〕
哉，哉。《干祿字書》所錄「操」「躁」，俗寫作𢰅、𨄮。「品」之三口，皆俗寫作「厶」，抄本所書「哉」下部或為「口」缺筆所成，亦可謂「哉」之俗寫。「善哉」（Skt. P. sādhu），此乃佛教通用之語，表示同意、讚歎。

〔16〕本卷作「為汝說大道之法」，《大正藏》本、S.1979 作「吾當為汝說智慧之理大道之法」，北 7611 作「吾當汝說智慧之理大道之法」，S5673 作「□……□慧之利（理）大道之□……□」，P.2181、S.4360 作「當為法說智惠（慧）之理大道之法」。

〔17〕秊，年。《干祿字書》云：「秊、秊（秊），上通下正。」〔註366〕《說文》僅載「秊」。《說文·禾部》云：「秊，穀孰也。从禾千聲。《春秋傳》曰：『大有秊。』」〔註367〕段注本《說文·禾部》云：「《爾雅》曰：『夏曰歲，商曰祀，周曰年，唐虞曰載。』年者，取禾一孰也。……宣十六年經文，《穀梁傳》曰：『五穀皆孰為有年，五穀皆大孰為大有年。』」〔註368〕

〔18〕美，美。《五經文字·羊部》云：「美，從羊從大，從犬從火者訛」。〔註369〕《宋元以來俗字譜》「美」下收此俗寫字形。〔註370〕
本卷作「時年善善美實無有異」，S.4360、P2181、北 7611 同，S.4360、S.1979、《大正藏》本作「時年善美，實無有異」。「時年善美」，文意可解，故本卷與 S.4360、P2181、北 7611 所作，衍「善」一字。

〔19〕甚，甚。《干祿字書》云：「甚、甚，上通下正。」〔註371〕然，《宋元以來俗字譜》將此字形作甚之俗寫，見於《太平樂府》。〔註372〕

〔20〕大，大。《大正藏》本、S.1979、S.4360、P.2181、北 7611 皆作「大」。

〔註364〕《說文解字注》，第 137 頁。
〔註365〕《正字略》，第 325 頁。
〔註366〕《干祿字書》，第 25 頁。
〔註367〕《說文解字》，第 146 頁。
〔註368〕《說文解字注》，第 326 頁。
〔註369〕《五經文字》上，十八。
〔註370〕《宋元以來俗字譜》，第 120 頁。
〔註371〕《干祿字書》，第 45 頁。
〔註372〕《宋元以來俗字譜》，第 121 頁。

〔21〕![憨字]，愍。《敦煌俗字譜》收錄此形。〔註373〕

〔22〕![俗字]，俗。《堯廟碑》「樂風俗（![俗字]）之美。」〔註374〕《敦煌俗字譜》收此字形。〔註375〕

本卷作「順於俗人教於俗法」，S.1979、北7611作「順於俗民教於俗法，遣作曆日頒下天下」，《大正藏》本作「順於俗人教於俗法，造作曆日頒下天下」。又，《大正藏》本「於」「造」下校勘記分別謂「於，《大日本續藏經》本作『民』」；「造，《大日本續藏經》本作『遣』」。S.5673作「依俗法教於俗」，P.2181作「順於俗法教民善法，遣作曆日班（頒）下天下」。S.4360作「順於俗民法，遣作曆日頒下天下」。

〔23〕本卷「有平滿成□……□破煞」，S.1979、S.4360、P.2181、北7611作「有平滿成收開除之字執危破煞之文，愚人依字信用無不免其兇禍」，《大正藏》本作「有平滿成收開閉建除定執破危之文，愚人依字信用無不免其兇禍」，其校勘記云：「閉、建、除、定、執、破、危，《大日本續藏經》本作『除之字執危破殺。』」S.5673作「有平滿成□……□人於字信用無□……□」。

〔24〕![厭字]，厭。《正字略》云：「作![厭字]，非腰足，古作猒足。」〔註376〕

本卷作「使邪師厭鎮說是道非，求□……□」，《大正藏》本作「使邪師厭鎮說是道非，謾求邪神拜餓鬼」，S.1979、北7611作「使邪師厭鎮說是道非，溫邪神拜餓鬼」。S.5673作「非溫求神拜」，P.2181作「使邪師厭鎮說是道非，漫求邪神拜餓鬼」。

〔25〕![輩字]（輩），輩。《干祿字書》云：「輩、輩，上通下正。」〔註377〕《五經文字·車部》云：「輩，從非。作輩訛。」〔註378〕《說文》僅收「輩」，「从車非聲。」〔註379〕段注本《說文·車部》云：「俗從北，非聲也。」〔註380〕《宋元以來俗字譜》亦將此作輩之俗寫。〔註381〕

本卷作「如斯人輩返天□……□」，S.1979、P.2181、北7611作「如斯人輩返

〔註373〕《敦煌俗字譜》，第108頁。

〔註374〕《隸辨》，第659頁。

〔註375〕《敦煌俗字譜》，第10頁。

〔註376〕《正字略》，第328頁。

〔註377〕《干祿字書》，第50頁。

〔註378〕《五經文字》下，十七。

〔註379〕《說文解字》，第302頁。

〔註380〕《說文解字注》，第328頁。

〔註381〕《宋元以來俗字譜》，第92頁。

天時逆地理」，《大正藏》本作「如斯人皆返天時逆地理」。

〔26〕本卷作「常投闇室」，S.1979、P.2181、北 7611 同，《大正藏》本作「沒」，其校勘記云：「《大日本續藏經》本作『常沒』。」「沒」字與文意難通，而「常投闇室」，此則與前後文句相通。

28. Or.12380-3921.6（K.K.）佛經（第 5 冊，第 348 頁）

〔前缺〕

顛倒□■也善男子生時〔1〕■□……□

生■大吉利聰〔2〕明智慧福〔3〕□……□

死時讀三遍〔4〕一無妨害善〔5〕□……□

月月好月年年好年〔6〕實□……□

殯葬殯葬之日讀此經七遍□……□

無量門榮人貴延〔7〕年益□……□

善男子殯葬之地莫問■□……□

之愛樂鬼神愛樂〔8〕即讀經〔9〕□……□

置墓田〔10〕永無灾障家富人興□……□

尊欲重宣此義〔11〕而說偈言

榮生〔12〕善善日　休殯好好時　生死□……□

月月善明月　年年大好年　讀■□……□

尒〔爾〕時眾中　七万〔萬〕七千人　聞佛□……□

耶（邪）歸正得佛法分　永斷〔13〕疑□……□

耨多羅三藐〔14〕三菩提心〔15〕

無礙菩薩復白佛言世尊□□□□□□□

媾〔16〕為親先問相宜〔宜〕復取吉日〔17〕□□□□□

後富〔富〕貴偕老者少貧窮〔18〕□□□□□□

耶（邪）如何而有差〔19〕別唯願世□□□□□佛言

善男子汝等諦聽〔20〕當為汝□……□

陰日陽水陰火陽男陰女陽〔21〕□……□

木生焉〔22〕日月交通〔23〕四時八節□……□

一切万〔萬〕物熟焉男女允諧

〔後缺〕

校記

〔1〕本卷作「善男子生時」，P.2181、S.4360、S.1979、北 7611 作「復次。善男子！生時讀此經三遍」。《大正藏》本作「產生讀此經三遍」，其校勘記云：「生，《大日本續藏經》本無。」

〔2〕聰（聰），聰。《干祿字書》：「聰、聰、聰，上中通下正。」〔註 382〕

〔3〕福，福。《敦煌俗字譜》「福」下錄此形。〔註 383〕

〔4〕本卷作「讀三遍」，P.4571、S.1979 同，S.4360、P.2181、北 7611、《大正藏》本作「讀此經三遍」。

〔5〕本卷作「一無妨害善□……□」，P.2181 作「一無妨害得無量福」，S.4360、S.1979、P.4571、北 7611、《大正藏》本作「一無妨害得福無量」。

〔6〕本卷作「月月好月年年好年」，S.4360、S.1979、P.2181、P.4571、北 7611 同，《大正藏》本作「月月大好月，年年大好年」其校勘記云：「大，《大日本續藏經》本無。」

〔7〕延，延。《干祿字書》云：「延、延，上通下正。」「建、建，上通下正。」「迕、延，上通下正。」〔註 384〕《敦煌俗字譜》「延」下錄此形，〔註 385〕此皆「夂」「辶」二旁混用所致俗寫。

〔8〕愛，愛。《宋元以來俗字譜》中「愛」之俗寫皆無心，如《三國志平話》《太平樂府》等作愛，而本卷書寫餘未變，唯心下「夂」減筆而書。《敦煌俗字譜》錄有此形「愛」。〔註 386〕

本卷作「之愛樂、鬼神愛樂」，S.4360、P.2181、P.4571、北 7611 同作「人之愛樂、鬼神愛樂」，《大正藏》本作「諸人愛樂、鬼神愛樂」。

〔9〕本卷作「讀經」，S.4360、P.2181、P.4571、北 7611、《大正藏》本作「讀此經」。

〔10〕本卷作「墓田」，S.4360、P.2181、P.4571、北 7611 同，《大正藏》本作「墓內」，其校勘記云：「內，《大日本續藏經》本作『田』。」漢人好堪輿，相土嘗水，以判地之吉凶，「《葬書》云：富貴館品，皆由安葬所致；年命延促，亦曰墳壠所招。」〔註 387〕如是而論，「安置墓田永無災障」為確。

〔註 382〕《干祿字書》，第 13 頁。

〔註 383〕《敦煌俗字譜》，第 222 頁。

〔註 384〕《干祿字書》，第 25、51、56 頁。

〔註 385〕《敦煌俗字譜》，第 90 頁。

〔註 386〕《敦煌俗字譜》，第 109 頁。

〔註 387〕《舊唐書》卷七十九〈列傳第二十九·呂才傳〉，北京：中華書局，2000 年，

〔11〕，義。《敦煌俗字譜》「義」下錄此形。〔註388〕

〔12〕本卷作「榮生」，S.4360、《大正藏》本作「營生」，P.2181、P.4571、北7611作「勞生」。

〔13〕（斷），斷。「斲」見於《金石文字辨異·翰韻·斷字》引〈唐圭峰碑〉。《干祿字書》云：「断、斷、斷，上俗、中通、下正。」〔註389〕斷，《說文》謂之「从斤从𢇍」，「斷」「斲」皆當「𢇍」省所成。

〔14〕（貊），藐。「貊」見於《碑別字新編·藐字》引〈魏穆紹墓誌〉、《敦煌俗字譜》〔註390〕。《干祿字書》云：「狸、貍，上通下正。」「狢、貉，上通下正。〔註391〕如是可知，「豸」旁省作「犭」以為之俗寫。「狼」作「貌」之俗體（《偏類碑別字·豸部·貌字》引〈魏王偃墓誌〉），此字形承隸變所成，如「」〔註392〕。「貊」為「藐」之俗寫。

〔15〕本卷作「菩提心」，《大正藏》本同，然其校勘記云：「心，S.0127本無。」P.2181、P.4571、北7611無「心」。

〔16〕，媾。《正字略》云：「作，非。」〔註393〕「講」「媾」，皆以「冓」作聲旁，故本卷所書字形亦可謂作「媾」之俗寫。

〔17〕本卷作「復取吉日」，北7611同，S.0127作「復」P.2181、《大正藏》本作「後取吉日」，其校勘記云：「後，S.0127作『復』。」

〔18〕本卷作「少貧窮」，北7611、《大正藏》本同，P.2181、S.0127作「少貧寒」。

〔19〕，差。《干祿字書》云：「、差，上俗下正。」〔註394〕

〔20〕（聽），聽。《干祿字書》云：「聴、聽，上通下正。」〔註395〕

第1841頁。

《舊唐書·呂才傳》列有七過，如「野俗無識，皆信葬書，巫者詐其吉凶。愚人因而僥倖。遂使擗踴之際，擇地二希官位；苫塊之秋，選葬時以規財祿。」（《舊唐書·呂才傳》，第1842頁）

〔註388〕《敦煌俗字譜》，第252頁。
〔註389〕《干祿字書》，第39頁。
〔註390〕《敦煌俗字譜》，第283頁。
〔註391〕《干祿字書》，第17、64頁。
〔註392〕〔貌〕書法字典_貌字書法寫法_貌書法作品欣賞_國學大師 http://www.sfds.cn/8C8C/。
〔註393〕《正字略》，第333頁。
〔註394〕《干祿字書》，第16頁。
〔註395〕《干祿字書》，第56頁。

〔21〕▨（陰），陰。《干祿字書》：「陰、陰，上通下正。」〔註396〕

　　　▨，男。《敦煌俗字譜》「男」下錄此形。〔註397〕

　　　本卷作「□……□陰日陽、水陰火陽、男陰女陽」。P.2181、北7611作「天陰地陽、月陰日陽、水陰火陽、男陰女陽」，P.4571作「天陽地陽、月陰日陽、水陰火陽、男陽天地氣合」，S.0127亦作「男陰女陽」，《大正藏》本作「天陽地陰、月陰日陽、水陰火陽、女陰男陽」，其校勘記云：「天陽地陰。『陽』，S.0127作『陰』；『陰』，S.0127作『陽』。」「女陰男陽，S.0127作『男陰女陽』。」

〔22〕▨，焉。「焉」，此形見於《敦煌俗字典》。〔註398〕

〔23〕本卷作「日月交通」，《大正藏》本同，S.0127、P.4571、P.2181、北7611作「日月交運」。

　　Or.12380-3921.2（K.K.）、Or.12380-3921.3（K.K.）、Or.12380-3921.4（K.K.）、Or.12380-3921.5（K.K.）、Or.12380-3921.6（K.K.）〔註399〕原題名作「佛經」，經與《天地八陽神咒經》經文比對，實屬於漢文《佛說天地八陽神咒經》，故重定名作「《佛說天地八陽神咒經》殘片」。

　　《佛說天地八陽神咒經》與西晉・竺法護譯《佛說八陽神咒經》易相混，古人列《佛說天地八陽神咒經》於疑偽經中，《貞元錄》稱：「與正經中八陽神咒義理全異，此說陰陽吉凶禳災除禍法」，〔註400〕《北山錄》則云：「然有乖乎此者，則不為吾教也。其有蕪累凡淺，如七佛神咒、普賢證明、法華度量、天地八陽、延壽命等經。乖於眾典，失聖言之體，存乎疑偽。」〔註401〕故古代藏經皆未收錄，唯近代印刷本大藏經收錄此經，如《大正藏・疑似部》、《佛教大藏經・密教部》、《新纂卍續藏・印度撰述部》。本經除漢文本之外，另有回鶻文、藏文、西夏文等譯本。

〔註396〕《干祿字書》，第32頁。

〔註397〕《敦煌俗字譜》，第205頁。

〔註398〕《敦煌俗字典》（第二版），上海：上海教育出版社，2019年，第918頁。

〔註399〕如上校勘所用敦煌抄本，收錄於《敦煌寶藏》，S.0127（第1冊，第646～647頁）、S.1979（第15冊，第93～94頁）、S.4360（第35冊，第498頁）、S.5673（第44冊，第305～310頁）、P.2181（第116冊，第332～335頁）、P.4571（第133冊，第510～511頁）、北7611（第107冊，第91～94頁）。

〔註400〕〔唐〕圓照：《貞元新定釋教目錄》卷二十八〈別錄中偽妄亂真錄第七〉，《大正藏》第55冊，第1017頁上。

〔註401〕〔唐〕神清：《北山錄》卷二〈法籍興第三〉，《大正藏》第52冊，第582頁下。

依經文先後，將此五號所存文句與《佛說天地八陽神咒經》（《大正藏》本）對應如下：

序號	收藏號	對應經文	起止頁碼
1	Or.12380-3921.2（K.K.）	即得解脱諸罪之難出於苦海…… 佛告無礙菩薩 若有眾生多於婬欲……廚舍密屋	第 1422 頁下 14〜18 第 1422 頁下 23〜29
2	Or.12380-3921.3（K.K.）	富貴吉昌不求自得……無所得法	第 1423 頁上 6〜27
3	Or.12380-3921.4（K.K.）	復次，無礙菩薩！……無始已來轉讀不盡之毫毛。	第 1423 頁上 29〜中 20
4	Or.12380-3921.5（K.K.）	唯識心，見性者之所能知……背日月之光明沒闇室，違正道之廣路	第 1423 頁中 20〜下 16
5	Or.12380-3921.6（K.K.）	恒尋邪徑顛倒之甚也……一切萬物熟焉；男女允諧，子孫興焉。	第 1423 頁下 16〜第 1424 頁上 14

29. Or.12380-3921.5V（K.K.）佛經（第 5 冊，第 347 頁）

［前缺］

□……□摩訶卷起經

□……□五度說語語

□……□小西年都■營

□……□是言■免

□……□當得眼■爭

□……□■食各自爭

□……□■■■■■

□……□时［時］悥（德）〔1〕宝［寶］懷曾名

□……□■如來造■■坑（坑）〔2〕

□……□言談誰肯聽

□……□■大（火）〔3〕都包明

□……□傻羅說你名

□……□落運莫■程

□……□逢是畜生

□……□如狗港沒人情

□……□■相■■出名

□……□懺入大深■

□……□■■那不行

□……□父爭命敬■嬰

〔後缺〕

校記

〔1〕意（意），德。《字彙補‧心部》：「意，丁側切，音德，義同。」〔註402〕

〔2〕坑，疑當作「坑」。《龍龕手鏡‧土部》：「坑、城，地名，二同。」又，《正字通‧土部》：「坑，坑字之譌。」於文意而論，似作「坑」地名難解。

〔3〕大，抄本所書與「或」形近，不易斷定何字。

〔前缺〕

□……□僧家■■□……□

□……□在■〔1〕客■〔2〕□……□

□……□消夜人宿□……□

□……□剃頭不■□……□

□……□法元休■□……□

□……□觀你相■□……□

□……□人傳哘（聲）〔3〕價□……□

□……□今日相逢□……□

〔後缺〕

校記

〔1〕存口旁，聲旁存下部「土」。

〔2〕宀旁可辨，其下殘缺難識。

〔3〕哘，聲也。《字匯補‧口部》：「哘，音聲，音也。」〔註403〕「哘」「聲」，二字音義同，且「傳聲」是，故此當作「聲」為妥。

30. Or.12380-3921.6V（K.K.）佛經（第5冊，第348頁）

□……□家問■■■

□……□又面上惹■

□……□■衣昨〔1〕事修行

〔註402〕〔清〕吳任臣撰：《字彙補》，《續修四庫全書》第233冊，上海：上海古籍出版社，2002年，第528頁。

〔註403〕《字匯補》，《續修四庫全書》第223冊，第483頁。

　　□……□當欣事怎生

　　□……□■■語沒人情

　　□……□即別■■（愽發）无［無］明〔2〕

　　□……□你身驅（軀）〔3〕事怎

　　□……□返復要人輕

　　□……□所宅言不輕

　　□……□傷風惹你情

　　□……□來卻［卻］〔4〕是乞兒精

　　□……□等青天噤不平

　　□……□道捻多不作哮（聲）〔5〕

　　□……□排酒肉請石瓶

　　□……□當心物噤分明

　　□……□代胡言乱［亂］作哮（聲）〔6〕

　　□……□如來三宝［寶］■■

校記

〔1〕，原卷字跡模糊，或形近「胙」，通膌。〔註404〕《廣韻·暮韻》:「胙,從母（MC.* dz）,合口,一等,昨誤切。」《廣韻·暮韻》:「作,精母（MC.* ts）,合口,一等,臧祚切。」精、從二母皆為齒頭音,精母為清音,從母原為濁音,在元代北方方言發生濁音清化現象。又,西夏國地處北方,李範文先生稱:「從漢文注音上看,西夏語的從母是不吐氣的。《掌中珠》的作者在這裡沒有用一個清母（tsh-）字來注音,幾乎全用精母（ts-）,即是最好的佐證。」〔註405〕如是而論,二字聲母皆可作 [ts]。又,「胙」「作」二字皆為暮韻、合口、一等。如上所述,疑因西夏境內「胙」聲母濁音清化,且「胙」「作」韻、調相同,故「胙」「作」二字同音而借用。又,「衣」「依」,二字音同,《廣韻·微韻》皆作於希切。如是原卷「衣胙事修行」,即「依作事修行」,可解。

〔2〕，別也。疑為下字「愽」之心旁類化所致俗寫。原卷別下五字,其中三字為墨蹟所塗染,其僅見「月」「犭」二部首,餘二字「厶分」,墨漬右側另書四字,■■,形近「愽發」,《字彙補·心部》:「愽,與專同。」〔註406〕如此「愽發」,

---

〔註404〕《龍龕手鑒新編》,第 717 頁。

〔註405〕《宋代西北方音:〈番漢合時掌中珠〉對音研究》,第 134 頁。

〔註406〕《字彙補》,《續修四庫全書》第 223 冊,第 531 頁。

即「專發」。另二字為「無明」。如是本句應作「即別專發無明」。

〔3〕軀,當作「軀」也。身軀,無解。「軀」「軀」,二字音同而訛,《廣韻‧虞韻》皆作豈俱切。

〔4〕卻,卻。《正字略》:「卻,俗,作卻、卻,非。俗作郤。」〔註407〕

〔5〕〔6〕哮,聲也。《字匯補‧口部》:「哮,音聲,音也。」〔註408〕「哮」「聲」,二字音義同,且「傳聲」是,故此當作「聲」為妥。

〔前缺〕

□……□■■懷了■

□……□口衷言談

□……□瞎馿〔馿〕〔1〕撞入大

〔後缺〕

校記

〔1〕馿,驢之俗寫。〔註409〕

　　3921.5V、3921.6V,原題「佛經」,然並無佛教典籍可與之比對,而從書法而論,此二件與 3921.4V,應為一人所書,且三件皆書於同一寫卷背面。3921.4V 題作「講唱文」,佛教講唱文,屬於講唱文學的一種形式,其乃僧侶針對普通民眾弘傳佛教俗講所用底本。3921.4V 所存文句,「■■■新月花事破觀風□……□／酒■■額盃賓客特坡□……□／本■■■　雅■■勞神久□……□／□□□」,雖一時無法與 3921.5V、3921.6V 貫讀,然 3921.5V、3921.6V 殘文中所存「摩訶卷起經」「僧家」「如來三寶」,表明與佛教相關,且其用語直白,且口語化,故宜定名作「講唱文」。

第三節　俄藏黑水城漢文佛教文獻定名

一、《俄藏黑水城文獻》中漢文佛教文獻定名

1. TK61 大方廣佛華嚴經入不思議解脫境界普賢行願品（第 2 冊,第 65 頁）

華嚴感通靈應傳記

〔註407〕《正字略》,第 317 頁。
〔註408〕《字匯補》,《續修四庫全書》第 223 冊,第 483 頁。
〔註409〕《宋元以來俗字譜》,第 109 頁。

尔乃十種受持（經云十種者一受持二讀三誦四解說五書寫六施他七聽聞八正

開演九思惟十修習）誦一偈破鐵城之極苦（垂拱三年賢安坊中有郭神亮死經

十日卻穌云有一使者追至真司引送地獄忽見一僧云我欲救汝獄之苦教念一偈云　若人

欲了知　三世

一切佛　應觀法界性　一切惟心造　當誦之時受罪者數千万人皆得離苦此乃華嚴經十

行品中偈文）天

帝請講（垂拱三年西域有實意三藏常講華嚴經忽有二人於大眾中礼三藏曰弟子從忉利天）

帝釋使來請法師天上講華嚴經法師當時與都講維那等扵高座上一時遷化）縿［縵］〔1〕

觀奧亯［旨］〔2〕

知思議之難窮（龍樹祖師於龍宮見此華嚴經稱是不思議之典上本中本非世傳持惟

誦得下本有十万［萬］偈頌因此傳持於世間）乍聽靈文弘小典而何及（西域

無着［著］菩薩弟天親初業小乘因聞華嚴大教方獲信悟深［深］敬華嚴一乘是諸佛境界

遂捨小乘深［深］自悔咎欲以

利刀斷舌無着誠之曰向以汝口激揚權教令還以汝舌讚美真乘自滅深［深］累何斷舌為天

親於是入山造華

嚴十地論等）上聖同推下類難知（經云此經十方諸佛同說同讚海會菩薩俱來

證明一切聲聞緣覺不聞此經何況受持）以少方便功越僧祇（經云以少方便疾得

菩提又云若菩薩億那由他劫行六波羅蜜不聞此經雖聞不信是等猶為假名菩薩）但聞其名

不墮修羅之四趣（傳云聞大方廣佛華嚴經經題七字者決定不墮修羅餓鬼地獄畜生

等四趣何況受持）法界圓宗真如牓樣（華嚴是一乘圓教乃成佛之宗得道

之本）昇天而能退強敵（聖歷年中于闐國有沙弥［彌］名弥［彌］伽專誦華嚴天帝請

迎乃曰

每被修羅見擾故屈師表師受持華嚴經諸天護持請為誦經以穰彼敵遂登華座誦華嚴經修

羅軍眾覩此威神

（行十三）

即便退軔）修禪智慧真通九會之中（顯慶年中九隴山有一尼師志

精佛乘華嚴秘藏入山受持十餘載礼［禮］誦無替依教修行性定心寂遂證慧眼得因〔3〕陁

羅　網境界十方世界

微塵剎海九會道場了了明見如鏡中像焉）此典幽玄不可妄傳（經云此經

不落一切餘眾生手唯除諸大菩薩種佛善根者）水洗持華嚴人之手諸

類承著命盡生天（揔章元年西域有梵僧來至京洛見僧看華嚴經乃曰此土亦

有此不思議典西域傳記中說有人轉華嚴經以洗手水滴着一蟻子命殄〔終〕〔4〕生忉利天何況受持）非

大非小塵塵諦了（此華嚴經是不思議之典非情量所拘說大說小經云十方諸

佛於一微塵中常轉如是無盡法輪無有間斷）金光孕於口中（上元年中洛州敬受寺有

僧婦〔歸〕〔5〕洛州觀友路投店宿与〔與〕一僧同宿見此僧問主人索酒肉噉之其敬受寺僧怒而呵之續見其僧緩發梵音誦華嚴經口角兩〔6〕邊俱放光明狀若金色誦至五峽已上真光漸收卻入僧口　又禪師修德專業華

嚴書寫此經開函〔7〕之時金光遠照徹百餘里）紅蓮生於舌表（如意元年漳州有尼戒行

精苦常誦華嚴忽然坐化三年墳上生紅蓮五莖因〔8〕發墳破棺見從舌上而生光彩鮮艷）

大夏乾祐二十年歲次己酉〔9〕三月十五日

正宮　皇后羅氏謹施

校記

〔1〕縗，纔也。「縗」為「纔」之俗寫。元至治本《三國志平話》、元刊本《太平樂府》等皆可見之。〔註410〕

〔2〕盲，旨。《新加九經字樣》謂之「隸省」。〔註411〕

〔3〕因，原字模糊難辨，參 TK64，應作「因」。

〔4〕殄，終也。「殄」，《敦煌俗字譜》收錄之。〔註412〕「糸 」寫作「歹」，疑似草書楷化之使然。〔註413〕

〔5〕婦，歸也。《正字略》云：「籀文作婦，今亦不用。」〔註414〕

〔6〕肋、兩，原字模糊，致二字難辨，參 TK64，應作「兩」。

〔7〕■函，■形近開，TK69、TK72 作「開函」。TK72「函」為其俗寫。

〔8〕因，僅存口，內部構件無法識別，參 TK64，應作「因」。

〔9〕己，原字無法識別，然乾祐二十年（1189）之干支紀年為己酉，故據此補入「己」。

2. TK64 原題作「大方廣佛華嚴經入不思議解脫境界普賢行願品」（第2 冊，第 76 頁）

按：內容同 TK61，版式同，然字體略有差別，缺尾題施經人、紀年。

〔註410〕《宋元以來俗字譜》，第 81 頁。
〔註411〕《新加九經字樣》（早稻田大學藏本），二六。另參《隸辨》，第 340 頁。
〔註412〕《敦煌俗字譜》，第 239 頁。
〔註413〕冷，《草書大字典》中冊，第 1014 頁。
〔註414〕《正字略》，第 333 頁。

3. TK65 大方廣佛華嚴經入不思議解脫境界普賢行願品（第 2 冊，第 86～87 頁）

按：首題至「生忉利天何況受持）非」，後殘，缺二葉。

4. TK69 大方廣佛華嚴經入不思議解脫境界普賢行願品（第 2 冊，第 90 頁）

按：（7-6）、（7-7）各二葉，內容皆為「大非小塵塵諦了」至尾題。

5. TK72 大方廣佛華嚴經入不思議解脫境界普賢行願品（第 2 冊，第 106～107 頁）

按：此件與 TK61、TK64、TK69 非同版，「繞」，如上三號皆為俗字 **繞**。尾題殘損，餘皆有破損。紀年不同，此件為「大夏王■■己十三年」。

6. TK161 大方廣佛華嚴經入不思議解脫境界普賢行願品（第 4 冊，第 23 頁）

按：存二葉，內容為首題至「讚海會菩薩俱來」，後缺。

《華嚴感通靈應傳記》，凡五葉，每葉六行，行十八字，其附於《大方廣佛華嚴經入不思議解脫境界普賢行願品》卷末。本件寫本完整，個別字因墨漬泛化，略難辨識。以寫本之題名作為定名之依據，故定名作「1.大方廣佛華嚴經入不思議解脫境界普賢行願品 2.華嚴感通靈應傳記」。

TK64、TK65、TK69、TK72、TK161 情況皆同 TK61，故此五號一併改定名作「1. 大方廣佛華嚴經入不思議解脫境界普賢行願品 2. 華嚴感通靈應傳記」。

《俄藏黑水城文獻・敘錄》在 TK61、TK64、TK65、TK69、TK72、TK161 條目下雖述及《華嚴感通靈應傳記》，然於《分類目錄・佛教》中卻在《華嚴感通靈應傳記》下僅收錄 TK71V，餘皆失收。〔註 415〕TK61、TK65、TK161 三件，版式、字形較為接近，且結體疏朗，書風近顏魯公。另，TK61、TK65、TK161 三件「華嚴感通靈應傳記」首題與「大方廣佛華嚴經卷終 太原崇福寺沙門澄觀校勘詳定譯」相承；TK72「華嚴感通靈應傳記」首題與「大方廣佛華嚴經普賢行願品」相承；TK64 自「諸菩薩摩訶薩眾大致舍□□□□□鍵連」下缺一折葉經文，「華嚴感通靈應傳記」首題與之相承。

〔註 415〕雖《敘錄》中此六號所存《華嚴感通靈應記》情況，略有述及，然《敘錄》與《分類目錄》並未統一處理，且無錄文，為完整呈現此六號之《華嚴感通靈應記》情況，故筆者依全本（TK61）予以校錄，以便研究者利用。

　　《華嚴感通靈應傳記》尾題記有「大夏乾祐二十年（1189）歲次己酉三月十五日　正宮　皇后羅氏謹施」，是施印時間和施印人姓氏。章獻欽慈皇后羅氏乃漢人，仁孝之妻，乾道三年（1167）三月立為后，純佑之母。〔註416〕乾祐二十年的施經活動主要是與仁宗登基五十年，六十六歲壽慶及仁孝父母過世紀念有關。〔註417〕

　　又，《華嚴感通靈應傳記》中，感應事蹟為唐高宗（顯慶、總章、上元）、武周（垂拱、如意、聖曆）時期。其中于闐國沙彌彌伽（般若彌伽）於澄觀《華嚴經隨疏演義鈔》及其他華嚴感應傳記可見之。《華嚴經》感應事蹟，亦可見諸於唐法藏《華嚴經傳記》、明袾宏《華嚴經感應略記》、清周克復《華嚴感應緣起傳》、清紀蔭《華嚴經持驗記》。

7. TK64V 金剛經等（第 2 冊，第 77 頁）

　　〔前缺〕

三寸舌頭明■百千日月便能■■■〔1〕斷［斷］機□……□

■一■□……□

　　〔後缺〕

校記

〔1〕■■■，皆左部構件缺失，參《真州長蘆了和尚外劫外錄》，可補入「截紋彩」。

　　《真歇清了禪師語錄》（真州長蘆了和尚外劫外錄）：

　　示眾云：「平白地構得徹底人，直截向裏許擔荷。放得停穩，養得純熟。坐卻三寸舌頭，明如百千日月。便能截紋彩，斷機絲。一物不為，萬緣冥應。成現密密，妙露堂堂。只麼如今無能無伎倆。」（《卍續藏》第 124 冊，第 629 頁上）〔註418〕

　　經與《真歇清了禪師語錄》（真州長蘆了和尚外劫外錄）比對，殘文可與之相合，另，原卷存二片《金剛經》殘片，故重定名作「1. 金剛經，2. 真州

〔註416〕《宋史》卷四百八十六〈夏國傳下〉，第 10830 頁；〔清〕吳廣成撰，龔世俊等校證：《西夏書事校注》卷三十七，蘭州：甘肅文化出版社，1995 年，第 433 頁。

〔註417〕崔紅芬、王傑敏：《羅皇后與純佑帝被廢關係考略》，《黃河科技大學學報》2013 年 9 月，第 88 頁；史金波：《西夏佛教史略》，銀川：寧夏人民出版社，1988 年，第 40 頁。

〔註418〕參見〔宋〕正受《嘉泰普燈錄》卷九〈真州長蘆真歇清了禪師傳〉（《卍續藏》第 137 冊，第 150 頁上。）

長蘆了和尚外劫外錄殘片」。〔註419〕

8. TK142.1 大方廣佛華嚴經入不思議解脫境界普賢行願品（第3冊，第217〜219頁）

本件原為經摺裝，由唐澄觀《大方廣佛華嚴經普賢行願品疏序》、《大方廣佛華嚴經入不思議解脫境界普賢行願品》、《四分律七佛略說戒偈》、《大乘起信論立義分》，及施印題記五部份組成。卷首為唐澄觀《大方廣佛華嚴經普賢行願品疏序》，其後為原題 TK142.1《大方廣佛華嚴經入不思議解脫境界普賢行願品》。《敘錄》中雖提及《大方廣佛華嚴經普賢行願品疏序》，然未將此列入題名。

「大方廣佛華嚴經普賢行願品疏序」下錄「太原府崇福寺沙門　澄觀奉詔述」，此序文為澄觀所著《華嚴經行願品》之序，惟二者個別文字略有不同。〔註420〕又，般若譯本《大方廣佛華嚴經》無此內容，故定名須分列為宜，今據此重定名作 TK142.1「大方廣佛華嚴經普賢行願品疏序」，TK142.2「大方廣佛華嚴經入不思議解脫境界普賢行願品」。

9. TK161V 金剛經等（第4冊，第24〜27頁）

（8-2）

［前缺］

大地鋪祥長空布瑞正恁麼時借位□……□

［後缺］

《真歇清了禪師語錄》（真州長蘆了和尚外劫外錄）卷一：

大地鋪祥。長空布瑞。正恁麼時。借位<u>誕生一句作麼生相委</u>。（《卍續藏》第124冊，第623頁上）

〔註419〕孟列夫、蔣維崧、白濱：《敘錄》於 TK64V 下，稱：「背摺縫處黏裱《金剛經》等字條」。（俄黑6，第8頁）

〔註420〕本件所存序文具有一定的校勘價值，可正《卍續藏》本《大方廣佛華嚴經疏・序》（第7冊，第471頁上）之文字，如《卍續藏》本「實乃聲諸佛之靈府」，聲，TK142.1作罄，即磬，又通罄。《卍續藏》本「西天輪越海之誠」，輪，TK142.1作輪，輪越；《卍續藏》本「光闡大献增輝新理」，献，TK142.1作猷，大猷，且《華嚴經行願品疏鈔》、《隆興編年通論》所引序文亦可為證。又，序文後另記般若譯本《華經》之翻譯時間、參與人員的情況梗概。詳情可見於般若譯《大方廣佛華嚴經》卷四十〈入不思議解脫境界普賢行願品〉卷末和唐圓照《貞元新定釋教目錄》卷十七之「大方廣佛花嚴經一部四十卷」條目下。

經與《真歇清了禪師語錄》比對，殘文與之相合，故定名作「《真歇清了禪師語錄》（真州長蘆了和尚外劫外錄）殘片」。

（8-6）

〔前缺〕

宋三十一人

陸探微　　子綏　　弘〔引〕〔1〕蕭　顧寶先□……□

〔後缺〕

校記

〔1〕弘，引之俗寫。〔註421〕

陸探微、子綏、引蕭、顧寶先，皆為南朝宋畫家，四人畫評可見於《歷代名畫記》卷六，〔註422〕然現存版本卷六僅載二十八人，非三十一人，是否清點名錄失誤所致，或此為《歷代名畫記》另一種傳抄本。又，引蕭，書中作弘蕭，應為傳抄所致訛誤。本件僅在人名，無畫評，是否為書之目錄，故重定名作「《歷代名畫記》目錄殘片」。

（8-7）

〔前缺〕

堂堂祗麼祗〔1〕如今无能无伎倆若猛□……□

〔後缺〕

校記

〔1〕祗，比定《卍續藏》本《真歇清了禪師語錄》，疑為衍文。

《真歇清了禪師語錄》卷一：

萬緣冥應。成現密密。妙露堂堂。只麼如今無能無伎倆。若猛著精彩。歷劫來路子。（《卍續藏》第124冊，第629頁上）

經與《真歇清了禪師語錄》比對，殘文與之相合，故定名作「《真歇清了禪師語錄》殘片」。

TK161V殘片原為修補經卷之紙條，（8-1）、（8-2）、（8-3）、（8-4）、（8-5）、

〔註421〕《敦煌俗字譜》，第90頁。
〔註422〕〔唐〕張彥遠撰：《歷代名畫記》卷六，杭州：浙江人民美術出版社，2011年，第101～103頁。

（8-8），皆有《金剛經》經文殘句；（8-2）、（8-7）各有《真歇清了禪師語錄》殘句；（8-2）（8-3），另各有一小片，文字過小，不易辨清，然所見「□……□恪時酒力方同袁□……□」，似非佛教文獻；（8-6）亦非佛教文獻。故本件題名重定名作「《金剛般若波羅蜜經》殘片、《真歇清了禪師語錄》（真州長蘆了和尚外劫外錄）殘片、《歷代名畫記》目錄殘片、漢文文獻殘片」。

又，《俄藏黑水城文獻·敘錄》TK161V 條目下，雖《真歇清了禪師語錄》殘片、《歷代名畫記》目錄殘片文句之錄文，但未說明文獻出處。〔註423〕

10. TK178V 佛經（第 4 冊，第 128～130 頁）

（5-1）

［前缺］

□……□來者菩是□……□

［後缺］

［前缺］

□……□肯重來得十□……□

［後缺］

於佛教文獻中暫未檢得相似文獻，故擬定名作「漢文文獻殘片」。

（5-2）

［前缺］

妙行無□……□

復次（須菩提）〔1〕□……□

［後缺］

校記

〔1〕字之左部皆缺失，據殘存構件，並比對經文後補入。

《梁朝傅大士頌金剛經》：

妙行無<u>住</u>分第四

復次須菩提。<u>於法應無所住</u>。（《大正藏》第 85 冊，第 1 頁下）

經與《梁朝傅大士頌金剛經》比對，殘文與之相合，故重定名作「《梁朝傅大士頌金剛經》殘片」。

〔註423〕《俄藏黑水城文獻·敘錄》，第 20 頁。

（5-3）

〔前缺〕

須菩提於意云何是□……□

尊是人不解如來□……□

□□□生見壽者□……□

□□□□□見□……□

〔後缺〕

《金剛般若波羅蜜經》：

須菩提！若人言：「佛說我見、人見、眾生見、壽者見。」須菩提！於意云何？是人解我所說義不？

世尊！是人不解如來所說義。何以故？世尊說我見、人見、眾生見、壽者見，即非我見、人見、眾生見、壽者見，是名我見、人見、眾生見、壽者見。（《大正藏》第8冊，第752頁中）

經與《金剛般若波羅蜜經》比對，殘文與之相合，故重定名作「《金剛般若波羅蜜經》殘片」。另有三片西夏文佛經，疑似《佛名經》。

TK178V殘片原為修補經卷之紙條，（5-1）暫無法文獻屬性，（5-2）為「《梁朝傅大士頌金剛經》殘片」，（5-3）為「《金剛般若波羅蜜經》殘片」，（5-4）有二件西夏文佛經殘片，（5-5）有一件西夏文佛經殘片。故本件題名重定名作「《金剛般若波羅蜜經》殘片、《梁朝傅大士頌金剛經》殘片、西夏文佛教文獻殘片、漢文文獻殘片」。

又，《俄藏黑水城文獻‧敘錄》TK178V條目下，僅述「背以漢文、西夏文佛經字條裱補摺縫處」。〔註424〕

11. TK275V 佛經（第4冊，第366頁）

〔前缺〕

□……□說不可說佛□……□

□……□不可說佛剎微□……□

□……□說佛剎微塵〔1〕□……□

□……□■■（等有）多〔2〕

〔後缺〕

〔註424〕《俄藏黑水城文獻‧敘錄》，第23頁。

校記

〔1〕原卷「說佛剎」，此三字左部構件缺損；塵之「土」缺失。

〔2〕此三字原倒置於殘片首行「說不可說佛」之上，現依於經文順序錄之。

實叉難陀譯《大方廣佛華嚴經》卷四十七〈佛不思議法品〉：

佛子！一切諸佛能於一身化現不可說不可說佛剎微塵數頭，一一頭化現不可說不可說佛剎微塵數舌，一一舌化出不可說不可說佛剎微塵數差別音聲──法界眾生靡不皆聞，一一音聲演不可說不可說佛剎微塵數修多羅藏，一一修多羅藏演不可說不可說佛剎微塵數法，一一法有不可說不可說佛剎微塵數文字句義；（《大正藏》第10冊，第249頁中）

法藏《華嚴經探玄記》卷一：

一一毛端處於念念中。化不可說不可說佛剎微塵等身。乃至盡未來際劫。一一化佛身有不可說不可說佛剎微塵等頭。一一頭有不可說不可說佛剎微塵等舌。一一舌出不可說不可說佛剎微塵等音聲。一一音聲說不可說不可說佛剎微塵等修多羅。（《大正藏》第35冊，第107頁下。）

法藏《華嚴經旨歸‧辯經教第六》卷一：

於念念中。化不可說不可說佛剎微塵等身。乃至盡未來際劫。一一化佛身有不可說不可說佛剎微塵等頭。一一頭有不可說不可說佛剎微塵等舌。一一舌出不可說不可說佛剎微塵等音聲。一一音聲說不可說不可說佛剎微塵等修多羅。一一修多羅。說不可說不可說佛剎微塵等法。（《大正藏》第45冊，第593頁上）

道世《法苑珠林‧通變部第二》卷三十二：

一一毛端處。於念念中化不可說不可說佛剎微塵等身。乃至盡未來際劫。一一化佛身有不可說不可說佛剎微塵等頭。一一頭有不可說不可說佛剎微塵等舌。一一舌出不可說不可說佛剎微塵等音聲。一一音聲說不可說不可說佛剎微塵等修多羅。一一修多羅說不可說不可說。（《大正藏》第53冊，第528頁上）

澄觀《大方廣佛華嚴經疏鈔會本》卷四十七：

佛子一切諸佛能於一身化現不可說不可說佛剎微塵數頭一一頭化現不可說不可說佛剎微塵數舌一一舌化出不可說不可說佛剎微塵數差別音聲法界眾生靡不皆聞一一音聲演不可說不可說佛剎微塵數修多羅藏一一修多羅藏演不

可說不可說佛剎微塵數法。(《龍藏》第132冊，第753頁上)

　　由於抄本殘缺嚴重，所存部分與《大方廣佛華嚴經‧佛不思議法品》、法藏《華嚴經探玄記》、法藏《華嚴經旨歸‧辯經教第六》、澄觀《大方廣佛華嚴經疏鈔會本》、道世《法苑珠林‧通變部第二》相應文句皆可相合。然，因無其他旁證，無法確知究竟屬於華嚴經、華嚴經疏，或為其他文本，暫僅以經經勘定為宜，故擬定作「《華嚴經‧佛不思議法品》殘片」。〔註425〕

　　12. TK295 殘片（第4冊，第383頁）

　　（3-2）

　　〔前缺〕

　　□……□須菩提□……□

　　〔後缺〕

　　（3-2）共三片，二片為漢文社會文獻殘片，一片存有「須菩提」三字，佛教文獻多見須菩提長老之名，然文句缺失嚴重，無法與佛典比定，另，(3-1)、(3-3) 七片皆為漢文社會文獻殘片，故定名作「漢文社會文獻殘片、漢文佛教文獻殘片」。

　　又，《俄藏黑水城文獻‧敘錄》TK295 條目下，雖有錄文，但未重定名。〔註426〕

　　13. TK296 佛說佛名經等（第4冊，第384頁）

　　〔前缺〕

南無□□　　　□　南無釋迦牟尼〔1〕□

南無勇施　　　佛　南無清淨□

南無清淨施〔2〕　佛　南無娑留那□

南無水天　　　佛　□□□□□

　　〔後缺〕

校記

〔1〕原卷僅存「尼」上部，據前文補入。

〔2〕施，《大正藏》校勘記：「施，元延祐三年刊本作『光』。」

〔註425〕孟列夫、蔣維崧、白濱：《敘錄》於 TK275V 下，稱：「背疊黏數紙寫經。楷書，墨色中，寫向相反。有『說不可說佛』等字」。(俄黑6，第33頁)

〔註426〕《俄藏黑水城文獻‧敘錄》，第35頁。

［前缺］

□……□從今以□……□當□……□

□……□無邊現前一切眾〔1〕□……□起大慈悲

□……□際眾生若有三塗重罪若有〔2〕

□……□難某甲等誓不□……□

［後缺］

校記

〔1〕《大正藏》本作「誓當荷負無量無邊一切眾生」。

〔2〕《大正藏》本作「眾生若有三塗重罪六趣厄難」。塗，《大正藏》校勘記：「途，明萬曆十三年刊增上寺報恩藏本作『塗』。」

《慈悲道場懺法》卷二：

(某甲)等從今已去至于成佛。不捨二法。知一切法空。不捨一切眾生。相與至心等一痛切。五體投地心念口言。(某甲)等不為自身求無上菩提。為救濟一切眾生。取無上菩提。從今已去至于成佛。誓當荷負無量無邊一切眾生。起大慈悲盡未來際。眾生若有三塗重罪六趣厄難。(某甲)等誓不避眾苦以身救護。令此眾生得安隱地。唯憑十方盡虛空界一切諸佛。

南無彌勒佛　南無釋迦牟尼佛　南無勇施佛　南無清淨佛　南無清淨施佛　南無娑留那佛　南無水天佛　南無堅德佛　南無旃檀功德佛　南無無量菊光佛　南無光德佛　南無無憂德佛　南無那羅延佛　南無功德華佛　南無堅勇精進菩薩　南無金剛慧菩薩　南無無邊身菩薩　南無觀世音菩薩」(《大正藏》第45冊，第929頁上)

本件另有三小片存「集」、「念心」、「不可稱，不可」。經與《慈悲道場懺法》卷二〈發菩提心心第四〉文句基本相合，較之《麗藏》等刻本抄本僅衍「現前」「若有」，然此並不影響文意。另，雖抄本所見佛名亦見於《佛名經》，然結合另一片內容而論，應屬於《慈悲道場懺法》卷二之內容，故重定名作「《慈悲道場懺法》卷二殘片」。

14. TK296V 金剛般若波羅蜜經等（第4冊，第385頁）

第一片

［前缺］

□……□　　　　□提無所□

□……□真佛　顛倒一生□

□……□安樂　無為果自

![圖] 〔周〕〔1〕

頌曰

　〔後缺〕

校記

〔1〕 ![圖]，絹也。「![圖]」為「絹」之俗體，此乃構件易位所成。《玉篇‧糸部》：「絹，

音舟，綿也。」〔註427〕又，「舟」「周」，二字音同，《廣韻‧尤韻》皆作職流

切。故「絹」「周」，二字音同而借用。

《少室六門》：

二邊純莫立。中道勿心修。見性生死盡。菩提無所求。

身外覓真佛。顛倒一生休。靜坐身安樂。無為果自周。（《大正藏》第48

冊，第366頁中）

經與《少室六門》比勘，殘文與之相合，故定名作「《少室六門》殘片」。

第二片

　〔前缺〕

淨口業真言

淨口業真言

修唎修唎摩訶修唎修□□□

□□□□地真言

　〔後缺〕

〔宋〕宗鏡述，〔明〕覺連重集《銷釋金剛經科儀會要註解》卷二：

若有人受持金剛經者。先須至心念淨口業真言。然後啟請八金剛。四菩

薩。名號。所在之處。常當擁護。

此明行人。凡欲誦經。祈求加護者哉。

淨口業真言。

修唎修唎。摩訶修唎。修修唎。薩婆訶。

誦此真言者。一切口業悉皆清淨。不誦真言以恒河水漱。亦不淨也。

〔註427〕《宋本玉篇》，第495頁。

安土地真言。

南無三滿哆。母馱喃。唵度嚕度嚕。地尾薩婆訶。(《卍續藏》第 92 冊，第 273 頁上)

殘文與《銷釋金剛經科儀》文句相近，俄藏黑城《金剛般若波羅蜜多經》之 TK45、TK124、TK179 經文前科儀文「金剛經啟請」中亦有相近文句，〔註428〕又，《金剛經》注疏於經前亦有相近的科儀文，包括「金剛經啟請」等，如宋道川《金剛經註》、明紅蓮編《金剛經註解》、明圓杲《金剛經音釋直解》〔註 429〕。又，《傅大士頌金剛經》經前科儀文亦有相似內容，如淨口業真言等。金剛經科儀文主要用於法事儀軌，包括金剛經啟請、淨口業真言、淨三業真安土地真言等十二項，俄藏黑城《金剛般若波羅蜜多經》中另有「般若無盡藏真言」「金剛心陀羅尼」「補闕真言」等結行部份。

《金剛經》(諸譯本)之諸藏經刻本並不含科儀文，而俄藏黑城單刻本《金剛般若波羅蜜多經》則含有科儀文。此片殘文僅存科儀文中「金剛經啟請」部份文句，並無經文，故無法明瞭其是否為《金剛經》前儀，或《銷釋金剛經科儀》，故依此僅定名作「金剛經科儀殘片」。又，本件與中國藏黑城文獻題名為「金剛經道場前儀」之 M1・1426〔F209：W13-1〕、M1・1427〔F209：W13-2〕屬於同一性質文獻。〔註 430〕

第三、四、五片

〔前缺〕

眾〔1〕苦以身救護〔2〕

〔後缺〕

校記

〔1〕〔2〕所存構件，經與《慈悲道場懺法》卷二比對，推定作眾、獲。

〔前缺〕

難某甲等誓不□……□

〔註 428〕《俄藏黑水城文獻》第 2 冊，第 38 頁；《俄藏黑水城文獻》第 3 冊，第 57～58 頁；《俄藏黑水城文獻》第 4 冊，第 131 頁。

〔註 429〕《金剛經註》，《卍續藏》第 38 冊，第 694 頁上；《金剛經註解》，《卍續藏》第 38 冊，第 847 頁上；《金剛經音釋直解》，《卍續藏》第 39 冊，第 331 頁上。

〔註 430〕《中國藏黑水城漢文文獻》第 8 冊，第 1745、1746 頁。

［後缺］

第五片

［前缺］

■□……□

■今□……□

邊現□……□

■■□……□

［後缺］

《慈悲道場懺法》卷二：

<u>眾生若有三途重罪六趣厄難</u>。（某甲）等誓不避眾苦以身救護。<u>令此眾生</u>
<u>得安隱地</u>。（《大正藏》第 45 冊，第 929 頁上）

　　第三、四、五片，字型相同，從內容上而論，第三、四片可拼合，並與
《慈悲道場懺法》卷二相應文句相合，故定名作「《慈悲道場懺法》卷二殘片」。
而第五片墨色淡，且有磨損，雖存六字，然僅三字可辨，暫無法確定屬於何
種文獻。

　　另，有碎片上存「集」，書風與第三、四、六片同。

　　第六、七片

［前缺］

□……□善知識而登正覺□□……□

□……□■欲入涅盤（槃）〔1〕本■□……□

□……□□■我言瞿曇■□□……□

□……□□□瞿曇□□□□□……□

［後缺］

校記

〔1〕盤，槃也。二字音同，《廣韻‧桓韻》皆作薄官切，故「盤」「槃」二字音同而
　　借用。

［前缺］

□……□無異吾

□……□■請■

－155－

□……□生盡■

□……□□■我

〔後缺〕

《延壽命經》（S.2428）：

如是眾生盡令遇善知識而登正覺。與我無異。吾〔註431〕今欲入涅槃。本
為波旬所請。波旬告〔註432〕我言。瞿曇三界眾生盡受生死。瞿曇今日若住一
劫。違我本願。爾時我受波旬所請。（《大正藏》第85冊，第1404頁中；《敦
煌寶藏》第19冊，第347頁）

從字型、版式而論，第六、七片可以拼合，且彼等與《延壽命經》經文相
合，故定名作「《延壽命經》殘頁」。

第八、九片

〔前缺〕

□……□皆有菩薩海□……□

〔後缺〕

〔前缺〕

□……□會圍□……□

〔後缺〕

《大方廣佛華嚴經》卷四十〈入不思議解脫境界普賢行願品〉：

一一佛所皆有菩薩海會圍遶（《大正藏》第10冊，第844頁下）

本分作二片，依字型似可拼合，此二片拼合文句，可與《大方廣佛華嚴
經》卷四十〈入不思議解脫境界普賢行願品〉經文相合。又，唐澄觀《華嚴經
行願品疏鈔》、唐慧覺《華嚴經海印道場懺儀》卷二中，皆引此句經文，然現
僅存此一句，故無法推斷歸屬，今僅定作「《大方廣佛華嚴經入不思議解脫境
界普賢行願品》殘片」。

〔註431〕S.2428缺「無異吾」三字，今據S.5555b補入。（《敦煌寶藏》第43冊，第
    408頁）

〔註432〕S.2428缺「告」，今據S.5555b補入。（《敦煌寶藏》第43冊，第408頁）
    又，據《敦煌遺書總目索引新編》載題名《佛說延壽命經》有25號（北京：
    中華書局，2000年，第62頁）卻非為同一種文獻，其名同實異。筆者僅調
    查了六號，發現除S.5555b與S.2428同，餘S.3492、S.5433a、S.5531g、
    S.5563、S.5570五號經文皆異與此二號，具體情況筆者將另撰文考證。

第十、十一片

［前缺］

□■切　　　蚊■〔1〕

□詣切□計切　赫弈〔2〕

［後缺］

校記

〔1〕存虫旁，右部構件殘損，形近「蠅」。

〔2〕弈，奕也。《正字通》：「弈，通作奕。」《華嚴經》卷一：「菩薩眾中威光赫弈」。〔註433〕

　　第十片存文與音義相關，「□詣切□計切　赫弈」，可見於《大方廣佛新華嚴經合論》卷十卷末〈音切〉可撿得，砌（千計切）、髻（古詣切）、赫（許格切）、奕（亦音）。〔註434〕又《華嚴經》卷三五：「乃至蚊蚋、虻蠅等聲亦悉能聞。」〔註435〕如是而論，殘片內容皆與《華嚴經》經文注音相關，故重定名作「《華嚴經》音義殘片」。

　　第十一片存「住一」，另，有一碎片，存「■切」。

　　TK296V原題作「金剛般若波羅蜜經等」，此號由十餘片組成相互疊加，且部份圖版上僅能見殘片的反面，筆者利用ACD軟件才可窺見其貌。經逐一查看，無一片屬於《金剛經》，另有一二碎片難以辨識。經重定名作「1. 少室六門 2. 金剛經科儀殘片 3. 慈悲道場懺法卷二 4. 延壽命經 5. 大方廣佛華嚴經入不思議解脫境界普賢行願品 6. 華嚴經音義 7.佛教文獻碎片」。

　　15. Инв.274.2 金剛亥母自標授要門〔註436〕（第6冊，第276頁）

　　按：共二片，每片18行，行20字。原卷尾題載「金剛亥母自攝授要門糰（粗）麻謁法師傳」，原卷中「摄」，形近标，實乃「攝」草書楷化俗寫而已，以致標（标）、攝易混，此字形在黑水城、敦煌寫卷中常見，故重定名作「金剛亥母自攝授要門」。

〔註433〕《大方廣佛華嚴經》卷一〈世主妙嚴品〉，《大正藏》第10冊，第2頁上。

〔註434〕《嘉興藏》第13冊，第60頁；《卍續藏》第5冊，第796頁上。《龍藏》本無此三字音切。

〔註435〕《大方廣佛華嚴經》卷三十五〈十地品〉，《大正藏》第10冊，第188頁中。

〔註436〕Инв.274.2、Инв.274.5，據以原卷所存題名，故錄文省。

16. Инв.274.5 金剛修習母标授瓶儀（第 6 冊，第 278 頁）

按：共二片，二片皆下部殘，每片存 9～12 字。原卷存題名「□剛修習母攝授瓶儀」，其中「金」原卷缺、據文意補入，「儀」，據殘存構件補入，「攝」字形同 Инв.274.2，誤將「攝」錄作「标」，故據此重定名作「金剛修習母攝授瓶儀」。

17. A8.1 彌勒真言（第 5 冊，第 190～194 頁）

第一片（23-1）

□（無）〔1〕邊无限善根所引生故志〔2〕

道圓而粹融顯寶〔3〕除竟□

而真識明圓滿報身盧

舍那佛

志心皈命礼〔禮〕八相成道質三

類化迷身乘象駕日輪

降王宮托陰教宣三藏

摧邪山插漢之內峰根被〔4〕

五乘竭欲海濤天之浪千

變萬化此界他方千百億

化身釋迦牟尼佛

志心帰〔歸〕命礼兜率天宮主

弥〔彌〕勒大慈尊貝齒蓮眸菓脣螺髻以千年中居

校記

〔1〕「□邊无垠」，據文意，疑作「無邊無限」。無邊，即無垠義，以修飾善根。

〔2〕似「志」，原卷「士」清晰可見，下部殘損。

〔3〕原卷墨漬染汙，似「寶」。

〔4〕原卷墨漬染汙，僅右部「皮」，似作「被」，「根被五乘」可解。

第二片（23-2）

補處八萬歲時住龍花

現身於額寶宮中說

法處摩尼殿內大喜大

捨大慈大悲弥〔彌〕勒菩薩摩

訶薩

兜率天宮龍化（華）[1]主一生補

處大慈尊龍花（華）三願

相逢會[2]演金言知足

六時宣妙法我今身

業歸命礼［禮］願天眼通遙

證明欲求親近往天宮

志心稱讚慈尊号［號］弥［彌］勒

真言曰　唵梅底哩薩縛訶[3]

我今稱讚慈尊号［號］[4]願■

校記

〔1〕化，花也。據文意，當作「花」。

〔2〕原卷「龍花三願相逢會」，疑應作「龍花［華］三會願相逢」，如「如無量義法
　　華，彌勒世尊，龍華三會，七佛說法會數不同」；〔註437〕「龍華三會願相逢，
　　演說法真宗」是可為證。〔註438〕

〔3〕原卷缺，據23-4補錄之。

〔4〕号，號也。段注本《說文·口部》：「凡嘷、號字古作号。」

第三片（23-3）

我邪婬殺盜惡[1]我今稽

首礼［禮］迴願往生弥［彌］勒佛國[2]

志心皈命礼［禮］兜率天宮

主弥［彌］勒大慈尊髻絞青

螺眉彎初月若能二因兼

積六事齊修引接於九

品花間遊履於七重垣內

大喜大捨大慈悲弥［彌］勒

菩薩摩訶薩

〔註437〕〔唐〕澄觀：《大方廣佛華嚴經隨疏演義鈔》卷三十四〈光明覺品〉，《大正
　　　　藏》第36冊，第259頁中。

〔註438〕〔宋〕延壽：《中峰國師三時繫念佛事》卷一，《卍續藏》第128冊，第116
　　　　頁上。

閻浮金綵嚴身赫頻

婆果色絕脣紅七辯

恒宣不退輪一音常演

无〔無〕生法我今語業帰〔歸〕依

礼〔禮〕願天耳通遙證聞■〔3〕

校記

〔1〕憁，愆。《齊平等寺殘碑》有此形。〔註439〕

〔2〕原卷缺，據23-4補錄之。

〔3〕疑「欲」，依原卷殘存構件，並與第四片首行「求」連讀，推論之，又23-2第
　　十一行「欲求親近往天宮」可證。

第四片（23-4）

求親近往天宮志心

稱讚慈尊号〔號〕弥〔彌〕勒真

言曰　唵梅底哩薩縛訶

我今稱讚慈尊号〔號〕願

滅我多生語四愆〔1〕我

今稽首礼〔禮〕迴願往生弥〔彌〕

勒佛國

志心皈命礼〔禮〕兜率天宮

主弥〔彌〕勒大慈尊相好■（光）〔2〕

明人天愛敬垂■誘引三

乘眾紅〔3〕願澇〔4〕籠九品人

祇恒親捧世尊言未■（來）〔5〕

為作皈依處大喜大捨

大慈大悲弥〔彌〕勒菩薩

校記

〔1〕字形同23-3第一行「愆」。

〔2〕原卷墨漬染汙，形近「因」，然「相好因明」，無解，疑應作「相好光明」。

〔3〕紅，弘也。《廣韻・東韻》：紅，匣母，合口、一等，戶公切；《廣韻・登韻》：

〔註439〕《碑別字新編》，第239頁。

弘，匣母，合口，一等，胡肱切。「紅」「弘」二字皆為匣母（MC.*ɣ），而二字中古韻母音近，分別東韻（MC.*uŋ）、登韻（MC.*uəŋ）。〔註 440〕二字近代音同音（MC.*huŋ）。〔註 441〕《玉篇・弓部》：「弘，大也。」弘願者，大願也。

〔4〕澇，牢也。二字音同，《廣韻・豪韻》皆作魯刀切。「澇」「牢」二字音同而借用。牢籠，文意可通。

〔5〕來，原卷下部殘損。

第五片（23-5）

摩訶薩

眉際玉毫珂珮潔頂上

蟭（旋）〔1〕螺翠黛凝內宮外

院化迷徒晝時夜時談

真教我今意業皈依

礼［禮］願他心通遙證知欲■（求）〔2〕

親近往天宮志心稱讚

慈尊号弥［彌］勒真言曰

唵梅底哩　薩縛訶

我今稱讚慈尊号［號］願

滅我貪嗔邪見心我

今稽首礼［禮］迴願往生弥［彌］

勒佛國

志心皈命礼［禮］過現未來■

校記

〔1〕蟭，旋也。蟭，此當「旋」受「螺」類化增旁所致。「旋螺」，即螺旋、或螺旋樣物也。

〔2〕求。原卷墨漬染汙難辨，然此句與 23-2 第十一行「欲求親近往天宮」同，故推定作「求」。

〔註 440〕《漢字古今音表》，第 4、394 頁。

〔註 441〕《漢字古今音表》，第 4、394 頁；〔元〕周德清：《中原音韻》，中國戲劇研究院編：《中國古典戲劇論著集成》（一），北京：中國戲劇出版社，1959 年，第 183 頁。

第六片（23-6）

十方一切佛遺刑窣都

波攝生修覩路諸尊菩

薩眾綠覺及聲聞帶識

含情類雲遊水上生諸障

願皆除志心今懺悔報障

業障煩惱障所有一切罪

障願皆消滅＝＝〔1〕悉皆消除

志心皈命懺自從无始世

元暨此生身造惡果無邊

志心今發露凡夫顛倒執

常背覺含塵起根本

隨或種現相資生時潤

生發業或本新同起或

種現相資造八難七遮為〔2〕

校記

〔1〕原卷為 ⁇，似重文號或省代號〔註442〕，後 A8.4 三歸依，A8.5 尊天樂，A8.6
四菩薩，亦有相同的符號，如是作「願皆消滅願皆消滅」。

〔2〕為：原卷此字構件殘，形近「為」。

第七片（23-7）

十惡五逆或人執法執或

分別俱生三業一切愆〔1〕隨

懺皆消滅願以此功德普

及諸有情近奉弥〔彌〕勒尊

遠值龍花會懺悔發願

已志心皈命頂礼〔禮〕大悲弥〔彌〕

勒尊佛

一切普念處世界虛空如

〔註442〕林聰明：《敦煌文書學》，臺北：新文豐出版股份有限公司，1991年，第249
～253頁；張湧泉：《敦煌寫本重文號研究》，《文史》2010年第1輯，第107
～127頁。

連［蓮］〔2〕花不着［著］水心清淨超

於彼稽首礼［禮］无上尊

三壇等施六度齊修无

漏果因共成佛道

一心敬礼盡十方法界常

住唵薩囉嚩　佛馳野

校記

〔1〕怨，原卷字形同 23-3 第一行「怨」。

〔2〕連，連花，非是，當作「蓮」。蓮花者，於文意可通。「連」「蓮」，二字音近而

　　　借用。《廣韻・仙韻》：「連，來母，開口，三等，平聲，力延切。」「蓮」有二

　　　音，《廣韻・先韻》：「蓮，來母，開口，四等，平聲，落賢切。」《廣韻・獮韻》：

　　　「蓮，來母，開口，三等，上聲，力展切。」

第八片（23-8）

南无窣都帝

一切敬礼盡十方法界常住

唵薩囉嚩　達摩野南无窣都帝

一心敬礼盡十方法界常住

唵薩囉嚩　僧伽野南无窣都帝

本件第一、二片部份內容亦可見於 Or.12380-3823（K.K.）原題「彌勒上
生經（漢文）」，原題作「彌勒真言」，不妥。一者原件本無題名，二者本件真
言僅有五處，絕非主導。

本件內容主要是以彌勒讚偈、稱念彌勒聖號、咒語、懺悔業障、求生彌
勒淨土等為中心，通過這些儀式化的修習以達到集資淨障並往生彌勒淨土。
另，第一片有報身盧舍那佛、化身釋迦牟尼佛之讚偈，缺法身毗盧遮那佛，
說明此三身佛偈頌有殘缺。如是而論，此件重定名作「1.彌勒菩薩懺儀，2.三
身佛讚」。

18. A8V1 光定八年請尊者疏（第 5 冊，第 202 頁）

宿■

南无■國摩泥■

山

大聖濱〔1〕頭盧

尊者

右未日亡過天■〔2〕

干（于）〔3〕機〔4〕亡之辰■■（修設）〔5〕

香齋一件〔6〕伏乞

尊者不■

慈悲〔7〕降臨

■高和南謹疏

　　光定八年■■偈

校記

〔1〕濱：經文皆作「賓」，即「賓頭盧」。

〔2〕原卷僅「田」可辨，餘構件無法辨識。

〔3〕干：原卷形近「干」，「干」於文意難解，故疑為「于」。

〔4〕■，形近「機」。

〔5〕■■二字構件皆殘損，一字形近「修」，後一字僅存言旁，S.2974《建隆二年二月歸義軍節度使曹請賓頭盧頗羅墮疏》、S.5696《淳化三年八月親從都頭陳守定請賓頭盧頗羅上座疏》等請賓頭盧疏中，〔註443〕有「追念設供」或「追薦設供」，本卷與請賓頭盧法相關，故疑作「修設」。

〔6〕■，形近「件」。

〔7〕原卷僅「悲」依稀可見，下「降臨」。S.2974《建隆二年二月歸義軍節度使曹請賓頭盧頗羅墮疏》、S.5696《淳化三年八月親從都頭陳守定請賓頭盧頗羅上座疏》等請賓頭盧疏中，有「慈悲依時降駕」，〔註444〕本卷與請賓頭盧法相關，故作「慈悲」。

　　原卷「大聖濱（賓）頭盧尊者」、「香齋一件伏乞」、「慈悲降臨」等文辭，敦煌文獻中請賓頭盧疏與之相近，〔註445〕如「謹請西南方雞足山賓頭盧頗羅

〔註443〕《敦煌寶藏》第25冊，第44頁；《敦煌寶藏》第44冊，第362頁。

〔註444〕《敦煌寶藏》第25冊，第44頁；《敦煌寶藏》第44冊，第362頁。

〔註445〕關於賓頭盧信仰，可參見王惠民《古代印度賓頭盧信仰的產生及其東傳》（《敦煌學輯刊》1995年第1期，第72～78頁），楊寶玉《S.6424V：〈請賓頭盧波羅墮和尚疏〉拼合與校議》（宋家鈺、劉忠編：《英國收藏敦煌漢藏文獻研究：紀念敦煌文獻發現一百周年》，北京：中國社會科學出版社，2000年，第177～178頁），黨燕妮《賓頭盧信仰及其在敦煌的流傳》（《敦煌學輯刊》

墮上座和尚」、「佛敕不捨蒼生興運，慈悲依時降駕」（S.5696《淳化三年八月親從都頭陳守定請賓頭盧頗羅上座疏》）。又本件和敦煌諸本請賓頭盧疏，皆可溯源至宋慧簡譯《請賓頭盧法（經）》，如「請時於靜處燒香禮拜，向天竺摩梨山，至心稱名言，大德賓頭盧頗羅墮誓，受佛教勅，為末法人作福田，願受我請，於此處食。」〔註446〕原僅以尾題「光定八年」定名，無法顯示原卷核心內容，故據此重定名作「光定八年請濱（賓）頭盧尊者疏」。

19. A8V4 歸依偈（第 5 冊，第 204 頁）

稽首歸依天宮主

願降神通來救護

慈悲接引宮內〔1〕生

面奉慈尊〔2〕親頂礼 ［禮］〔3〕

願生弥 ［彌］ 勒天宮院

連 ［蓮］〔4〕開親禮慈尊面

白毫照我罪消除

生死漂流從氏（此）〔5〕斷

唯願不逆群生意

無始时難得來值

我今迴願往天宮

願見慈尊親礼足

願滅三障諸煩惱

2005 年第 1 期，第 62～71 頁），王惠民《敦煌寫本〈請賓頭盧疏〉考察》（《敦煌學輯刊》2006 年第 2 期，第 21～28 頁），黨燕妮《Дх.02479〈溫室啟請文〉與敦煌的賓頭盧信仰》（《敦煌藝術與文化國際學術研討會論文集》，第 251～259 頁），黨燕妮《晚唐五代宋初敦煌民間佛教信仰研究·第七章賓頭盧信仰》（蘭州：蘭州大學博士論文，第 155～165 頁）。

另，經王惠民、黨燕妮考察，敦煌文獻中類似《請賓頭盧疏》有 11 件。（《晚唐五代宋初敦煌民間佛教信仰研究》，第 162 頁；《敦煌寫本〈請賓頭盧疏〉考察》，第 28 頁）二人件數雖同，但其中北 7133 和 S.6424v 二號所含件數計量不一。北 7133（BD02126），王惠民計二件，黨燕妮計一件。檢《國家圖書館藏敦煌遺書》（第 30 冊，第 19、21 頁），二件為確。S.6424v，王惠民計三件，黨燕妮計四件。檢《敦煌寶藏》（第 46 冊，第 358～360）和《英藏敦煌文獻（漢文佛教以外部份）》（第 11 冊，第 69～72 頁），殘葉確可拼合成三件，王惠民所言三件為確。

〔註446〕《請賓頭盧法》，《大正藏》第 32 冊，第 784 頁中。

校記

〔1〕原卷作「內宮」，二字間有一倒乙符。

〔2〕原卷作「尊慈」，二字間有一倒乙符。

〔3〕原卷作「礼頂」，二字間有一倒乙符。又，原卷「頂」有「足」，然用墨塗去。

〔4〕連，蓮也。

〔5〕氏，此也。於文意，當作「此」。

　　願得智惠證明了

　　所有罪障願消除

　　世世常行菩薩道

　　魏〔1〕魏福■黃金相

　　堪眾生■歸命〔2〕礼〔禮〕

　　我今迴願往天宮

　　願見慈尊親供養

校記

〔1〕原卷作 <ins>祝</ins> 。<ins>穢</ins>，魏也。見於《魏慈香造像》。〔註447〕

〔2〕原卷作「命歸」，二字間有一倒乙符。

　　原題作「歸依偈」，然此件內容僅首行有關於皈依的文句，而大部份頌詞卻與 A8.1 彌勒菩薩懺儀相近，而此七言偈頌，文體與 A8.1 並不一致，故不宜定作同名，基於內容中讚頌彌勒佛，重定名作「彌勒讚」。

二、《俄藏敦煌文獻》中黑水城漢文佛教文獻定名

1. Дх.591 眾生心法圖（第 6 冊，第 388 頁；俄黑 6，第 131 頁）

　　上部

　　□……□者揔

　　□……□為二

　　■□……□■■■■此四句論文

　　謂眾□……□言法者

　　切世□……□心即攝一

　　此心□……□■■■■分齊門依於

心真□……□何以故是

心生□……□摩訶衍體故是

□……□摩訶衍自

體相用故■是建□二■■■〔1〕衍門已上天〔2〕門是起信■■解四種大乘所

言義者即有三種云何為三

□者體大■所入■謂一切法真如

平等□增不□故■■入門市眾■■一論所解

二者相大種■入■謂如來藏具

■■■■■■■■■■入門是■■三■門

所釋謂能□□□間出世

間善因□□□■入門■心性淨論所釋已上

二■■各■能■趣入■□……□揔躰〔總體〕〔3〕門二■■達■■■

■門一切■□……□果故一切

菩薩皆□……□到如來

地故問■□……□三十二種

其不二■　　□……□有二解

一　云■　　□……□■根

教　故　　　□……□也

二　云　不□……□摩

訶　衍　二□……□

開　揔〔總〕　體□……□

檢　彼　文□……□

校記

〔1〕疑似「種摩訶」，即二種摩訶衍門。

〔2〕字跡漫漶，形近「天」，然疑似應作「二」，即二門（心真如門、心生滅門），
　　所謂「大乘之中起信之法」。〔註448〕

〔3〕揔躰，總體也。《正字通‧手部》：「揔，俗字。別作捴、摠，亦非。」段注本
　　《說文‧糸部》：「總，俗作揔」又，《正字通‧身部》：「躰，俗體字。从體為
　　正。」故揔躰，即總體。

中部

［一心、三大、八門圖］

外圈四分之一處分列一心、三大，上下分別列「眾生心法」、「用大義」，左右分別列「體大義」、「相大義」。自「眾生心法」，沿外圈分別列八門，「三自摩訶衍心生門」、「具足性功德摩訶衍　具足性功門」、「如來□……□」、「能生一切世間摩訶衍　世間因果□……□」、「能生一切出世間善因果摩訶衍■」、「諸法差別不增不減門」、「无量无邊諸法差別不增不減摩訶衍」、「寂靜无雜一味平等不增不減躰〔體〕摩訶衍　一味平等不增不減門」、「一躰〔體〕摩訶衍□心真如門」。

又圓形左右各列「行菩薩□……□諸佛微妙法　庶令■於法界　利樂一切■■群生」、「□……□化無礙佛甚深不二真如海文義巧妙修多羅」。自「眾生心法」分列八種根本摩訶衍，於圈內依輪輻狀如次：

□……□■■■摩訶衍

三自一心門　二自一心摩訶衍

具■■功德相大摩訶衍　　具足性功德相大門

如來藏功德□……□

能生□……□世間因果用大門

能生一切出世間善因果用大摩訶衍　　出世間善因果用大門

无量无邊諸法差別■■■□□□大摩訶衍　　諸法差別不增不減躰〔體〕大門

寂靜无雜一味平等不增不減躰〔體〕大摩訶衍　　一味平等不增不減躰〔體〕大大門

一躰〔體〕一心門一躰〔體〕一□心摩訶衍

下部

□□□□□□□者唯不二大乘深妙獨尊屬於果海故論云性德圓滿海□□□□□□

□□□□□□□者為欲按引上根眾生全將不二果海轉為因分无名之中強立名□□

□□□□□□□躰〔體〕相用但隨能入所作之門真俗不同說八差別故論云譬如轉□□□

□□□□□□故既■躰不分故■中但分■■輪而无■■何名根本除不二果海自餘因分皆以此為依故義□□□

□□□□□□□名義行相如何謂依根本摩訶衍中作起能依真諦以理自□□□□□

□□□□□□□作根本揔〔總〕摩訶衍又依根本揔〔總〕摩訶衍中作起能依俗諦□□□

□□□

□□□□□□□生依門趣入所依根本揔［總］摩訶衍又依根本摩訶衍上作起□□□□□
□□□□□□衍又依根本摩訶衍上作起能依絕待真諦无二躰［體］大引□□□□□□
□□□□□□重者謂有一類好略劣根眾生於前重揔［總］不能悟入如來為■□□□□
□□□□□□根本揔躰［總體］通該法義言法義者即心境也心即所依显鑒之法□□□
□□□□□□不遮境中有心心中有境以於此法義之中皆具寂照義故斯□□□□
□□□□□□是前重能入八門也何者謂前是所依真俗二諦令此法屬□□□□□
立□□□□□及下臨故問既是四種何成十六耶答一心本法冠惟唯由二□□□□
■□□□□□□以理自理以躰［體］絕待真如門依斯趣入所依摩訶衍法於又一心□□□
□□□□□□入所依根本摩訶法又於躰［體］大之上作起能依俗諦差別門趣□□□□
□□□□□□入所依摩訶衍法餘相用中各門法可以意得故故於■中將所能入之門各
列□□□□

問兩■能所■■眾生■■■■初後則名義无何故後重能所法中開□□□□□
儘前重門故闕一心字及三大字愚意詳之非棟前門闕一心字及三大□□□□
之言即是揔名故一體一心等別名之中不帶根本字後重以眾生心體□□□□□
闕一心等字也斯則義顯法躰不分義門得別也然上三十三種其不二□□□□□□
（為表此義故於圓中不顯其名）餘三十二種俱屬因者應於機故順於說故然果因二分□
□□□

果海離緣故不可說約圓極明正同不二所證就緣是則可說粗同此論三十二種又略榮云□
□□

言詮皆名因分則可修有根可說有教果則忘修離根離言離教問依此所釋并釋□□□
源玄理二論同釋不二大乘豈不相違耶答有二解一云兩論雖說不二□□□□□
故亦只不可說也猶因相方違於无相非言安了乎絕言不以論詮曷知
論果分法躰［體］不許與教而相應故離教說也本源玄理據因果分相從而明以果就
證處離言故問以果就因可寄言者此不二大乘卻莫全同因分三十二種■共全
解答言此跡■■■十佛境攝屬圓教彼三十二不離中頻豈得全同具■■■□□□
耶故二論中別申解也■■因從果因亦絕言者焉彼不二果海何別答此絕言者
也此圓盡成圓輪者為欲顯示因果門法豎通橫遍極圓滿故摩訶衍義幽深微密覺者宜造次
顛沛於是故不

為釋子坐右之銘焉

《釋摩訶衍論》卷一：

本曰。摩訶衍者總。說有二種。云何為二。一者法。二者義。所言法者謂

眾生心。是心則攝一切世間法出世間法。依於此心顯示摩訶衍義。何以故。是心真如相。則示摩訶衍體故。是心生滅因緣相。能示摩訶衍自體相用故。所言義者即有三種。云何為三。一者體大。謂一切法真如平等不增不減故。二者相大。謂如來藏具足無量性功德故。三者用大。謂能生一切世間出世間善因果故。一切諸佛本所乘故。一切菩薩皆乘此法到如來地故。

論曰。此文中有三門。云何為三。一者所入根本總體門。二者能依趣入別相門。三者通達軌則不動門。初二種門有其兩重。住思應觀。摩訶衍者總者。即是所入根本總體門。即是根本摩訶衍中有八差別。云何為八。一者一體一心摩訶衍。二者三自一心摩訶衍。三者無量無邊諸法差別不增不減體大摩訶衍。四者寂靜無雜一味平等不增不減體大摩訶衍。五者如來藏功德相大摩訶衍。六者具足性功德相大摩訶衍。七者能生一切世間因果用大摩訶衍。八者能生一切出世間善因果用大摩訶衍。是名為八。如是八種摩訶衍法。皆從能入建立其名。謂以一體一心。而為其門所趣入故。名為一體一心摩訶衍。乃至以能生一切出世間善因果用大。而為其門所趣入故。名為能生一切出世間善因果用大摩訶衍。譬如轉輪聖王。謂如輪王隨其輪相建立名字。摩訶衍法亦復如是。隨其門相建立名故。大覺契經中作如是說。佛告文殊師利言。諦聽諦聽善思念之。我當為汝分別開說八種身法。何等為八。一者一體趣入身法。二者三自趣入身法。三者諸法差別不增不減體大趣入身法。四者純淨一相無雜不增不減體大趣入身法。五者如來藏功德顯了大趣入身法。六者圓滿性功德顯了大趣入身法。七者出生世間因果自在無礙大趣入身法。八者出生出世間妙因果自在無礙大趣入身法。是名為八。乃至廣說。馬鳴菩薩正攝彼文。是故說言摩訶衍者總。此中總言。於兩處中是總體故。所謂望上及下臨故。大總地論中開八十門。廣釋根本摩訶衍法。今各攝十成一種故。唯立八法。由何義故有八應知。能入別相有八種故。所入總體有八應知。能入所入八種法相。勝劣廣狹其相云何。頌曰。(《大正藏》第32冊，第600頁上)

［遼］法悟《釋摩訶衍論贊玄疏》卷二：

准略筞云：「今言果海約證相應（證處離言故不可說），可寄言詮皆名因分，因則可修（有根）可說（有教），果則亡修（離根）離言（離教）」。又清涼云：「果海離緣故不可說（約圓極明正同不二），所證就緣是則可說（粗同

此論三十二種）」。（《卍續藏》第 72 冊，第 880 頁中）〔註 449〕

［遼］法悟《釋摩訶衍論贊玄疏》卷二：

今何卻指本源、理玄二論同釋，不二大乘，豈不違前非教相應離教說。故答有二解。一兩輪雖說不二大乘，但令知有不可剖析曲示於人，故亦名為不可說也，亦猶因相方達於無相，非言安了乎。絕言不以論詮曷知離教。二賢首清涼龍樹之意，據因果分各別為論，果分法體不許與教而相應故離教說，故本源、玄理據因果分相從，而明以果就因，可寄言故有教說，故以因從果，因亦絕言離教說，故由是應為四句，分別有唯離言，謂性海果分；有唯帶言，謂修行因分；有亦離亦帶，謂因果無礙；有非離非帶，謂因果形奪。四句齊現契斯宗矣。（《卍續藏》第 72 冊，第 884 頁中）

本件由似由三片拼接而成，上下二片為疏文，中間為科文。原題以科文中「眾生心法」，據此定名，不妥也。

比對本件文句，皆是與《釋摩訶衍論》卷一「有三十三種，十六所入法。十六能入門，及不二別故」頌文及釋相關，本件部份注疏引法悟《釋摩訶衍論贊玄疏》，而餘之釋文未見於現存《釋摩訶衍論》注疏中。《釋摩訶衍論》乃《大乘起信論》之注疏，圓形外圈所列一心，即眾生心；三大，即「相大義」、「用大義」、「體大義」，此乃《大乘起信論》之核心要義，曇延謂：「由此三義大故，慈悲依之滿虛空，般若乘之遍法界，大乘之名，從此生矣。〔註 450〕太賢云：「一心、二門、三大之法，即是法體也，能起大乘信根者。」〔註 451〕又智旭於《閱藏知津》卷三十七之《大乘起信論》作題解，云：「二立義分有二：一有法。謂一切眾生心。二法，謂體、相、用三大。」〔註 452〕

又，本件「根本摩訶衍」科文，以圓形分列，似隱喻此乃圓教之說，其上又列三大（相大義、用大義、體大義），縱觀本件內容，皆與《釋摩訶衍論》核心法義相關，並將一心、三大、八門以圖示之，又輔以釋文，二者相得益彰，便於學人明瞭《釋摩訶衍論》修學要門，故今據此重定名作「《釋

〔註 449〕又澄觀《大方廣佛華嚴經疏》卷三十二〈十地品〉：「又果海離緣故不可說。所證就緣是則可說。二所證非修故不可說。能證修起是則可說。」（《大正藏》第 35 冊，第 751 頁上）

〔註 450〕《起信論義疏》卷一，《卍續藏》第 71 冊，第 528 頁上。

〔註 451〕《大乘起信論內義略探記》卷一，《大正藏》第 44 冊，第 411 頁上。

〔註 452〕《閱藏知津》（金陵刻經處本）下，臺北：新文豐出版股份有限公司，1973 年，一九。

摩訶衍論》要門圖釋」。

又，府憲展於《敦煌文獻辨疑錄》中對此件亦有討論，然其未重定名。〔註453〕

2. Дх.284 稍釋金剛科儀要偈三十二分（俄敦第 6 冊，第 178 頁）

本件錄文參見董大學《俄 Дх.284 號〈稍釋金剛科儀要偈三十二分〉考辨》。

自首行「明人妄自分三教」至第十行「要了末後一著」，宋宗鏡《稍釋金剛經科儀會要》有之；「法會因由，無斷無休。不提正念，空過春秋。」一頌則見於明屠根居士注《金剛經註解鐵錢鉛》之正文，且注本正文中完整地保存了《金剛經》三十二科分偈頌。〔註454〕又，偈頌前行題有「稍釋金剛科儀要偈三十二分」，此顯示頌文是「稍釋金剛科儀」文獻的某種版本形態，董大學亦認為此件為《金剛經》科儀類文獻的早期版本形態。〔註455〕既然本件可以歸為「稍釋金剛科儀」文獻，那麼，僅以「稍釋金剛科儀要偈三十二分」定名，則無法反映殘片全部內容，故重定名作「稍釋金剛經科儀殘片」。

3. Дх.8122 刻本佛經（俄敦第 14 冊，第 25 頁）

〔前缺〕
□……□一切智■〔1〕□……□
□……□觸法■
□……□■〔2〕淨■〔3〕□……□
〔後缺〕

校記

〔1〕所存構件似「智」。

〔2〕所存構件似「清」。

〔3〕所存構件似「若」。

《大般若波羅蜜多經》卷一九五〈難信解品〉：

善現！我清淨故色處清淨，色處清淨故一切智智清淨。何以故？若我清淨，若色處清淨，若一切智智清淨，無二、無二分、無別、無斷故。我清淨故

〔註453〕《敦煌文獻辨疑錄》，《敦煌研究》1996 年第 2 期，第 90 頁。

〔註454〕《卍續藏》第 92 冊，第 450 頁上。

〔註455〕《寧夏大學學報（人文社會科學版）》2013 年第 1 期，第 85～86 頁。

聲、香、味、觸、法處清淨，聲、香、味、觸、法處清淨故一切智智清淨。何以故？若我清淨，若聲、香、味、觸、法處清淨，若一切智智清淨，無二、無二分、無別、無斷故。（《大正藏》第 5 冊，第 1046 頁上）

《大般若波羅蜜多經》卷二零一〈難信解品〉：

善現！見者清淨故色處清淨，色處清淨故一切智智清淨。何以故？若見者清淨，若色處清淨，若一切智智清淨，無二、無二分、無別、無斷故。見者清淨故聲、香、味、觸、法處清淨，聲、香、味、觸、法處清淨故一切智智清淨。何以故？若見者清淨，若聲、香、味、觸、法處清淨，若一切智智清淨，無二、無二分、無別、無斷故。（《大正藏》第 6 冊，第 1 頁上）

此件所存經文，可與《大般若波羅蜜多經》卷一九五、《大般若波羅蜜多經》卷二零一多處經文比對，然殘損嚴重，難以具體確定歸屬何段經文，故僅擬定名作「《大般若波羅蜜多經》殘片」。

4. Дх.9241、Дх.9225 刻本佛經（俄敦第 14 冊，第 140 頁）

Дх.9241

［前缺］

□□□■繫縛■□□□□□□□□□□□

□□□■即便生疑當□□□□□□□□

□□□■故眾生於涅槃中而生疑也汝

□□□□先來未見濁水云何疑者是義

□何以故是人先於餘處見已是故於此

□□□□□□□□□□□□□□□□□□處

□□□□□□□□□□□□□□□□善男

□□□□□□□□□□□□□□□□□疑

［後缺］

《大般涅槃經》卷三五〈迦葉菩薩品〉：

善男子！夫涅槃者，即是斷苦。非涅槃者，即是苦也。一切眾生見有二種，見苦、非苦。苦非苦者，即是飢渴、寒熱、瞋喜，病瘦安隱、老壯生死、繫縛解脫、恩愛別離、怨憎聚會。眾生見已即便生疑，當有畢竟遠離如是苦惱事不？是故眾生於涅槃中而生疑也。汝意若謂是人先來未見濁水，云何疑

－173－

者？是義<u>不然</u>。何以故？是人先於餘處見已，是故於此<u>未曾到處，而復生疑。</u>

世尊！是人先見深淺處時，已不生疑，於今何故而復生疑？

<u>佛言：「善男子！本未行故，所以生疑。是故我言，不了故疑。」</u>

迦葉菩薩白佛言：「世尊！如佛所說，疑即是著，著即是疑。為是誰耶？」

（《大正藏》第 12 冊，第 569 頁中）

Дх.9225

［前缺］

□□□□□□□□如佛所說疑即是著

□□□□□□□□男子斷善根者迦葉

□□□□□□□□■根善男子若有聰

［後缺］

《大般涅槃經》卷三五〈迦葉菩薩品〉：

<u>迦葉菩薩白佛言：「世尊！如佛所說，疑即是著，著即是疑。為是誰耶？」</u>

善男子！斷善根者。

<u>迦葉言：「世尊！何等人輩，能斷善根？」</u>

<u>善男子！若有聰明黠慧利根</u>，能善分別。遠離善友，不聽正法，不善思惟，不如法住，如是之人，能斷善根。離是四事，心自思惟：無有施物。何以故？施者即是捨於財物，若施有報，當知施主常應貧窮。何以故？子果相似故，是故說言無因無果。若如是說無因無果，是則名為<u>斷善根</u>也。（《大正藏》第 12 冊，第 569 頁中）

Дх.9241、Дх.9225 所存殘文，經與《大般涅槃經》卷三五〈迦葉菩薩品〉經文比對，皆可相合，故擬定名作「《大般涅槃經・迦葉菩薩品》殘片」。

5. Дх.9963 刻本佛經（俄敦第 14 冊，第 220 頁）

［前缺］

□……□■■□

□……□中有

□……□為八所謂

□……□生下姓家

□……□■〔1〕得破戒

［後缺］

校記

〔1〕存「勿」，比對經文應作「易」。

《深密解脫經》卷五〈聖者文殊師利法王子菩薩問品〉：

佛告文殊師利言：「文殊師利！不淨國土中有八事易得、二事難得。何等為八？所謂外道易得、受苦眾生易得、生下姓家勢力敗壞易得、惡行眾生易得、破戒眾生易得、入惡道眾生易得、發下品心小乘眾生易得、發菩提心菩薩狹劣心易得。」（《大正藏》第 16 冊，第 688 頁上）

經與《深密解脫經》卷五〈聖者文殊師利法王子菩薩問品〉比對，殘文可與之相合，故擬定作「《深密解脫經・聖者文殊師利法王子菩薩問品》殘片」。

6. Дх.10462 刻本佛經（**俄敦第 14 冊，第 294 頁**）

［前缺］

五眼　　六神□……□

佛十力　　　四無所畏四無礙〔1〕解大慈□……□

十八佛不共法

無妄〔2〕失法　　恒住捨性

一切智　　道相智　一切相智

一切陁羅尼〔3〕門　一切三摩地門

預流果　一來　不還　阿羅漢果

獨覺菩提

一切菩薩摩訶薩行

諸佛无上正等菩提

天福六載〔4〕歲在赤■□〔5〕……□

［後缺］

校記

〔1〕礙，原卷作「导」，礙之俗寫。「导」承隸書之形，如《石門頌》：「滯礙（**导**）弗前」。〔註456〕《廣韻・代韻》云：「导，《釋典》云：『无导也』。」〔註457〕段玉裁《說文解字注》云：「礙，止也。《列子・黃帝篇》作『硋』。」〔註458〕

〔註456〕《隸辨》，第 553 頁。
〔註457〕《宋本廣韻》，第 112 頁。
〔註458〕《說文解字注》，第 452 頁。

《玉篇・日部》：「旱，亦作閡。」〔註459〕《正字略》謂：「礙、硋、閡，三字同，作碍非。」〔註460〕《集韻・代韻》：「礙、硋、旱。《說文》：止也。或從亥。《南史》引浮屠書作『旱』。」〔註461〕《一切經音義》卷四十《金剛頂瑜伽祕密三摩地念誦法》之「無礙」慧琳謂：「經作旱，俗字者也。」《一切經音義》卷五十四《佛說食施獲五福報經》之「躓礙」，慧琳謂：「《考聲》云：『礙，隔也。』《說文》：『止也，從石從疑。』《博雅》作閡，《韻略》作硋，《文字集略》作旱，並俗字也」。〔註462〕亦即「硋」「閡」「旱」，三字皆為「礙」之俗寫。

〔2〕妄，忘也。「妄」「忘」二字音同，《廣韻・漾韻》皆作巫放切，故二字音同而借用。《大般若波羅蜜多經》卷六十四：「無忘失法無忘失法性空。」〔註463〕

〔3〕《房山石經》本無「尼」。

〔4〕天福六載，即天福六年。後晉高祖石敬瑭所用年號，即公元 941 年。

〔5〕赤奮若。■，原卷僅存字上部「大」。春秋時太歲紀年法所用之名，《淮南子・天文訓》載：「太陰在丑，歲名曰赤奮若」。〔註464〕天福六年干支紀年為辛丑，如是二者吻合。

《大般若關》（九洞二二五）：

五眼　六神通　佛十力　四无所畏　乃四无導解　大慈　大悲　大喜大捨至十八佛不共法　無妄失法　恒住捨性　一切智　道相智　一切相智一切陀羅門　一切三摩地門　預流果　一來　不還　阿羅漢果　獨覺菩提一切菩薩摩訶行　諸佛無上正等菩提。〔註465〕

經與《大般若關》比對，殘文與之相合，故擬定名作「《大般若關》殘片」。

《大般若關》見於房山石經。《大般若關》刻於碑額題「奉為僕射敬造蜜多心經壹卷」之上，原碑包括《心經》全文、《大般若波羅蜜多經》卷一三六、

〔註459〕《宋本玉篇》，第 412 頁。

〔註460〕《正字略》，第 334 頁。

〔註461〕《集韻》（述古堂本）上，第 532 頁。

〔註462〕《一切經音義》卷四十，《大正藏》第 54 冊，第 570 頁中；《一切經音義》卷五十四，《大正藏》第 54 冊，第 666 頁中。

〔註463〕《大正藏》第 5 冊，第 363 頁上。

〔註464〕張聞玉：《古代天文曆法講座》，桂林：廣西師範大學出版社，2008 年，第 33～35，225～232 頁。

〔註465〕《房山石經》第 3 冊（隋唐刻經），第 476 頁。另，原碑「覺菩提」三字，因石版磨損，致字形不清。

一四六、二零五部份經文，及《大般若關》。〔註466〕又，殘卷所存紀年，表明殘片是後晉高敬瑭統治區域所刊刻，後晉所轄區域的西北方與黨項相連，〔註467〕而五代時黨項部落與後晉關係微妙，〔註468〕是否因兩個地區人員在來往過程中將此刻本攜入黨項區域。

7. Дх.11576 刻本佛典（俄敦第 15 冊，第 251～252 頁）

圖版（4-1），第 251 頁

第一片：刻本存八行，「□……□即是般若□……□／羅蜜多預流向預流果……大般若波羅□……□」。殘文末句「大般若波羅」乃是尾題，殘文與《大般若波羅蜜多經》卷一百四十八經文相合，故擬定作「《大般若波羅蜜多經》卷一百四十八殘片」

第二片：刻本存十行，「□……□畏以是故如論偈說□……□／從眾緣生法我說即是空……放逸如楞伽經說□……□」。殘文與《般若燈論釋·觀聖諦品》論文相合，故擬定作「《般若燈論釋·觀聖諦品》殘片」。

圖版（4-2），第 252 頁

第一至六片，小碎片，每片存 1～3 字不等，僅憑於此，難以定名。

第七片：「□……□若無證滅趣……若四聖諦無自體／可當有佛□……□」，殘文與《般若燈論釋·觀聖諦品》論文相合，故擬定作「《般若燈論釋·觀聖諦品》殘片」。

第八片：「□……□泥塗其／□……□從前村……捐捨彼自豐有□……□／捐棄須□……□」，殘文與《長阿含經·弊宿經》經文相合，故擬定作「《長阿含經·弊宿經》殘片」。

第九片：「□……□體亦不解苦因／□……□有自體者／□……□不成不斷□……□」，殘文與《般若燈論釋·觀聖諦品》論文相合，故擬定作「《般若燈論釋·觀聖諦品》殘片」。

圖版（4-3），第 252 頁

第一片：存二行。「□……□智慧世尊云□……□／設多聞比丘明達□……□」；第六片存「聞比丘明達」；第七片存「丘明達」；第八片存「多聞」，

〔註466〕據尾題鐫刻「大中十三年（859）四月八日建」，可知此碑為唐宣宗時所造。
〔註467〕譚其驤主編：《中國歷史地圖集》第五冊（隋、唐、五代十國），北京：中國地圖出版社，1996 年，第 82～83，86 頁。
〔註468〕周偉洲：《唐代黨項》，西安：三秦出版社，1988 年，第 105～106 頁。

此三片文句可對讀，所存殘文與《中阿含經・心品・心經》經文相合，故擬定作「《中阿含經・心品・心經》殘片」。

第二片：存一行。「部次復」，撿得《長阿含經・弊宿經》、《俱舍論記》、《四分律行事鈔批》中有此相應文句，然考量此片字體與（4-2）第二片一致，故將之擬定作「《長阿含經・弊宿經》殘片」。

第三片：存二行。「□……□■爾／甚愛敬□……□」。據存字、刻本行款，撿得《增一阿含經》、《佛說彌勒下生經》、《佛說觀佛三昧海經》，然闕文過甚，難以斷定歸屬何經。

第四片：「□……□漢□……□／□……□何此中□……□／□……□■汝若□……□／迦□……□」，殘文與《大般若波羅蜜多經》卷一四八、一五二、一五五、一五八、一六一、一六五，多處經文有相合，故僅擬定名作「《大般若波羅蜜多經》殘片」。

第五片存「□……□■比／比丘白□……□」，無法斷定經文之歸屬。

據 Дх.11576 所刊圖版，除（4-2）第一至六片、（4-3）第三、五片，殘片闕文過甚，一時難以定名，暫定作「漢文佛教刻本殘片」，餘者皆重定名。如是，Дх.11576 擬定名作，1.《大般若波羅蜜多經》；2.《般若燈論釋・觀聖諦品》；3.《長阿含經・弊宿經》；4.《中阿含經・心品・心經》；5. 漢文佛教刻本。

8. Дх.11577 刻本佛典（俄敦第 15 冊，第 253 頁）

［前缺］

□……□斷故一切智智清淨故

□……□無願解脫門清淨

□……□一切智智清淨若無相

□……□諦清淨無二無二分無

□……□清淨故菩薩十地

［後缺］

《大般若波羅蜜多經》卷二六三〈難信解品〉：

<u>若一切智智清淨，若空解脫門清淨，若苦聖諦清淨，無二、無二分、無別、無斷故。一切智智清淨故無相、無願解脫門清淨，無相、無願解脫門清淨故苦聖諦清淨。何以故？若一切智智清淨，若無相、無願解脫門清淨，若苦聖諦清淨，無二、無二分、無別、無斷故。</u>

　　善現！一切智智清淨故菩薩十地清淨，菩薩十地清淨故苦聖諦清淨。（《大正藏》第 6 冊，頁 332 中）

　　經與《大般若波羅蜜多經》卷二六三〈初分難信解品第三十四之八十二〉比對，刻本殘片存文與之相合。另，卷二六四〈初分難信解品第三十四之八十三〉亦具相同經文，故擬定作「《大般若波羅蜜多經・難信解品》殘片」。

　　9. Дх.11578 刻本佛典（俄敦第 15 冊，第 253～254 頁）

　　此件存文甚多，且因其存經名，故錄文略之。此卷首題「觀彌勒菩薩上生兜率天經」，經文從卷首經名「觀彌勒菩薩上生兜率天經」至「一切眾色無不具」。故定名作「《觀彌勒菩薩上生兜率天經》殘卷」。本卷經摺裝，由二紙黏貼而成，每紙分作五葉，存十葉。每葉六行、行 18 字。

　　10. Дх.19050 佛經（俄敦第 17 冊，第 326 頁）

［前缺］

一切有相法如鏡中相知之而觀其鏡若心■■〔1〕■

依前觀之若有間夭時小香是空行母成就故於

於自身及宅中洒淨或心染淨之疑惑者飡何飲

飡於彼頭器內食之彼頭器內无疑惑故自亦无

疑惑觀於頭器心若生愛猒時一切法觀乎平等

自悅應觀視〔2〕曼捺幹面若心堅固則一切空行母

高聲呵呵等八種聲喜笑與修習人受記也尒

時修習人應發白淨菩提心當時一切有相之法如

幻如化應頂悟知五藥五肉頭器內食是故修習暑

福力如施花積〔3〕聚故即具足也此定恒修習則大

樂能入法界之中故出覺受之定時願我得大

手印成就作於迴向也　夜時亦同前習定若

於身微不安之時彼定令止住若身心安樂時

時速頻多遍習定初習定時自恒上視〔4〕勿觀於下

若一物上心止時別觀一物心物散乱此空行母心

■■■■■■修者大修習你嚕巴於四空行〔5〕

□□□□□□□□□□□□要□□□□

［後缺］

校記

〔1〕■■，僅存左側構件，舌、日，疑作「乱（亂）」、「時」。

〔2〕〔4〕原卷作「𧝀」，視。礻旁寫作「示」，本自隸書通則，其部首名謂之「示
字旁」。

〔3〕原卷作「𧗘」，疑作「積」，積聚也。

〔5〕似應作「四空行母」。

11. Дx.19054 佛經（俄敦第 17 冊，第 327 頁）

〔前缺〕

□□□■■■□□□□□□□□□□□

斡上塗大小香於上以白花排布三角法生宮中

央以具相頭罗內入自小香時與酒相和而盛之於

此罗上置一明鏡向鏡中央置一粒割舌巴捺者即是

未鑽破白色巴珠也為利一切有情故起大悲心時自身於念間起

本佛慢二手合掌按心以恭敬心頂麻糲〔粗〕〔1〕頂米空行母

怛斡空行母□□■■■■■□□□□□□□□□□□

〔後缺〕

校記

〔1〕糲，粗。《正字通·米部》：「粗、糲同，俗作糲。」〔註469〕段注本《說文·
米部》：「粗，疏也。《大雅》：『彼疏斯粺。』箋云：『疏，麤也。謂糲米也。』
麤即粗，正與許書互相證。」

　　殘文中出現大小香、五藥、五肉、曼捺斡（Maṇḍala，亦名曼陀羅）、大
手印（Mahāmudrā，大印）、空行母（Ḍākinī，天女），此皆與密教修習相關。
噶舉派修習謂之大手印，無上密部「四印」修持中亦有「大手印」。〔註470〕本
件殘文中有「此定恒修習則大樂能入法界之中，故出覺受之定時，願我得大
手印成就作於迴向也」，其應為無上密「大手印」修習，其是以一心印法界為
要。殘文所述「夜時亦同前習定」，顯示此件所存文句包括晝夜二時修習，然
皆非全本，而「若生愛獸時一切法觀乎平等」、「應發白淨菩提心，當時一切

〔註469〕〔明〕張自烈撰，〔清〕廖文英續：《正字通》，《續修四庫全書》第 235 冊，
上海：上海古籍出版社，2002 年，第 245 頁。

〔註470〕參見談錫永：《密宗名相》，北京：華夏出版社，2008 年，第 65、131～132
頁。

－180－

有相之法如幻如化，」所示與修習用心。又，殘文中「以白花排布三角法」，Or.8212／1270KK.Ⅱ.0282.b（ⅱ）「金剛亥母修法殘片」中「次亥母臍間想赤色三角法」與此相近。暫時無法確知究竟此法屬於藏傳佛教何種派別，故僅定名作「金剛亥母成就大手印修習」。

第三章　黑水城漢文佛教文獻目錄

　　智昇於《開元釋教錄》開篇即言：「夫目錄之興也。蓋所以別真偽明是非，記人代之古今，標卷部之多少，摭拾遺漏，刪夷駢贅。欲使正教綸理金言有緒，提綱舉要歷然可觀也。」〔註1〕梁任公則言：「不治史學，不知文獻之可貴與夫文獻散佚之可為痛惜也。」〔註2〕黑水城漢文佛教文獻散藏於世界各地，主要集中於中國、俄羅斯、英國。雖三國所藏絕大部份漢文佛教文獻圖版皆已公開刊佈，然皆歷經多次出版，且各有互異。於研究者而言，一者翻檢不便，二者難窺全貌，故今以前章〈黑水城漢文佛教文獻定名〉及前賢、同儕定名研究為基礎，於本章開展黑水城漢文佛教文獻目錄之編製。

第一節　諸家藏黑水城漢文佛教文獻分錄

一、中國藏黑水城漢文佛教文獻目錄

　　中國藏黑水城漢文佛教文獻，曾先後刊印三次，其中《黑城出土文書（漢文文書卷）：內蒙古額濟納旗黑城考古報告之一》和《中國藏黑水城漢文文獻》，主要是刊佈1983、1984年由內蒙古文物考古研究所聯合阿拉善盟文物工作站共同發掘黑水城兩次所獲文獻；而《國家圖書館藏西夏文獻中漢文文獻釋錄》中刊佈的黑水城文獻是由前蘇聯政府所捐贈。總計漢文佛教文獻180號，圖像7號。現分述如次：

　　1. 李逸友編《黑城出土文書（漢文文書卷）：內蒙古額濟納旗黑城考古報告之一》（北京：科學出版社，1991年）

　　本書所刊佈文書，是1983、1984年由內蒙古文物考古研究所聯合阿拉善

〔註1〕《開元釋教錄》卷一，《大正藏》，第55冊，第477頁上。
〔註2〕梁啟超：《中國歷史研究法》，上海：上海古籍出版社，1998年，第41頁。

盟文物工作站共同發掘黑水城兩次所獲。所有文書皆未定名，僅刊錄文，其中部份文書附圖版，並以所設類目將文書予以分類刊佈，其中佛教類分作佛徒習學本、佛經抄本、佛經印本三類〔註3〕。共刊佈佛教文獻 53 號。

2. 林世田主編《國家圖書館藏西夏文獻中漢文文獻釋錄》（北京：北京圖書館出版社，2005 年）

本書刊佈國家圖書館所藏西夏文獻中漢文文獻，包括靈武出土西夏文獻中漢文文獻，及前蘇聯政府捐贈的黑水城出土漢文文獻。黑水城文獻共計五件，其中非佛教文獻一件，三件佛教文獻，一件殘損嚴重，無法辨別文獻類型。〔註4〕編號 xix4.12-3-6，所謂待考殘片，書中據殘文推定為「疑似《中華傳心地禪門師資承襲圖》殘片」。〔註5〕

3.《中國藏黑水城漢文文獻》（北京：國家圖書館出版社，2008 年）

本書收錄內蒙古自治區額濟納旗黑水古城出土，現收藏於內蒙古自治區文物考古研究所、阿拉善盟博物館額濟納旗文物管理所宋、遼、夏、金、元時期的紙質漢文文獻四千二百一十三件。其中第九卷（第 8 冊）為佛教文獻類，收錄文獻二百三十三件。包括：（1）抄本佛經類九十六件；（2）印本佛經類一百零九件；（3）其它佛教文獻類十五件；（4）佛教圖像類十三件。〔註6〕

另，《中國藏黑水城漢文文獻》第 8 卷（第 7 冊，醫學、曆學、符占秘術、堪輿地理及其他卷）誤收錄二件佛教文獻殘頁。分別為，F64：W1（M1．1253〔F64：W1〕）原題「某辭書殘頁」，其先後被《黑城出土文書（漢文文書卷）》〔註7〕和《中國藏黑水城漢文文獻》收錄，經重定名作《續一切經音義》卷六

〔註3〕《黑城出土文書（漢文文書卷）》，第 213～224 頁。

〔註4〕《國家圖書館藏西夏文獻中漢文文獻釋錄》〈前言〉，第 1 頁。

一件非佛教文獻：《劉知遠諸宮調》，此件收錄於《劉知遠諸宮調》（文物出版社 1958 年）、《俄藏黑水城文獻》第 6 冊附錄（上海古籍出版社，2000 年，第 329～349 頁）。由於筆者未見文物出版社版，而《俄藏黑水城文獻》未記館藏號，然其他前蘇聯政府捐贈黑水城文獻編號皆以 xix4.12～3 開頭，故推測其館藏號亦應以此號開頭。

〔註5〕《國家圖書館藏西夏文獻中漢文文獻釋錄》，第 113 頁。

〔註6〕《中國藏黑水城漢文文獻》第 1 冊「凡例」（北京：國家圖書館出版社，2008 年，第 9～10 頁）

〔註7〕《黑城出土文書（漢文文書卷）》入「拾柒 儒學與文史類‧書籍印本」（第 202 頁），無錄文。《中國藏黑水城漢文文獻》卷八錄此件時仍作「某辭書殘頁」，其編號作 M1．1253〔F64：W1〕。

〈無量壽如來念誦修觀行儀軌〉〔註8〕；M1・1251〔84H・F116：W400／1572〕原題「印本殘件」，後重定名作「《金剛經》殘文」〔註9〕。

符號說明：

〔1〕凡標注「△」文獻，表示《中國藏黑水城漢文文獻》收錄，而《黑城出土文書（漢文文書卷）》未收。

〔2〕凡標注「▲」，表示《黑城出土文書（漢文文書卷）》收錄，而《中國藏黑水城漢文文獻》失收。

〔3〕凡標注「☆」，表示《國家圖書館藏西夏文獻中漢文文獻釋錄》中收錄國家圖書館藏前蘇聯政府所贈黑水城漢文文獻，其所在圖版頁碼，依此為第5、24、67、68、69、113頁。xix4.12-3-1-6圖版上雖未標黑水城文獻，然一者館藏號編製，二者這些前蘇聯所贈殘片上皆寫有拉丁字母，ABD，三擇一寫之。故筆者認為應是製版疏忽所致此件漏標「黑水城文獻」。

中國藏黑水城漢文佛教文獻目錄表

《中國藏黑水城漢文文獻》			
館藏號／題名	重定名	館藏號／題名	重定名
M1・1251〔84H・F116：W400／1572〕△印本殘件	金剛般若波羅蜜經		
M1・1253〔F64：W1〕辭書殘頁	《續一切經音義》卷六〈無量壽如來念誦修觀行儀軌〉殘片	M1・1403〔F9：W20-1〕大方廣佛華嚴經・入不思議解脫境界普賢行願品 M1・1404〔F9：W20-2〕大方廣佛華嚴經・入不思議解脫境界普賢行願品	

〔註8〕此號殘片先後經虞萬里、聶鴻音二位先生考證出題名，然虞文早聶文兩年於臺灣發表，或許聶先生未及時獲悉，而於大陸學報再作發表。
虞萬里：《黑城文書遼希麟〈音義〉殘葉考釋與復原》，潘重規等著：《慶祝吳其昱先生八秩華誕敦煌學特刊》，臺北：文津出版社有限公司，1999年，第179～191頁；聶鴻音：《黑城所出〈續一切經音義〉殘片考》，《北方文物》2001年第1期，第95～96頁。

〔註9〕劉波：《黑水城漢文刻本文獻定名商補》，《文獻》2013年第2期，第73頁。著者原改定名作「《金剛經・善現啟請分》殘文」，《金剛經》諸譯本並無科分及名，據殘文而論，僅定《金剛經》為宜，故筆者據實改之。另，《黑城出土文書（漢文文書卷）》未收此件。

		M1・1405［F9：W20-3］大方廣佛華嚴經・入不思議解脫境界普賢行願品 M1・1406［F9：W20-4］大方廣佛華嚴經・入不思議解脫境界普賢行願品 M1・1407［F9：W20-5］大方廣佛華嚴經・入不思議解脫境界普賢行願品 M1・1408［F9：W20-6］大方廣佛華嚴經・入不思議解脫境界普賢行願品〔註10〕	
M1・1349［F191：W103A］吉祥大黑修法		M1・1409［F13：W17-1］圓覺疏抄隨文要解殘頁 M1・1410［F13：W17-2］圓覺疏抄隨文要解殘頁	
M1・1350［F191：W103B］智尊大黑天八道贊		M1・1411［F13：W17-3］圓覺疏抄隨文要解殘頁 M1・1413［F13：W17-5］圓覺疏抄隨文要解殘頁〔註11〕	
M1・1351［F191：W103C］吉祥大黑八足贊		M1・1412［F13：W17-4］圓覺疏抄隨文要解殘頁	漢文咒語殘片
M1・1352［F191：W103D］十方護神贊		M1・1414［F14：W13］大方廣佛華嚴經光明覺品第九殘頁	
M1・1353［F191：W103E］大黑長咒		M1・1415［F20：W4］大方廣佛花嚴經十天盡藏品第二十二殘頁△	大方廣佛花嚴經十無盡藏品殘片

〔註10〕《黑城出土文書（漢文文書卷）》作一號，題解載，「現存17面，其中有三面連接在一起的3張，兩面相連的2張。」（第223頁）

〔註11〕《黑城出土文書（漢文文書卷）》載，「F13：W17，F9：W42。F13及F9出土為同一書，其中F5殘存5面，F9出土一面，均不完整。」（第223頁）著者將F13誤寫作F5。F13：W17對應國圖版W17～1（《中國藏黑水城漢文文獻》，第1734頁）。又，束錫紅將W17～1誤作為《壇經》。（《西夏文獻學研究》，第76頁；《黑水城西夏文獻研究》，第140頁）

M1・1354 [F9：W38] 佛說大白傘蓋總持陀羅尼經		M1・1416 [F20：W2] 佛經殘頁△	《俱舍論本頌・分別定品》殘片
M1・1355 [F13：W15-1] 佛說大白傘蓋總持陀羅尼經		M1・1417 [F20：W68] 大方廣佛花嚴經十天盡藏品第二十二殘頁△	大方廣佛華嚴經十無盡藏品殘頁
M1・1356 [F13：W15-2] 佛說大白傘蓋總持陀羅尼經			
M1・1357 [F13：W15-3] 佛說大白傘蓋總持陀羅尼經			
M1・1358 [F13：W15-4] 佛說大白傘蓋總持陀羅尼經			
M1・1359 [F13：W15-5] 佛說大白傘蓋總持陀羅尼經			
M1・1360 [F13：W15-6] 佛說大白傘蓋總持陀羅尼經			
M1・1361 [F13：W15-7] 佛說大白傘蓋總持陀羅尼經			
M1・1362 [F13：W15-8] 佛說大白傘蓋總持陀羅尼經			
M1・1363 [F13：W15-9] 佛說大白傘蓋總持陀羅尼經			
M1・1364[F13：W15-10] 佛說大白傘蓋總持陀羅尼經			
M1・1365[F13：W15-11] 佛說大白傘蓋總持陀羅尼經〔註12〕			
		M1・1418 [F80：W1] 禪秘要法經殘頁△	

〔註12〕《黑城出土文書（漢文文書卷）》載，「F13：W15，F9：W38 共出土 13 張，其中 F13 出土 11 頁半，F9 出土 1 頁。」（第 221 頁）並在其下列 F13：W15 十一件錄文和 F9：W38 一件錄文。（第 221～223 頁）

M1・1366［F19：W12-1］ 真州長蘆了和尚劫外錄 殘頁 M1・1367［F19：W12-2］ 真州長蘆了和尚劫外錄 殘頁〔註13〕		M1・1419［F245：W6-2］ 慈悲道場懺法卷二 M1・1420［F245：W6-1］ 慈悲道場懺法卷二 M1・1421［F245：W6-3］ 慈悲道場懺法卷九〔註14〕	
M1・1368［F13：W12］ 九頂尊滅惡趣燒施儀殘 頁		M3・0012［AE185 Zhi24］ 佛經殘頁△	《華嚴經疏鈔 玄談》或《大方 廣佛華嚴經演 義鈔》殘片
M1・1369［F13：W25］ 佛經殘頁	施食儀軌殘片	M1・1422［F13：W54］慈 悲道場懺法卷九殘頁△	
M1・1370［F13：W3-1］ 佛經殘頁	免墮餓鬼燒施 救度文	M1・1423［F13：W55］慈 悲道場懺法卷九殘頁△	
M1・1371［F13：W3-2］ 佛經殘頁	免墮餓鬼燒施 救度文	M1・1424［F6：W70］慈 悲道場懺法卷九殘頁	
M1・1372［F19：W8］ 大乘起信論殘頁		M1・1425［F197：W6］印 經題款	
M1・1373［F218：W1］ 佛經殘頁	《大方廣佛華 嚴經・入不思 議解脫境界普 賢行願品》殘 片	M1・1426［F209：W13-1］ 金剛經道場前儀	金剛經科儀殘 片
M1・1374［F19：W5-1］ 吉祥持大輪寶蓮花瓶修 習儀軌殘頁 M1・1375［F19：W5-2］ 吉祥持大輪寶蓮花瓶修 習儀軌殘頁 M1・1376［F19：W5-3］ 吉祥持大輪寶蓮花瓶修 習儀軌殘頁〔註15〕		M1・1427［F209：W13-2］ 金剛經道場前儀	金剛經科儀殘 片

〔註13〕《黑城出土文書（漢文文書卷）》，F19：W12 為一號二件，未分-1、-2。（第
　　　219 頁）

〔註14〕《黑城出土文書（漢文文書卷）》載，「F245：W6，F6：W70 F245 與 F6 出土
　　　的為同一經書，其中 F245 殘存 5 面半，F6 僅出土一面。」（第 223 頁）圖版
　　　陸壹（1、2），圖版陸叁（1）。

〔註15〕《黑城出土文書（漢文文書卷）》，F19：W5 為一號二件，未分～1、～2、～
　　　3。（第 219～220 頁）

M1・1377［F13：W2］大持金剛稱贊禮殘頁		M1・1428［F13：W48］添品妙法蓮華經卷六殘頁△	
M1・1378［F9：W13］密宗修法殘頁		M3・0013［AE183 Zhi22］佛經殘頁△	《釋摩訶衍論》注疏殘片
M1・1379［F13：W4］妙法蓮華經觀世音菩薩普門品殘頁		M1・1429［F13：W51］金剛般若波羅蜜經△	
M1・1380［F14：W11］佛經殘頁		M1・1430［83H・F13：W52／0403］金剛般若波羅蜜經殘頁△	
M1・1381［F209：W9］佛說大白傘蓋總持陀羅尼經殘頁		M1・1431［83H・F13：W53／0404］金剛般若波羅蜜經殘頁△	
M1・1382 佛經殘頁△	消災延壽偈頌文、度生淨土懺法儀文	M1・1432［F19：W9］金剛般若波羅蜜經殘頁△	
M1・1383 佛經殘頁△		M1・1433［F19：W10］金剛般若波羅蜜經殘頁△	
M1・1384［F13：W1］佛經殘頁△			
M1・1385［F13：W6］大方廣佛華嚴經殘頁△		M1・1434［F13：W49］金光明最勝王經卷第九諸天藥叉護持品第二十二殘頁	
M1・1386［F13：W7］佛經殘頁△		M1・1435［F15：W1］金剛般若波羅蜜經殘頁	
M1・1387［F79：W15］佛經殘頁△	《慈悲道場懺法》卷七殘片	M1・1436［F197：W4a］千眼千臂觀世音菩薩陀羅尼經神咒經卷上殘頁 M1・1437［F197：W4b］千眼千臂觀世音菩薩陀羅尼經神咒經卷上殘頁〔註16〕	

〔註16〕《黑城出土文書（漢文文書卷）》作一號，題解「《觀世音經》殘屑……僅存經文 5 行。」（第 223 頁）

M1‧1388［F79：W16］佛經殘頁△	《慈悲道場懺法》卷七殘片	M1‧1438［F73：W1］佛母大孔雀明王經殘頁△	
M1‧1389［F5：W2］佛經殘頁△	百字咒求生淨土蠲業儀	M1‧1439［F73：W2］佛母大孔雀明王經殘頁△	
M1‧1390［F21：W1］佛經殘頁△		M1‧1440［F73：W3］佛母大孔雀明王經殘頁△	
M1‧1391［F20：W5］佛經殘頁△		M1‧1441［F73：W4］佛母大孔雀明王經殘頁△	
M1‧1392［F211：W1］佛經殘頁△		M1‧1442［F73：W5］佛母大孔雀明王經殘頁△	
M1‧1393［F13：W8］佛經殘頁△	《佛說大白傘蓋總持陀羅尼經》殘片	M1‧1443［F73：W6］佛母大孔雀明王經殘頁△	
M1‧1394［F209：W8］佛說大白傘蓋總持陀羅尼經殘頁△		M1‧1444［F73：W10］佛母大孔雀明王經殘頁△	
M1‧1395［F209：W10］佛說大白傘蓋總持陀羅尼經殘頁△		M1‧1445［F73：W9］佛母大孔雀明王經殘頁△	
M1‧1396［F209：W12］佛說大白傘蓋總持陀羅尼經殘頁△		M1‧1446［F73：W7］佛母大孔雀明王經殘頁△	
M1‧1397［F210：W12］佛說大白傘蓋總持陀羅尼經殘頁△		M1‧1447［F73：W8］佛母大孔雀明王經殘頁△	
M1‧1398［F209：W5］慈悲道場懺法卷一殘頁△		M1‧1448［F73：W11］佛母大孔雀明王經殘頁△	
M1‧1399［F209：W6］佛經殘頁△		M1‧1449［F13：W36］佛說大乘聖無量壽決定光明王如來陀羅尼經殘頁△	
M1‧1400［F209：W7］佛經殘頁△		M1‧1450［F5：W13］聖妙吉祥真實名經	

M1‧1401 [F79：W22] 佛經殘頁△	（添品）妙法蓮華經‧見寶塔品殘片	M1‧1451 [F19：W1-4] 永嘉正道歌頌 M1‧1452 [F19：W1-2] 永嘉正道歌頌 M1‧1453 [F19：W1-3] 永嘉正道歌頌 M1‧1454 [F19：W1-1] 永嘉正道歌頌〔註17〕	
M1‧1402 [F160：W2] 修習瑜伽集要施食壇儀殘件△		M1‧1455 [84H‧F197：W52／2255] 佛經殘頁△	
		M1‧1456 [F13：W28-1] 佛說金輪佛頂大威德熾盛光如來陀羅尼經殘頁 M1‧1457 [F13：W28-3] 佛說金輪佛頂大威德熾盛光如來陀羅尼經殘頁 M1‧1458 [F13：W28-2] 佛說金輪佛頂大威德熾盛光如來陀羅尼經殘頁〔註18〕	
		M1‧1459 [F9：W41] 佛說金輪佛頂大威德熾盛光如來陀羅尼經殘頁△	
		M1‧1460 [F280：W101] 金剛索菩薩版畫	
		M1‧1461 [F13：W27] 佛經殘頁△	《大方廣佛華嚴經‧入不思議解脫境界普賢行願品》殘片

〔註17〕《黑城出土文書（漢文文書卷）》在圖版陸拾（1～4））四件標記與《中國藏黑水城漢文文獻》不一致，W1～1＝國圖版W1～2，W1～2＝國圖版W1～1，W1～3＝國圖版W1～4，W1～4＝國圖版W1～3（第224頁）（第8冊，第1761～1763頁）。《證道歌頌》（《卍續藏經》（新文豐版），第114冊）體例、頌文與此不相同。

〔註18〕《黑城出土文書（漢文文書卷）》作一號。（第223頁）
《大正藏》第19冊964號經名作《佛說大威德金輪佛頂熾盛光如來消除一切災難陀羅尼經》，但內容不一致，中國嘉德國際拍賣有限公司2010年3月（嘉德四季第二十一期拍賣會）有一拍品為《佛說金輪佛頂大威德熾盛光如來陀羅尼經》（明成化十三年（1477）刻本）。

		M1・1462［F13：W16-1］佛經殘頁△	《佛說大白傘蓋總持陀羅尼經》殘片
		M1・1463［F62：W1］佛經殘頁△	《大方廣佛華嚴經・佛不思議法品》殘片
		M1・1464［F21：W2］佛說觀彌勒菩薩上兜率天經殘頁△	
		M1・1465［F62：W6］佛經殘頁△	《大方廣佛華嚴經・佛不思議法品》殘片
		M1・1466［F9：W4］佛經殘頁△	讝罪禱祀文
		M1・1467［F13：W46］佛經殘頁△	《(添品)妙法蓮華經・隨喜功德品》殘片
		M1・1468［F13：W44］佛經殘頁△	《金光明最勝王經・序品》殘片
		M1・1469［F197：W14B］佛經殘頁△	《佛頂心陀羅尼經》殘片
		M1・1470［F6：W74］佛經殘頁△	《金剛般若波羅蜜經》殘片
		M1・1471［F13：W16-2］佛經殘頁△	《佛說大白傘蓋總持陀羅尼經》殘片
		M1・1472［F245：W8］佛經殘頁△	《慈悲道場懺法》卷八殘片
		M1・1473［F245：W9］佛經殘頁△	《妙法蓮華經・譬喻品第三》殘片
		M1・1474［F79：W7］佛經殘頁△	
		M1・1475［F79：W19］佛經殘頁△	

		M1・1476［F197：W3］佛經殘頁△	
		M1・1477［F209：W11］佛經殘頁△	《佛說守護大千國土經》殘片
		M1・1478 佛經殘頁△	
		M1・1479［F6：W80］佛經殘頁△	
		M1・1480［F14：W12］佛經殘頁	
		M1・1481［F191：W101-1］釋徒智堅轉頌本 M1・1482［F191：W101-2］釋徒智堅轉頌本 M1・1483［F191：W101-3］釋徒智堅轉頌本 M1・1484［F191：W101-4］釋徒智堅轉頌本 M1・1485［F191：W101-5］釋徒智堅轉頌本 M1・1486［F191：W101-6］釋徒智堅轉頌本〔註19〕	
		M3・0014［AE184 Zhi23］金剛般若經疏論纂要下殘頁△	
		M3・0015［AE200 Zhi39］施主△	
		M1・1488［F2：W2］信眾名單△	
		M1・1489［F22：W14］佛教文獻殘頁△	
		M1・1490［F1：W8］佛教文獻殘頁△	

〔註19〕《黑城出土文書（漢文文書卷）》作一號，共七件。（第213～215頁）

《中國藏黑水城漢文文獻》失收文獻		國圖藏黑水城文獻	
館藏號／題名	重定名	館藏號／題名	重定名
F13：W11▲	金剛大威德獲救法殘片	xix4.12-3-1 宋刻本《金剛般若波羅蜜經》卷一　殘片☆	
F9：W36▲	《佛說大白傘蓋總持陀羅尼經》抄本殘片	xix4.12-3-4 宋刻本《妙法蓮華經觀世音菩薩普門品第二十五》　殘片☆	
F20：W3▲	四面咒、忿怒咒、密乳咒等修習法殘片	xix4.12-3-1-2 宋刻本　唐宗密《中華傳心地禪門師資承襲圖》殘片☆	
F191：W102▲	釋徒吳智善習學皈依頌本	xix4.12-3-1-3　宋刻本 唐宗密《中華傳心地禪門師資承襲圖》殘片☆	
F79：W7▲	《慈悲道場懺法》卷七殘片	xix4.12-3-1-5　宋刻本 唐宗密《中華傳心地禪門師資承襲圖》　殘片☆	
《中國藏黑水城漢文文獻》			
館藏號／題名	重定名	館藏號／題名	重定名
		xix4.12-3-1-6　宋刻本 疑似《中華傳心地禪門師資承襲圖》　殘片☆	

二、俄藏黑水城漢文佛教文獻目錄

　　俄藏黑水城文獻，藏於俄羅斯科學院東方研究所聖彼得堡分所，由於歷史原因導致部份文獻混入俄藏敦煌文獻（ТК、Дх）中，故致黑水城文獻對外刊佈圖版時分屬於《俄藏黑水城文獻·漢文部份》（六冊）和《俄藏敦煌文獻》（十六冊）。ТК、Инв.、А、В、Х 五個特藏號黑水城漢文佛教文獻 374 號，Дх、Ф 兩個敦煌特藏號中的黑水城漢文佛教文獻達 105 號，合計 479 號。

　　《俄藏黑水城文獻·漢文部份》第六冊附錄已刊孟列夫、蔣維崧、白濱編《敘錄》和府憲展編《分類目錄》。雖此二錄較為完整收羅黑水城漢文文獻，然亦有遺漏之處。一者，二錄並未網羅所有現已發現俄藏敦煌文獻中的黑水城文獻；二者，《敘錄》中部份文獻定名與《分類目錄》前後不一，或需要重定名；三者，《分類目錄》則有失收《俄藏黑水城文獻·漢文部份》文獻的情況。

1.《俄藏黑水城文獻》中漢文佛教文獻新舊定名對照表

　　為避文繁，本錄僅收《俄藏黑水城文獻‧漢文部份》重定名文獻，並製作成對照表，餘之則見於「黑水城漢文佛教文獻總目」，而俄藏敦煌文獻中黑水城文獻則見於下一節（「2.《俄藏敦煌文獻》中的黑水城漢文佛教文獻目錄」）。

TK		Инв		A／B	
館藏號／題名	重定名	館藏號／題名	重定名	館藏號／題名	重定名
TK17P1 佛經	《佛說觀彌勒菩薩上生兜率天經》雜寫殘片	Инв.274.2 金剛亥母自標授要門	金剛亥母自攝授要門	A8.1 彌勒真言	1. 彌勒菩薩懺儀，2. 三身佛讚
TK41.2 偈語	《法華經方便品第二》偈語	Инв.274.5 金剛修習母标授瓶儀	金剛修習母攝授瓶儀	A9 18-2 2. 陀羅尼	2.《佛頂尊勝陀羅尼》殘片
TK68B 佛經	《金剛經》殘片等〔註20〕	Инв. No.951 A. 佛經	《大方廣佛華嚴經‧入不思議解脫境界普賢行願品》殘頁	B2 1. 往生極樂偈 2. 無量壽如來念誦修觀行儀軌一卷 3. 西方淨土禮	1.《勸念佛頌》，2.《願往生禮贊偈》，3.《無量壽如來念誦修觀行儀軌》，4.《西方淨土禮》
TK61 大方廣佛華嚴經入不思議解脫境界普賢行願品	1. 大方廣佛華嚴經入不思議解脫境界普賢行願品 2. 華嚴感通靈應傳記	Инв. No.1044 禪宗文獻	《佛果圜悟禪師碧巖錄》卷一殘片	A8V1 光定八年請尊者疏	光定八年請濱（賓）頭盧尊者疏
TK64 大方廣佛華嚴經入不思議解脫境界普賢行願品	1. 大方廣佛華嚴經入不思議解脫境界普賢行願品 2. 華嚴感通靈應傳記	Инв. No.1366b 佛經科文	《摩訶衍論》卷八科文	A8V4 歸依偈	彌勒讚
TK64V 金剛經等	1. 金剛經，2. 真州長蘆了和尚外劫外錄殘片	Инв. No.1366c 佛經論釋	《摩訶衍論》卷七殘片		

〔註20〕按：「等」，指西夏文殘片。

TK65 大方廣佛華嚴經入不思議解脫境界普賢行願品	1. 大方廣佛華嚴經入不思議解脫境界普賢行願品 2. 華嚴感通靈應傳記	Инв. No.2010 禪宗文獻	《中華傳心地禪門師資承襲圖》殘片		
TK69 大方廣佛華嚴經入不思議解脫境界普賢行願品	1. 大方廣佛華嚴經入不思議解脫境界普賢行願品 2. 華嚴感通靈應傳記				
TK72 大方廣佛華嚴經入不思議解脫境界普賢行願品	1. 大方廣佛華嚴經入不思議解脫境界普賢行願品 2. 華嚴感通靈應傳記				
TK79.2 龍論第一下半	TK79.2 龍論第一下半（《釋摩訶衍論》集注）				
TK80.2 龍論第二上半	TK80.2 龍論第二上半（《釋摩訶衍論》集注）〔註21〕				

〔註21〕宗舜法師《〈俄藏黑水城文獻〉漢文佛教文獻擬題考辨》（《敦煌研究》2001 年 1 期，第 83～85 頁）將 TK79.2、TK80.2 重定名作「《釋摩訶衍論贊玄疏》卷二」。宗舜法師認為：「是《贊玄疏》本身就存在繁簡兩個版本，還是傳入日本後被人刪節，因為沒有其他資料，目錄還不能做出結論。」（第 84 頁）又，宗舜稱：「根據調查，題為《龍論》的抄本，其實是遼法悟所著《釋摩訶衍論贊玄疏》卷 2 中的內容」。如此從定名、行文而論，著者基本認定《龍論》實為《贊玄疏》，且存世《贊玄疏》有繁簡（廣略）之分，只是造成廣略二本的緣由，暫因證據不足無法確定。

索羅寧《西夏佛教「華嚴信仰」的一個側面初探》（甘肅省古籍文獻整理編譯中心編：《文獻研究》第二輯，北京：學苑出版社，2011 年，第 135 頁）中，著者據宗舜定名認為《龍論》為《贊玄疏》之略本。又，楊富學、樊麗沙《黑水城文獻的多民族性徵》（《敦煌研究》2012 年第 2 期，第 4 頁）中以宗舜定名和 F64：W1 遼希麟音義，據此論述遼夏佛教文化交流。

然而，府憲展《分類目錄·佛教》（《俄藏黑水城文獻》第 6 冊附錄，第 78 頁）參考宗舜法師文，但題名改定作「勘同遼法悟《釋摩訶衍論贊玄疏》卷二」。李燦、侯浩然《西夏遺僧一行慧覺生平、著述新探》中認為黑水城出土《龍論》與《卍續藏》中《釋摩訶衍論贊玄疏》，非所謂《贊玄疏》廣略之別，其稱：「筆者認為，我們沒有證據可以證明《續藏》中的《贊玄疏》是略本，更合理的解釋或許是黑水城本可能是一種包含了《贊玄疏》在內的集注本」。（參見註釋⑤，《西夏學》第 6 輯，上海：上海古籍出版社，2010 年，第 182 頁）

TK111V 懺悔文	薦亡儀軌			
TK161 大方廣佛華嚴經入不思議解脫境界普賢行願品	1. 大方廣佛華嚴經入不思議解脫境界普賢行願品 2. 華嚴感通靈應傳記			
TK166P 佛書殘片	《瑜伽師地論》卷38《持瑜伽處力種姓品第八》等碎片			
TK178V 佛經	《金剛經》等碎片〔註22〕			
TK191 密教雜咒經	密教法本殘片			
TK207 陀羅尼	《無量壽如來根本陀羅尼》殘片			
TK218 懺悔文	密教法本殘片			
TK257 佛經	《佛說延壽命經》殘片			
TK271 密咒圓因往生集	密咒圓因往生集錄			
TK272 佛書殘片	《佛印禪師心王戰六賊出輪回表》殘片			
TK279 大般若波羅蜜多經	《大般若波羅蜜多經》卷第四七五殘片			

　　從如是論述，對於《龍論》的性質，可分作三支，一者宗舜、索洛寧、楊富學、樊麗沙謂其為法悟《贊玄疏》；二者府憲展似為持中間立場，並未完全確認為《贊玄疏》；三者李燦、侯浩然謂之《釋摩訶衍論》集注。另則，孟列夫、蔣維崧、白濱《敍錄》（《俄藏黑水城文獻》第6冊附錄，第10頁）中，雖引宗舜文，但未改名。

　　筆者將黑城本《龍論》與《釋摩訶衍論》及疏比勘，認同李燦、侯浩然的觀點。僅以宗舜引證 TK79.2《龍論》第一葉文句為例，其實包含了法悟《釋摩訶衍論贊玄疏》卷二和普觀《釋摩訶衍論記》卷一，其他部份亦然，故《龍論》題名後附注「《釋摩訶衍論》集注」。

〔註22〕按：有西夏文碎片三片。

TK283V 佛經等	密教法本殘片				
TK294 陀羅尼等	《佛頂尊勝陀羅尼》殘片				
TK303 十子歌等	《大方廣圓覺修多羅了義經略疏》殘片、十子歌〔註23〕				
TK304 佛經	發願文殘頁				
TK307 佛經	《仁王護國般若波羅蜜多經‧奉持品第七》殘片				
TK309 佛經	《中阿含經‧王相應品說本經第二》殘頁				
TK310A 佛經	《正法念處經‧觀天品之二十二》殘頁				
TK310BV 佛經	《正法念處經‧觀天品之二十二》殘頁				
TK321 1.密教儀軌	《鐵髮亥頭欲護神求修》				
TK321.4 佛經	《妙法蓮華經‧藥王菩薩本事品第二十三》殘片				
TK322.5. 鐵髮亥頭欲護神求修序等	1.鐵髮亥頭欲護神求修序，2.古籍殘片，3.《妙法蓮華經‧藥王菩薩本事品第二十三》殘片，4.《妙法蓮華經‧藥王菩薩本事品第二十三》殘片，5.古籍殘片				

[註23] 按：一片存「十子歌」三字，餘二片為重定名文獻。原題名「十子歌等」。參見《俄藏黑水城文獻敘錄》TK303 條，已述及《大方廣圓覺修多羅了義經略疏》殘片，然未改題名。（第 36 頁）

TK275V 佛經	《華嚴經·佛不思議法品》殘片			
TK296 佛說佛名經等	《慈悲道場懺法》卷二殘片			
TK296V 金剛般若波羅蜜經等	1. 少室六門 2. 金剛經科儀殘片 3. 慈悲道場懺法卷二 4. 延壽命經 5. 大方廣佛華嚴經入不思議解脫境界普賢行願品 6. 華嚴經音義 7. 佛教文獻碎片			
TK142.1 大方廣佛華嚴經入不思議解脫境界普賢行願品	TK142.1 大方廣佛華嚴經普賢行願品疏序 TK142.2 大方廣佛華嚴經入不思議解脫境界普賢行願品			
TK161V 金剛經等	《金剛般若波羅蜜經》殘片、《真歇清了禪師語錄》(真州長蘆了和尚外劫外錄)殘片、《歷代名畫記》目錄殘片、漢文文獻殘片			
TK178V 佛經	《金剛般若波羅蜜經》殘片、《梁朝傅大士頌金剛經》殘片、西夏文文獻殘片、漢文文獻殘片			
TK295 殘片	漢文社會文獻殘片、漢文佛教文獻殘片			

2.《俄藏敦煌文獻》中的黑水城漢文佛教文獻目錄

由諸因致俄羅斯聖彼得堡東方學研究所藏敦煌文獻中，混入了一些科茲

洛夫考察黑水城所獲文獻，這些混入的黑水城文獻其中部份最早由孟列夫
（Меньшиков, Л. Н.）先生發現，其後吳其昱、府憲展、金瀅坤、榮新江等在
辨認這些源自黑水城的文獻亦作出辛勤地研究，其中榮新江先生《〈俄藏敦煌
文獻〉中的黑水城文獻》一文，全面系統的梳理俄藏敦煌文獻中黑水城文獻
的情況，而後董大學、馬振穎等又進行補充性研究。如此使得 Дx、Ф 兩個敦
煌特藏號中的黑水城文獻 141 號，其中漢文佛教文獻達 105 號。

又，《俄藏黑水城文獻》中已有部份原編入敦煌文獻序列（Ф、Дx）再次
被編入其中，然非全部俄藏敦煌文獻中的黑水城文獻。為了使得這些俄藏敦
煌文獻中的黑水城漢文佛教文獻便於利用，筆者利用前賢、同儕研究成果整
理出本錄。〔註24〕

〔註24〕本錄所利用專著、論文目錄如次：

1. 〔俄〕孟列夫主編：《俄藏敦煌漢文寫卷敘錄》（上下冊），袁席箴、陳華平
   譯，上海：上海古籍出版社，1999 年。

2. 〔俄〕孟列夫：《黑城出土漢文遺書敘錄》，王克孝譯，銀川：寧夏人民出
   版社，1994 年。

3. 方廣錩《俄藏〈大乘入藏錄卷上〉研究》，《北京圖書館館刊》1992 年第
   1 期，第 72～82 頁。

4. 方廣錩《八種粗重犯墮》，方廣錩主編：《藏外佛教文獻》第一輯，北京：
   宗教文化出版社，1995 年，第 60～63 頁。

5. 榮新江《俄藏〈景德傳燈錄〉非敦煌寫本辨》，北京：世界圖書出版公司
   北京公司，1996 年，第 250～253 頁。

6. 府憲展：《敦煌文獻辨疑錄》，《敦煌研究》1996 年第 2 期，第 84～95 頁

7. 宗舜：《〈俄藏黑水城文獻〉漢文佛教文獻擬題考辨》，《敦煌研究》2001 年
   1 期，第 82～92 頁。

8. 金瀅坤：《〈俄藏敦煌文獻〉中黑水城文書考證及相關問題的討論》，《敦煌
   學》第二十四輯（2003 年 6 月），第 61～81 頁；後收入金瀅坤：《〈俄藏
   敦煌文獻〉中黑水城文書考證及相關問題的討論》，《百年敦煌文獻整理
   研究國際學術討論會論文集》（上冊），2010 年，第 363～378 頁。

9. 宗舜：《〈俄藏黑水城文獻〉之漢文佛教文獻續考》，《敦煌研究》2004 年
   第 5 期，第 90～93 頁。

10. 榮新江：《〈俄藏敦煌文獻〉中的黑水城文獻》，《黑水城人文與環境研究
    ──黑水城人文與環境國際學術研討會論文集》，北京：中國人民大學出
    版社，2007 年，第 534～548 頁；後收入榮新江《辨偽與存真──敦煌
    學論集》，上海：上海古籍出版社，2010 年，第 165～180 頁。

11. 張湧泉《俄敦 18974 號等字書碎片綴合研究》，《浙江大學學報（人文社
    會科學版）》2007 年 5 月，第 26～35 頁。

12. 董大學《俄 Дx.284 號〈稍釋金剛科儀要偈三十二分〉考辨》，《寧夏大學
    學報（人文社會科學版）》2013 年第 1 期，第 85～87 頁。

　　本錄分 Дx、Ф 兩個系列，並以序數字先後列出。凡館藏號前標「*」，是此件已被收入《俄藏黑水城文獻》第 6 冊，餘等將對此件所在《俄藏敦煌文獻》的冊數、頁數標記於題名後。另，凡此中定名有誤，筆者一併重新定名，原題名附隨新定名之後。

《俄藏敦煌文獻》中黑水城漢文佛教文獻對照表

Дx.系列			Ф 系列		
館藏號／題名	重定名	備　註	館藏號／題名	重定名	備　註
Дx.284 稍釋金剛科儀要偈三十二分	稍釋金剛經科儀殘片	俄敦第 6 冊，第 178 頁	*Ф.123A《增一阿含經》		
*ДX591 眾生心法圖	釋摩訶衍論要門圖釋		Ф181 1. 太平興國六年法進於澄淨師所受菩薩戒文；2. 法苑珠林摘抄		俄 敦 第 4 冊，第 205 ～209 頁〔註25〕
*Дx.1336（TK140）《佛說三十五佛名經》		俄敦第 8 冊，第 101 頁；俄敦第 17 冊，第 356 頁；俄黑第 3 冊，第 201 頁	*Ф.204A《增一阿含經》		
*ДX1390 大威德熾盛光消災吉祥陀羅尼			*Ф214 親誦儀（陀羅尼）		樓按：卷末題「此親誦儀已竟」
*Дx.1445 禮佛文			*Ф221+Ф228+Ф266R 大乘入藏錄卷上		

13. 馬振穎、鄭炳林：《〈俄藏敦煌文獻〉中的黑水城文獻補釋》，《敦煌學輯刊》2015 年第 2 期，第 129～150 頁。

14. 吳其昱《列寧格勒所藏敦煌寫本概況》稱：「Дx.9585 至 10150 號，共 566 號，為奧登堡於 1909 年秋購自黑水城等地，非敦煌所出。外加盂目 9 號，亦出黑水故城（903、1325、1367、1652、2527、2784、2914、2942、2943），共 575 號。」（《漢學研究》第 4 卷第 2 期，1986 年，第 74 頁）（國立清華大學簡凱廷博士複製並寄贈論文於筆者，在此僅表謝忱。）另，榮文中或許是排版，將吳文題名誤作《列格勒所藏敦煌寫本概況》。

〔註25〕第二件原題「法苑珠林舍利義略抄」。（俄敦第 4 冊，第 209 頁）

*ДХ1447《金光明最勝王經》〈善生品第二十一〉（？）		*Ф221+Ф228+Ф266V 1. 八種粗重犯墮；2. 常所作儀軌八種不共；3. 大乘秘密啟發；4. 咒惜財不佈施者詩偈並畫〔註26〕		
*ДХ2823《法門名義集》（佛教名詞解釋）〔註27〕	俄敦第10冊，第68～71頁	Ф.222 多聞天施食儀軌		俄敦第4冊，第282頁
Дх.2875 刻本佛經〔註28〕	俄敦第10冊，第107頁	*Ф229+Ф241A 大般若波羅蜜多經卷第一百九十二初分難信解品第三十四之十一		
Дх.2876《阿毗達磨俱舍論釋論》殘片	俄敦第10冊，第107頁	*Ф229+Ф241B 1. 景德傳燈錄卷第十一；2. 大悲心陀羅尼啟請		
Дх.2877 西方三聖捺印	俄敦第10冊，第108頁	Ф234 多聞天王施食儀（多聞天陀羅尼儀軌）〔註29〕		
*Дх.2878 為天曹地府說法版畫		*Ф249+Ф327 金剛亥母修習儀		
*Дх.3143 佛在鹿野苑說法圖版畫〔註30〕		*Ф308A 版畫護法天王〔註31〕		

〔註26〕第三片，府憲展題作「大乘秘密啟發」，榮新江則作「大乘秘密發起」（《俄藏黑水城文獻》同），另，第四件「咒惜財不佈施者詩偈並畫」，府憲展記之，榮新江未記。《俄藏黑水城文獻》分作五件，第四件「惜財者像」，第五件「惜財者偈」。（第6冊，第86～87頁）《俄藏敦煌文獻》分作四件，第三、四件題名分別是「大乘秘密起發」、「惜財者像及偈」。（第4冊，第282頁）

〔註27〕宗舜將此號重定名作「《法門名義集》」，而榮新江題名未改。

〔註28〕此件存8行。

〔註29〕宗舜將此號重定名作「多聞天王施食儀」，而榮新江題名未改。

〔註30〕原題「佛本行集經卷首佛說法圖版刻」。此版有題記，云：「佛在波羅奈國鹿野苑中，為憍陳如等五比丘轉正法輪，命善來教受具足戒處」。

〔註31〕府憲展作「版畫護法天王」，榮新江作「佛像印本」。《俄藏黑水城文獻》作「護法天王版畫」。（第6冊，第109頁）

Дх.3176《金剛般若波羅蜜經》	俄敦第 10 冊，第 204 頁	*Ф311 親集耳傳觀音供養讚嘆	
*Дх.3185 密教經典〔註 32〕		*Ф312-1 捺印佛像〔註 33〕	
Дх.3249《長阿含經》殘片〔註 34〕	俄敦第 10 冊，第 238 頁	*Ф315 黑色天母求修次第儀	
Дх.4076（2-1）《阿毗達磨俱舍論》殘片	俄敦第 11 冊，第 138 頁	*Ф317A《長阿含經》卷第五第一分典尊經第三（刻本佛經）	
Дх.6306-Дх.6311 ，Дх.6313、Дх.6314、Дх.6318 、 Дх.6319《佛說觀彌勒菩薩上生兜率天經》殘片	俄敦第 13 冊，第 78～83 頁	*Ф335《金光明最勝王經》卷 9 殘頁（佛經供養偈）	
Дх.7221 刻本佛經〔註 35〕	俄敦第 13 冊，第 277 頁	*Ф360 版畫釋迦牟尼佛說法圖〔註 36〕	
Дх.7850《般若燈論釋》殘片	俄敦第 13 冊，第 344 頁	Ф362A 2. 大一切成就母永修 3. 師資相錄儀〔註 37〕	俄敦第 5 冊，第 316 頁
Дх.7867《雜阿含經》殘片	俄敦第 13 冊，第 346 頁	*Ф337 佛說竺蘭陀心文經	

〔註32〕俄敦第 10 冊原題「佛經論釋」（第 206 頁），府憲展定名「密教經典」（《敦煌文獻辨疑錄》，第 93～94 頁）、榮新江在「密教經典」後，附注「內容是說性空法」（《辨偽與存真》，第 170 頁）。又，俄黑第 6 冊定名作「說性空之法」。（第 162 頁）又，府憲展於 Дх591，稱此號見孟列夫《黑城出土漢文遺書敘錄》2046 號（第 93 頁），其未明所用版本，筆者檢王克孝譯《黑城出土漢文遺書敘錄》，其記作 2048。（第 173 頁）

〔註33〕府憲展作「捺印佛像」，榮新江作「佛經刊本附圖」。

〔註34〕馬振穎、鄭炳林定作「《長阿含經》殘片」，（《〈俄藏敦煌文獻〉中的黑水城文獻補釋》，第 132 頁）然此片存「□……□有轉輪聖／□……□重牆七重」，而此句既見於《長阿含經》之〈第四分世記經閻浮提州品第一〉，又見於《經律異相》卷二四〈金輪王王化方法三〉。既無其他佐證，似並題二名為宜。

〔註35〕此件觀其字體，非刻印，乃書寫而成，故應作抄本。存 5 行。

〔註36〕《俄藏黑水城文獻》作「釋迦牟尼佛說法圖」。（第 6 冊，第 130 頁）

〔註37〕此號共三件，第一件「星占流年」，第二件「大一切成就母永修儀」（僅存尾題），第三件與第二件相連，題名「師資相錄儀」，存 27 行（俄敦第 5 冊，第 316～317 頁）。

Дх.7898 刻本佛經〔註38〕	俄敦第 13 冊，第 350 頁			
Дх.7899《大般若波羅蜜多經》殘片	俄敦第 13 冊，第 350 頁			
Дх.7927《增一阿含經》殘片	俄敦第 14 冊，第 4 頁			
Дх.7929《增一阿含經》殘片	俄敦第 14 冊，第 4 頁			
Дх.8119《大般若波羅蜜多經》殘片	俄敦第 14 冊，第 24 頁			
Дх.8122《大般若波羅蜜多經》殘片（刻本佛經）〔註39〕	俄敦第 14 冊，第 25 頁			
*Дх.8270 華嚴三聖版畫				
Дх.8591《大般若波羅蜜多經》殘片（刻本佛經）	俄敦第 14 冊，第 66 頁			
Дх.8595《大般若波羅蜜多經》殘片〔註40〕	俄敦第 14 冊，第 67 頁			
Дх.8596《大般若波羅蜜多經》殘片	（刻本佛經）俄敦第 14 冊，第 67 頁			
Дх.9108 刻本佛像	俄敦第 14 冊，第 125 頁			
Дх.9218 刻本佛經	俄敦第 14 冊，第 139 頁			
Дх.9222、Дх.9230 刻本佛經〔註41〕	俄敦第 14 冊，第 140 頁			
Дх.9240（見Дх.9177）刻本佛經	俄敦第 14 冊，第 136 頁			

〔註38〕僅存「願我□……□／載」三字。
〔註39〕存三行，九字。
〔註40〕可與 Дх.8591、Дх.8596 互參定名。
〔註41〕二件殘片由同一刻本裂出。

Дх.9241（見 Дх.9225）《大般涅槃 經・迦葉菩薩品》殘 片（刻本佛經）		俄敦第 14 冊， 第 140 頁		
Дх.9746《長阿含經》 殘片		俄敦第 14 冊， 第 201 頁		
Дх.9963《深密解脫 經・聖者文殊師利法 王子菩薩問品》殘片 （刻本佛經）		俄敦第 14 冊， 第 220 頁		
Дх.9796《長阿含經》 殘片		俄敦第 14 冊， 第 204 頁		
Дх.10462《大般若 關》殘片（刻本佛經）		俄敦第 14 冊， 第 294 頁		
Дх.11471 佛畫扉頁		俄敦第 15 冊， 第 221 頁		
Дх.11472A.B《佛說 長阿含經護法神王 佛經》版畫殘片		俄敦第 15 冊， 第 221 頁		
Дх.11500 佛畫扉頁		俄敦第 15 冊， 第 228 頁		
Дх.11501 佛畫扉頁		俄敦第 15 冊， 第 228 頁		
Дх.11503《大般若波 羅蜜多經》卷首版畫 殘片		俄敦第 15 冊， 第 228 頁		
Дх.11504《佛說大乘 聖無量壽決定光明 如來王陀羅尼經》殘 片		俄敦第 15 冊， 第 229 頁		
Дх.11571《金剛般若 波羅蜜經》殘頁		俄敦第 15 冊， 第 247 頁		
Дх.11573《大方廣佛 華嚴經》卷十二殘頁		俄敦第 15 冊， 第 248～249 頁		
Дх.11576 1.《大般若 波羅蜜多經》；2.《般 若燈論釋・觀聖諦 品》；3.《長阿含經・ 弊宿經》；4.《中阿 含經・心品・心經》；5. 漢文佛教刻本（刻本 佛典）		俄敦第 15 冊， 第 251～252 頁		

Дх.11577《大般若波羅蜜多經・難信解品》殘片（刻本佛典）	俄敦第 15 冊，第 253 頁			
Дх.11578《觀彌勒菩薩上生兜率天經》殘卷（刻本佛典）	俄敦第 15 冊，第 253～254 頁			
Дх.11572，Дх.11576 刻本扉畫，護法神王像	俄敦第 15 冊，第 248、253 頁			
Дх.11579 捺印千佛	俄敦第 15 冊，第 255～257 頁			
Дх.11580《佛說觀彌勒菩薩上生兜率天經》卷首版畫	俄敦第 15 冊，第 257～258 頁			
Дх.11581《金剛經》卷首版畫	俄敦第 15 冊，第 258 頁			
Дх.16798 正面《金剛般若波羅蜜經破取著不壞假名論》殘片	俄敦第 17 冊，第 12 頁			
Дх.16833 正面《金剛般若波羅蜜經破取著不壞假名論》殘片	俄敦第 17 冊，第 18 頁			
Дх.18974 大方廣佛華嚴經音殘片 Дх.18976 大方廣佛華嚴經音殘片 Дх.18977 大方廣佛華嚴經音殘片 Дх.18981 大方廣佛華嚴經音殘片 Дх.19007 大方廣佛華嚴經音殘片 Дх.19010 大方廣佛華嚴經音殘片 Дх.19027 大方廣佛華嚴經音殘片 Дх.19033 大方廣佛華嚴經音殘片 Дх.19052 大方廣佛華嚴經音殘片	俄敦第 17 冊，第 305、306、306、307、315、316、321、322、326 頁			

Дх.18990 正面《金光明最勝王經》殘頁，背面為西夏文文獻		俄敦第 17 冊，第 309 頁		
Дх.18999《百字咒懺悔儀》		俄敦第 17 冊，第 313 頁		
Дх.19000 佛典〔註 42〕		俄敦第 17 冊，第 313 頁		
Дх.19050 佛經 Дх.19054 佛經	金剛亥母成就大手印修習	俄敦第 17 冊，第 326、327 頁		
Дх.19088～Дх.19090] 捺印千佛像		俄敦第 17 冊，第 343 頁		
Дх.19091～Дх.19092 捺印千佛像		俄敦第 17 冊，第 343 頁		

三、英藏黑水城漢文佛教文獻目錄

英藏黑水城文獻是由斯坦因於 1914 年第三次中亞探險活動中，發掘黑水城所獲西夏文、漢文等多種語言文獻所組成。由於英國國家圖書館為斯坦因第三次中亞探險所獲文獻設計了兩個特藏號，即 Or.8212（斯坦因第三次中亞探險所獲西夏文文獻特藏代號）、Or.12380（斯坦因第三次中亞探險所獲漢文文獻特藏代號）。如此因文獻所書文字的不同，致黑水城文獻分列於兩個特藏號下。又，英藏黑水城文獻歷經四次刊佈，其中 Or.8212 先後歷經馬伯樂、郭鋒、沙知三次刊佈，Or.12380 則由北方民族大學、上海古籍出版社、英國國家圖書館聯合刊佈，如此為統計黑水城文獻帶來一些不便。

為清楚說明四家刊佈黑水城文獻的情況，今據四家所刊佈的時間先後及文本分述如次：

1. 馬伯樂刊本

馬伯樂《斯坦因第三次中亞探險所獲漢文文書》（Henri Maspero: *Les Documents Chinois: De La Troisième Expédition De Sir Aurel Stein En Asia Centrale*. London: The Trustees of British Museum, 1953.）

〔註42〕其中有《杵偈》。

馬伯樂書中按序號計 607 號，然而，事實上有些號在書中僅記號數，未著錄文獻情況，故實際所刊佈的文獻應少於 607 號。馬伯樂所刊黑城文獻在書中「Cinquième Partie: Documents provenat de Khara-khoto」，〔註43〕473607，實載 132 號，〔註44〕其中佛教類從 572 至 607，實載 34 號。〔註45〕郭峰稱馬伯樂刊佈黑水城文獻 134 件，〔註46〕誤。一者，若未減去 541、604、605 三號未著錄，原書記為「缺」（manquant），馬伯樂所刊黑水城文獻應是 135 號；二者，馬伯樂所記號數，非件數。

2. 郭鋒刊本

郭鋒《斯坦因第三次中亞探險所獲甘肅新疆出土漢文文書——未經馬伯樂刊佈的部份》，蘭州：甘肅人民出版社，1993 年。

郭鋒所刊包括公佈殘片錄文，及另編撰《大英圖書館斯坦因三探所獲甘肅新疆出土文書記注目錄（初稿）》〔註47〕（以下簡稱「郭錄」）。郭峰所刊黑水城文獻殘片錄文在書中「五、黑城子（Kharhoto）文書」，從〈二三九〉至〈三四四〉，〔註48〕以 Or8212 流水號計 77 號，若以 Or8212 流水小號、發掘地編號，則 107 號，109 件。

郭錄記載 Or.8212 系列 1-1946 號，黑水城文獻（Or.8212／1105-1344），其中 1170、1190、1222、1340 四號缺登記，實計 236 號，非佛教文獻 131 號，佛教文獻 105 號。〔註49〕又，沙知將 1170、1190 二號非佛教文獻予以刊佈，

〔註43〕 Les Documents Chinois: De La Troisième Expédition De Sir Aurel Stein En Asia Centrale, pp.192～231.

〔註44〕 非佛教類文獻，包括社會文獻和道教文獻，從 473～571，其中 541 未著錄（N°541〔manquant〕, p215）。另，564 分作 564（1）、564（2）兩個號，565 亦分作 565、565a 兩個號。（pp.220～221）

〔註45〕 佛教類 604、605 未著錄（N°604 et 605〔manquant〕, p231）。

〔註46〕 「黑城子文書已有馬斯伯樂刊佈者共 134 件」（《斯坦因第三次中亞探險所獲甘肅新疆出土漢文文書——未經馬斯伯樂刊佈的部份》，第 24 頁）

〔註47〕 《斯坦因第三次中亞探險所獲甘肅新疆出土漢文文書——未經馬斯伯樂刊佈的部份》，第 203～237 頁。

〔註48〕 《斯坦因第三次中亞探險所獲甘肅新疆出土漢文文書——未經馬斯伯樂刊佈的部份》，第 128～161 頁。

〔註49〕 統計黑城文書，1105-1344 號（第 213～218 頁），實缺 1170、1190、1222、1340，四號未著錄。另，1177-1184，又單列 1183（第 215 頁）；1293-1336，又單列 1302、1334（第 217 頁）；計 234 號。另 1825-1830，六號為黑城文書，總計 240 號，其中佛教文書 105 號。

如是 Or.8212 系列黑水城文獻應計 238 號。

馬伯樂所刊亦計入郭錄，其在「200-855 按馬伯樂整理之三探文書 607 件即入此號內」。〔註 50〕

3. 沙知刊本

沙知、吳芳思主編《斯坦因第三次中亞考古所獲漢文文獻（非佛經部分）》第 1、2 冊，上海：上海辭書出版社，2005 年。

沙知所刊佈文獻，絕大部份已在馬伯樂和郭鋒書中刊佈，或見諸於郭錄。對照郭錄，其從 Or.8212／160～1946 選取部份重新刊佈，包括圖版和錄文。馬伯樂已刊黑水城文獻，沙知選取了部份予以重新刊佈，刊佈號數如下，478～633、643、660、697～721、723～821、849。郭鋒已刊黑水城文獻（Or.8212／1105～1344）亦選取部份重新刊佈，1105～1109、1113～1114、1116～1123、1125～1126、1128、1131～1132、1135～1140、1142～1157、1160～1176、1178～1201、1203～1210、1216、1219～1221、1224、1242～1248、1250～1251、1261、1267～1268、1270～1271、1285、1287、1291、1293～1294、1300、1302、1314～1315、1326、1330、1334、1337、1341～1344。

沙知刊佈黑水城文獻中，有十三號原屬郭錄之佛教文獻，〔註 51〕經沙知勘定為非佛教文獻。然而，1261、1294（E）、1302、1314、1315 背、1326、1330（25），筆者查看圖版後，據殘片內容而論，仍應為佛教文獻，餘 1216、1271、1285、1293、1294（AB）（D）、1315 正、1330（19）〔註 52〕（22）（23）（24）屬非佛教文獻。又，非佛教文獻中，有六號沙知未刊，〔註 53〕而郭錄中四十八號僅著錄題名〔註 54〕，沙知予以刊佈。另，沙知所刊 1170、1190 二號郭錄未見。

樓按：郭氏雖列 1-1946 號，但有缺號現象，如上黑城文獻部份有四個號未登錄，且有空號，又郭氏有重複列號的現象，如黑城文獻中有兩處，如此流水號與文獻對應而計，實則遠未有 1946 號。

〔註 50〕《斯坦因第三次中亞探險所獲甘肅新疆出土漢文文書——未經馬斯伯樂刊佈的部份》，第 206 頁。

〔註 51〕十三號分別為 1216、1242、1261、1271、1285、1293、1294、1300、1302、1314、1315、1326、1330。

〔註 52〕1330（19）沙知題名「經品題簽殘片」（第 2 冊，第 137 頁），此件僅存「■品」。宗教經典文長者皆會分品，而僅以「品」一字是難以判定屬於何種宗教文獻。

〔註 53〕六號分別為 1158、1159、1211、1269、1223、1292。

〔註 54〕四十八號分別為 1118-1120、1128、1132、1136、1142-1149、1154、1166、1170、1171、1175、1176、1178-1182、1184、1188、1189、1190、1192-1197、1198-1201、1203-1209、1242、1250。

沙知刊佈黑水城文獻 302 號，馬伯樂已刊部份 Or.8212／726 至 849，選 153 號重刊；郭鋒已刊部份 Or.8212／1105 至 1344，除去 Or.8212／1221（B）（C）KK.Ⅱ.0239.vvv 為織品殘片，選 149 號。

4. 北民大刊本

北方民族大學、上海古籍出版社、英國國家圖書館《英藏黑水城文獻》第 1～5 冊，上海：上海古籍出版社，2005～2010 年。

由北方民族大學、上海古籍出版社、英國國家圖書館三家合作刊佈的英藏黑水城文獻，即 Or.12380 系列特藏文獻，其主體部份有西夏文文獻構成，除此之外，還包括少量漢文、回鶻文、藏文、梵文文獻。以館藏號從 0001～3958，但其中 0339～0343、3407、3427、3460、3660、3665、3666、3695.11、3861、3867、3872、3880、3898～3900、3904、3906、3922、3924、3950，二十三號標記「（原缺），館藏目錄原注 Missing」。北民大刊本共刊佈漢文文獻 131 號，佛教文獻 90 號。另，〈敘錄〉雖有記錄，然未見收入圖版，0395（K.K.II.0285.www）〔註55〕，0599V（K.K.），3771.b.5（K.K.II.0232.ee）、3771.6（K.K.II.0232.ee）、3771.7（K.K.II.0232.ee）、3771.8（K.K.II.0232.ee）、3771.9（K.K.II.0232.ee），〔註56〕3830.04（K.K.）、3830.05（K.K.）、3830.06（K.K.）、3830.07（K.K.）、3830.b8（K.K.）、3830.09（K.K.）、3830.10（K.K.）、3830.11（K.K.）、3830.12（K.K.）、3830.13（K.K.）、3830.14（K.K.）、3830.15（K.K.）〔註57〕、3915.9（K.K.）〔註58〕。

〔註55〕0395（K.K.II.0285.www）1.曆書（漢文）2.佛經 3.殘片（漢文）（第 1 冊，第 153～154 頁）樓按：未見漢文殘片。圖版作 0395a 曆書三件、0395b 西夏文佛經三件。

〔註56〕天慶十三年裝松壽典當文契（漢文）樓按：第五冊僅刊四號，3771.a.1（K.K.II.0232.ee）、3771.2（K.K.II.0232.ee）、3771.3（K.K.II.0232.ee）、3771.4（K.K.II.0232.ee），此五號圖版未刊。

〔註57〕大孔雀明王經（漢文）樓按：04～15 圖版未刊。

〔註58〕3915.9（K.K.）1.佛經 2.殘字（漢文）（第 5 冊，第 292 頁）。

四家刊佈英藏黑水城漢文文獻‧漢文佛教文獻總表（號數）

英圖藏序號	Or.8212						Or.12380	
刊佈者	馬伯樂		郭鋒〔註59〕		沙知		北民大	
文獻類型	非佛	佛	非佛	佛	非佛	佛	非佛	佛
原號數	97	35	131	105	301	3	41	90
重定後號數			124	112	289	15	39	89
	132		236		304			
	370〔註60〕／147						128〔註61〕／89	
總量／佛教類	498／236							

Or.8212 特藏說明：

　　馬伯樂所刊佈 572～607 號，除 N°599.─KK.Ⅱ.0238（k）景德傳燈錄（對照號 0849／599），餘未見於《斯坦因第三次中亞探險所獲甘肅新疆出土漢文文書──未經馬斯伯樂刊佈的部分》、《斯坦因第三次中亞考古所獲漢

〔註59〕 數據依《大英圖書館斯坦因三探所獲甘肅新疆出土文書記注目錄（初稿）》統計，未計入馬伯樂刊佈號數。郭鋒刊佈號數為 107 號，其中佛教文獻 1 號，經重定名後，佛教文獻 4 號。

〔註60〕 計入 1170、1190 二號，郭錄未登記。

〔註61〕 譚翠：《英藏黑水城文獻所見佛經音義殘片考》（《文獻》2012 年第 2 期，第 34～37 頁）Or.12380-0530（K.K.II.0243g），原題「漢文音義」；Or.12380-3374（I.yav.02），原題「漢文韻書」，重定名分作《新集藏經音義隨函錄》卷二《法鏡經》和《法苑珠林音義》。如此，佛教類文獻須增加二號。又，有三號原題漢文文獻，實為西夏文文獻，須從漢文非佛教文獻中刪除；又，三號原題佛教文獻，實非為佛教文獻，須轉入漢文非佛教文獻。具體情形如次。

1. 原題漢文，實西夏文（三號）
   2728（K.K.）佛經（漢文）（第 210 頁）樓按：非漢文，乃西夏文，內容待定；3495（K.K.II.0280.s）注音佛經（漢文）（第 4 冊，第 198 頁）樓按：圖版無「漢文」。此號為西夏文，藏文注音；3698（K.K.）佛經（漢文）〈敘錄〉：「館方目錄原注 Missing」。（第 5 冊，第 59 頁），而在第四冊圖版上（第 5 冊，第 355～357 頁）分作 3698a（K.K.）、3698b（K.K.）、3698c（K.K.），且均為西夏文。

2. 原題佛教文獻，實非佛教文獻（三號）
   0137aRv（K.K.）、0137b（K.K.）、0137cRv（K.K.）漢文戒本，2730（K.K.）佛經（漢文）（第 3 冊，第 210 頁）樓按：0137（K.K.）漢文戒本，共四件，圖版分作四號，另，0137d Rv（k.k）仍定作佛教文獻；2737（K.K.）經疏（漢文）／漢文佛經論釋（第 3 冊，第 212 頁）。

文文獻（非佛教部份）》。

郭錄所載黑水城文獻包括兩部份，一者 726～855 號，即馬伯樂所刊佈（473～607），其僅起止號數，並未刊佈每一號的題名；二者 1105～1344 號，並刊佈每一號的題名。

沙知刊佈 Or.8212 編號與馬伯樂、郭鋒二家並不一致，且其僅刊佈部份，而郭鋒雖未刊佈全部 Or.8212 特藏系列黑水城文獻，但其編製《大英圖書館斯坦因三探所獲甘肅新疆出土文書記注目錄（初稿)》，便於統計數據，故據郭鋒和馬伯樂作為統計 Or.8212 特藏系列黑水城文獻的號數。

沙知：所刊佈黑水城文獻圖版 241 號可於郭錄中查檢，其中 98 號可見於馬伯樂刊本，143 號見於郭鋒刊佈或郭錄。另，沙知所刊 1170、1190 二號郭刊、郭錄均未見，將此二號計入 Or.8212 系列黑水城漢文文獻總數，如是合計馬伯樂、郭鋒所刊，Or.8212 系列黑水城漢文文獻總計 370 號，佛教文獻 146 號。若再合計 Or.12380 系列黑水城漢文文獻，則英藏黑水城漢文文獻總數為 498 號，漢文佛教文獻是 236 號。

沙知、郭鋒、馬伯樂編號異同對照簡目

馬刊——沙知刊

1. Or.8212／764，馬刊二件（No.513），編號一個，KK.0118（g）。沙知刊三件，編號 KK.0118（gg、nn、ff），其中 gg、ff 馬伯樂已刊佈。

2. Or.8212／775，馬刊（No.524）刊四件，編號 KK..0118（u），沙知刊四件，編號 KK..0118（a、c、s、z）。內容同。

3. Or.8212／808，馬刊（No.558）刊四件，編號 KK..0118（e），沙知刊四件，編號 KK..0118（i、k、n、o）。

4. Or.8212／768，馬刊（No.517）、沙知刊同。編號略異，馬刊（h、j、k），沙知（（h、j、R）。從內容三號可以對應，然 k、R，不知何家登記錯誤。

5. Or.8212／794，馬刊（No.544）、沙知刊同。編號同，KK.I.0232.（ee、ff、gg、ii、jj、ll、oo、pp、qq、rr、ss）按：沙知刊將 ll 誤錄為 ii，致出現兩個 ii。

郭刊／郭錄——沙知刊

1. Or.8212／1135，郭刊二件（二五五），編一個號 KK.0118.ee（i）；沙知刊

三件，編號三個 0118.ee（i）、0118.ee（ii）、0118.ee（iii），其中 0118.ee（i）、0118.ee（iii）見於郭刊本。

2. Or.8212／1149，郭錄「1148～1149 無字紙片 KK.0118vv」；沙知刊十件，編作十個小號。

3. Or.8212／1221，郭刊二件（三〇九、三一〇），殘書信文兩件，「Or.8212／1221a、b 無原編號 19×9.5cm，共二碎片，行書。筆體同。」沙知刊三件，編號三個。（B）（C）KK.II.0239.vvv 織品殘片，二件；KK.II.0239.VVV 書信正背，一件。按：郭刊無錄文。

4. Or.8212／1293，郭錄，「1293～1336 殘佛經刻本 KK.II.015～024、KK.IV.04」。沙知刊，編號三個，二件，等判官（A）（B），殘片（C）。

5. Or.8212／1294，郭錄，「1293～1336 殘佛經刻本 KK.II.015～024、KK.IV.04」。沙知刊，編號四個，「麥帳殘片」A、B，殘片 D，印本殘片 E。

6. Or.8212／1330，郭錄，「1293～1336 殘佛經刻本 KK.II.015～024、KK.IV.04」。沙知刊，編號五個，「經品題簽殘片」（19），「文書殘片」（22）、（23）、（24），「寫本及文書殘片」（25）。

Or.12380 特藏說明

Or.12380 特藏由北方民族大學、上海古籍出版社、英國國家圖書館編纂《英藏黑水城文獻》刊佈，在第五冊附有束錫紅等編製〈敘錄〉（第 1～65 頁），〈敘錄〉記錄 Or.12380 特藏系列黑水城文獻之題名、編號、尺寸、紙質等，然〈敘錄〉所載文獻，或未見文獻圖版〔註 62〕；或非漢文文獻，誤錄為漢文文獻；或非佛教文獻，誤作佛教文獻。凡前者將於總目中記作「缺」，凡屬後二者，檢核圖版，今予以正之，簡目如次。

英藏 Or.12380 特藏系列黑水城漢文文獻修訂簡目

1. 0137（K.K）漢文戒本

　　樓按：圖版分作四個小號，其中 0137aRv、0137b、0137cRv 非佛教文獻。

2. 0395（K.K.II.0285.www）3.殘片（漢文）

　　樓按：圖版未刊。

〔註 62〕〈敘錄〉第 3 條載，「本敘錄中記錄的某些文獻，因館方未能提供圖版，故本書著錄中有，正文圖版缺如。」（第 1 頁）然其並未予以標記出。

—213—

3. 0599V（K.K.）佛經（漢文）

　　樓按：圖版未刊。

4. 2728（K.K.）佛經（漢文）

　　樓按：非漢文，乃西夏文，內容待定。

5. 2730（K.K.）佛經（漢文）

　　樓按：非佛教文獻。

6. 2737（K.K.）經疏（漢文）

　　樓按：第三冊圖版作「漢文佛經論釋」，非佛教文獻。參見附錄三《黑水城漢文佛教文獻待定名總錄及其錄文》之 2.17。

7. 3495（K.K.II.0280.s）注音佛經（漢文）〔註63〕

　　樓按：圖版無「漢文」。此號為西夏文，藏文注音。

8. 3698（K.K.）佛經（漢文）

　　樓按：〈敍錄〉：「館方目錄原注 Missing」。（第 59 頁），而在第四冊圖版上（第 355～357 頁）分作 3698a（K.K.）、3698b（K.K.）、3698c（K.K.），且均為西夏文。

9. 3722（K.K.）紙序號（第 16 頁）

　　樓按：漢文。存「下五」二字。

10. 3830.04-15（K.K.）大孔雀明王經（漢文）

　　樓按：圖版未刊。

11. 3915.9（K.K.）2. 殘字（漢文）

　　樓按：未見漢文。

12. 3921.1（K.K.）1. 佛經 2. 佛說天地八陽神咒經（第 344 頁）

　　樓按：經重定名 1. 不空成就如來真言、無量壽如來真言等咒語殘片，2. 為非佛教文獻。

〔註63〕相關考察參見維・彼・扎伊采夫、戴忠沛：《英國國家圖書館藏西夏文殘片 Or.12380／3495 再考》，《西夏研究》2021 年第 1 期，第 111～118 頁。Viacheslav Zaytsev, Chung-pui Tai: Re-examination of the Tangut Fragment Or. 12380／3495 from the Collection of the British Library, The 6 105 th International Symposium on Oriental Ancient Documents Studies, 2016, pp.105～105.（http://www.orientalstudies.ru/rus/images/pdf/a_zaytsev_tai_2016.pdf.）

四家刊佈英藏黑水城漢文佛教文獻對照表

特藏號 刊佈者	Or.8212				Or.12380			
	馬伯樂[註64]		郭鋒[註65]		沙　知		北民大	
	館藏號／題名	重定名	館藏號／題名	重定名	館藏號／題名	重定名	館藏號／題名	重定名
	N°572.–KK.II.0276 (hhh) 妙法蓮華經 0822		1162 無編號殘文* （第141頁） 郭錄：第214頁	佛教文獻殘片	849 K.K.II.0238 (k) 寫本《景德傳燈錄》 散頁 馬刊：第599頁		0080aRV（K.K.II. 0283） 漢文佛經	漢文佛教文獻
	N°573.–KK.I.ii.02 (y) 妙法蓮華經 0823		1202 kk I 0231dd 金剛波羅蜜多經		1114 K.K.0117y (i) 印本殘片 郭刊：殘文，第130頁	《肇論疏》 殘片	0080bRV（K.K.II. 0283）漢文佛經 0080cRV（K.K.II. 0283）漢文佛經	《（添品）妙法 蓮華經·觀世 音菩薩普門 品》刻本殘片

[註64] 馬伯樂刊佈文獻時，並逕記英藏圖書館藏號，而沙知《斯坦因第三次中亞考古所獲漢文文獻（非佛教部份）》，因其只刊佈非佛教部份，故其後附錄「文書編號對照表（一）、（二）」（第342~343、351~353頁）也就未編入佛教文獻，當然其中刊佈的零星一二件佛經文獻，則另當別論。

沙知「文書編號對照表（二）」「VI.黑城子」下，可見0821/571，另刊0849/599景德傳燈錄。馬伯樂刊佛教類（572~607）。據此推知馬伯樂所刊佛教文獻於英圖對照館藏號。

[註65] 依郭鋒先生所編《大英圖書館斯坦因三探所獲甘肅新疆出土文書記注目錄（初稿）》中所刊黑水城文獻逐錄，其中200~855號，馬伯樂已刊部份。目錄中略去未記。目錄著錄題名、尺寸、存文行數、未及內容，未及書屬於佛教文獻，對「佛經殘片」「殘佛經刻本」之類，即無從查考。另，書中「黑城子文書」所刊佈社會文書（第1冊，第35~36頁）分作三號，圖版。圖版：0080aRV、0080bRV、0080cRV，後一號重定名。

[註66] 0080（K.K.II.0283）漢文佛經，圖版（第1冊，第35~36頁）漢文佛經。

N°574.－KK.II.0297（cc）添品妙法蓮華經 0824	1211 kkII0299tt *內容不明殘文	四天母咒語殘片	1162《五燈會元》卷第十一殘文 郭刊：殘文無編號，第141頁	佛教文獻殘片	0137（K.K.）漢文戒本（註67）0137d Rv（k.k）	金剛乘懺法（懺悔心）殘片
					0137aRv（k.k）0137c Rv（k.k）0137b	漢文殘片
N°575.－KK.III.026（a）添品妙法蓮華經 0825	1212～1214 kkII0299ww 佛經殘片3		1242 K.K.II.0244.a.xxiv 印本古籍？殘頁 郭錄：殘刻本佛經發掘地 K.K.II.0243（第216頁）	《華嚴感通靈驗傳記》刻本殘片	0181（K.K.）漢文佛經經疏	
N°576.－KK.III.020（s）添品妙法蓮華經 0826	1215～1218 kkII0238、0236、0239 等佛經殘片4		1261 K.K.II.0277.hhh（i）（ii）殘句 郭錄：殘佛經碎片，第217頁	《少室六門·第一門·心經頌》殘片	0320h-（K.K.II.0285）漢文佛經	
N°577.－KK.III.020（r）添品妙法蓮華經 0827	1223 無編號本 *殘刻本（殘刻本失名書）	觀世音經稱頌文	1270 K.K.II.0282.b（ii）禮敬金剛修習 郭刊：第155～156頁	金剛亥母修法殘片	0320iRV（K.K.II.0285）妙法蓮華經觀世音菩薩普門品第二十五	

（註67）圖版（第 1 冊，第 51～52 頁）分作四號，0137aRv、0137b、0137aRv、0137dRv。據 0137aRv、0137b、0137cRv、0137dRv 所存文字，擬定名作「漢文殘片」。

金剛般若波羅蜜多經（羅什本）	殘刻本佛經	殘片・文書（郭錄／郭刊）	題名	編號
N°578.—KK.II. 0290（t）.（1-4）金剛般若波羅蜜多經（羅什本）0828	1225 kkII0242r 殘刻本佛經二片	1291 K.K.III.015.oo（i）西夏乾祐年間文書殘片　郭錄：乾祐十年殘帖？　郭刊：乾祐十年殘文，第157頁	乾祐年佛教寺院文書	0320j（K.K.II.0285）妙法蓮華經觀世音菩薩普門品第二十五
N°579.—KK.II. 0290（t）金剛般若波羅蜜多經（羅什本）0829	1226～1242 kkII0243 殘刻本佛經 17	1294（E）K.K.III. 015.s 印本殘片　郭錄：殘佛經刻本第217頁	《慈悲道場懺法》卷六殘片	0425（K.K.II.0285.a.x xviii）漢文佛經殘片
N°580.—KK.II. 0258（u）金剛般若波羅蜜多經（羅什本）0830	1249 殘佛經刻本	1302(1)KK.III.020.w道書殘片　郭刊：道教殘文　1302（2）KK.III.020.w（i）道書殘片　郭刊：道教殘文	《天地八陽神咒經》殘片	0477（K.K.）漢文佛經　佛經
N°581.—KK.II. 0269（i）金剛般若波羅蜜多經（羅什本）0831	1252～1266kkII0 260u・262p・254m，269i・0270xx・0274～0280 殘佛經碎片 15	1314 KK.III.021.ss（ii-iii）印本殘片　郭錄：殘佛經刻本，第217頁	《（添品）妙法蓮華經觀世音菩薩普門品》殘片	0532a（K.K.II.0243.w）漢文佛經〔註68〕

〔註68〕0532（K.K.II.0243.w）漢文佛經（第1冊，第198頁）。圖版分作0532a（一件）、0532b（二件。一件存字，一件魚字）二號。

定名	佛教文獻	編號	定名
0530（K.K.II.）0243g）漢文音義 0532b（K.K.II.）0243.w）漢文佛經	佛教文獻殘片	1315 肯 K.K.III.022.v 印本曆書殘片 郭錄：殘佛經刻本，第217頁	《新集藏經音義隨函錄》卷二《法鏡經》音義
0598（K.K.）漢文佛經名詞 〔註71〕	《陀羅尼雜集·佛說呪經》殘片	1326 KK.III.025（i）道書殘片 郭錄：殘佛經刻本，第217頁	《少室六門》殘片
0599（K.K.）漢文大方廣佛華嚴經梵行品	《天地八陽神呪經》殘片	1330（25）正 KK.III. 025. n 寫本殘片 郭錄：殘佛經刻本，第217頁	
0599V（K.K.）漢文佛經 〔註72〕		805 KK.0152（e）元上師佈施小麥殘片 馬刊：第218頁	

定名	內容	編號
N°582.-KK.II. 0233（zzz）.（ietii）. 金剛般若波羅蜜多經（羅什本）0832	四天母咒語殘片	1269 KK 無原編號 內容不明殘文* 〔註69〕
N°583.-KK.II. 0239（zz） 金剛般若波羅蜜多經（羅什本）0833	金剛亥母修法殘片	1270 kk 無編號 *殘修煉法小冊子（佛教絕食等修煉法）〔註70〕
N°584.-KK.II. 0243（cc）.（i²） 金剛般若波羅蜜多經（羅什本）0834	《梁朝傅大士頌金剛經》殘片	1271～1286 kkII015 殘佛經碎片 16
N°585.-KK.II. 0243（cc）.（i³） 金剛般若波羅蜜多經（羅什本）0835	《梁朝傅大士頌金剛經》殘片	1288～1290 kkII015 殘佛經碎片 3

〔註69〕著錄時說明「內容同前1211」（第217頁）

〔註70〕郭峰正文、目錄著錄題名不一，分別是「佛教絕食等修煉法」、「殘教煉法小冊子」（《斯坦因第三次中亞探險所獲甘肅新疆出土漢文文書——未經馬斯伯樂刊佈的部分》，第155、217頁）沙知先生則依抄本首題定名作「敬食金剛修習」。

〔註71〕《敘錄》題名作「寫本（漢文）」（第1冊・第219頁）」圖版（附錄・第10頁）」另題作「漢文佛經名詞」。

〔註72〕僅見《敘錄》〔附錄〕（第10頁）圖版中未見。

N°586.–KK.II.0243（cc）.（i'）金剛般若波羅蜜多經（羅什本）0836	《梁朝傅大士頌金剛經》殘片	1291 kk.III015.oo（i）*乾祐十年殘帖	乾祐年佛教寺院文書	1208 [K.K.I.ii.02z] 殘文 郭錄：破碎片：第215頁	《廣大發願頌》殘文	0610（K.K.II.0230.aa）漢文佛經	《佛說大乘聖無量壽決定光明王如來陀羅尼經》殘片
N°587.–KK.III.016（a）(i-iv) 金剛般若波羅蜜多經（羅什本）0837		1293～1301，1303～1333，1335～1336殘佛經刻本（註73）42				0627（K.K.）漢文陀羅尼	
N°588.–KK.III.022（u）(1)、(2)（y）金剛般若波羅蜜多經（羅什本）0838		1302（1）KK.II.020.w（i）殘道教文（道教殘文） 1302（2）KK.II.020.w（ii）殘道教文（道教殘文）（第158頁）	《天地八陽神咒經》殘片			0686（K.K.）漢文佛經	《佛說大乘聖無量壽決定光明王如來陀羅尼經》殘片
N°589.–KK.III.023（a）(i、ii、iii)(iv) 金剛般若波羅蜜多經（羅什本）0839		1339 殘佛經刻本（第159頁）	《大智度論・薩陀波崙品》殘片			2350（K.K.II.0279.ww）漢文陀羅尼	

（註73）郭錄原記作「1293～1336 kkII015～024、kkIV04 殘佛經刻本」（第217頁），但後又將 1302、1334 二件非佛教文獻單列，為清楚期間，故重新列舉號數。

N°590.–KK.III.022（t）金剛般若波羅蜜多經（羅什本）0840		2369（K.K.）漢文佛經 《廣大發願頌》殘片
N°591.–KK.III.020（u et v¹）金剛般若波羅蜜多經（羅什本）0841		2370（K.K.III.022.d）漢文佛經科文
N°592.–KK.III.020（v）金剛般若波羅蜜多經（羅什本）0842		2659（K.K.II.0237.b）漢文佛經
N°593.–KK.III.021（rr）et 024（x¹）金剛般若波羅蜜多經（羅什本）0843		2719（K.K.）漢文佛經 《梵網經》殘片
N°594.–KK.III.024（x²，x³，x⁴，x⁵）金剛般若波羅蜜多經（羅什本）0844		2720（K.K.）漢文佛經
N°595.–KK.II.0249（k）大方廣佛華嚴經0845		2722（K.K.）漢文佛說無量壽決定光明王如來陀羅尼經（註74）

〔註74〕經名全稱《佛說大乘聖無量壽決定光明王如來陀羅尼經》。

2723（K.K.）漢文 佛經			
2724（K.K.）漢文 佛經			
2725（K.K.）漢文 佛說無量壽決定 光明王如來陀羅 尼經			
2726（K.K.）漢文 佛經			密教修習法本 殘片
2727（K.K.）漢文 佛經			
2735（X.xvii）漢 文大方廣佛華嚴 經入不思議解脫 境界普賢行願品			

N°596.–KK.II.0258 （t） 大方廣佛華嚴經 0846			
N°597.–KK.II.029 （uu） 大方廣佛華嚴經 0847			
N°598.–KK.II.0245 （m） 大方廣佛華嚴經 0848			
N°599.–KK.II.0238 （k）. 景德傳燈錄（反面） 大般若波羅蜜多經 （正面）0849			
N°600.–KK.II.0281 （a）.（xl） 觀無量壽經甘露疏 0850			
N°601.–KK.III.022 （s）. 阿彌陀經 0851			

N°編號		編號	題名
N°602.-KK.III.022 (r). 阿彌陀經 0852		2736 (K.K.) 漢文佛經	佛説聖大乘三歸依經之御制發願文殘片
N°603.-KK.II.0261 (r et s).大隨求陀羅尼 0853		2880.1 (K.K.II.0240.oo) 天慶元年不空絹索經發願文(梵文、漢文)	
N°606.-KK.II.0233 (rrr) 佛説聖無量壽王并多心經 0854		2880.2 (K.K.II.0240.oo) 天慶元年不空絹索經發願文(梵文、漢文)(註75)	
N°607.-KK.II.0280 (b)(iii) 大方廣佛華嚴經 (註76) 0855		3132 (K.K.II.0266.q) 漢文佛經	《大方廣佛華嚴嚴經・入法界品》殘片
		3174.1 (K.K.) 漢文佛經 (註77)	

〔註75〕2880.1（K.K.II.0240.oo）、2880.2（K.K.II.0240.oo），圖版（第261頁）僅作一號（三件），即2880（K.K.II.0240.oo），題名作「梵文天慶元年十月十七日印施文」。一件悉曇體梵文，二件漢文印施文。漢文為二葉，每葉十行，行十至十一字。「不空絹索」書於梵文頁上。此應為刻印「不空絹索陀羅尼」之卷末，所存字文意貫通，乃稱頌陀羅尼之殊勝利益。

〔註76〕此號原末標題，而是在N°598.-KK.II.0245（m）說明中稱N°598第二葉與N°607版本相同。(Les documents chinois de la troisième expédition de Sir Aurel Stein en Asie Centrale，p.230)

〔註77〕圖版（第4冊，第30頁）作3174a（k.k.）。

3374（I.yav.02）漢文韻書	《法苑珠林音義》			
3490（K.K.）漢文妙法蓮華經觀世音菩薩普門品〔註78〕				
3498（K.K.II.0282.b.iii）漢文佛經	佛說聖大乘三歸依經殘片			
3500（K.K.II.0293.a）漢文梵文陀羅尼				
3507V（K.K.II.0228.n）漢文金光明最勝王經如來壽量品第二〔註79〕				
3541（K.K.II.0275.iii）漢文佛經〔註80〕				
3554（K.K.）漢文佛經	《佛說觀彌勒菩薩上生兜率天經》殘片			

〔註78〕　《添品妙法蓮華經觀世音菩薩普門品》同此。

〔註79〕　〈敘錄〉未注漢文。（第54頁）

〔註80〕　〈敘錄〉未注漢文。（第55頁）

3627（K.K.）漢文八關齋戒儀軌	3628（K.K.）漢文佛經	3630（K.K.）漢文廣大發願頌	3703（K.K.II. 0281.a.i）佛經〔註81〕	3733（K.K.II. 0281.a.xxiv）漢文金剛般若波羅蜜經	3779.6（K.K.）漢文佛經	3819（K.K.）漢文佛經〔註82〕	3822（K.K.）金剛經（漢文）	
			《（添品）妙法蓮華經·觀世音菩薩普門品》殘片				《（添品）妙法蓮華經·序品》殘片	

〔註81〕〈敘錄〉（第59頁）與圖版（第365頁）皆未注漢文。

〔註82〕樓按：從圖版觀之，此號為多層殘片黏合而成，未經修復展開，可辨文字僅「此經」，餘者皆無法辨識。

文獻編號	名稱					
3823（K.K.）彌勒上生經（漢文）	彌勒菩薩懺儀					
3824（K.K.）梁朝傅大士頌金剛經莊嚴淨土分第十（漢文）	《金剛般若波羅蜜經》殘片					
3824V（K.K.）梁朝傅大士頌金剛經莊嚴淨土分第十（漢文）	《金剛般若波羅蜜經》殘片					
3827（K.K.）佛經（漢文）	《大方廣佛華嚴經·梵行品》殘片					
3829（K.K.）妙法蓮華經觀世音菩薩普門品（漢文）（註83）						
3830.a1（K.K.）大孔雀明王經（漢文）						
3830.02（K.K.）大孔雀明王經（漢文）						

（註83）樓按：圖版（第4冊，第140頁）分作四號，3829.1（K.K.）、3829.1V（K.K.）、3829.2（K.K.）、3829.3RV（K.K.）。

	3830.03（K.K.）大孔雀明王經（漢文）	3830.04（K.K.）大孔雀明王經（漢文）	3830.05（K.K.）大孔雀明王經（漢文）	3830.06（K.K.）大孔雀明王經（漢文）	3830.07（K.K.）大孔雀明王經（漢文）	3830.b8（K.K.）大孔雀明王經（漢文）	3830.09（K.K.）大孔雀明王經（漢文）	3830.10（K.K.）大孔雀明王經（漢文）

3831.2（K.K.）大方廣佛華嚴經普賢行願品（漢文）	3831.1（K.K.）大方廣佛華嚴經普賢行願品（漢文）〔註85〕	3830.15（K.K.）大孔雀明王經（漢文）〔註84〕	3830.14（K.K.）大孔雀明王經（漢文）	3830.13（K.K.）大孔雀明王經（漢文）	3830.12（K.K.）大孔雀明王經（漢文）	3830.11（K.K.）大孔雀明王經（漢文）

〔註84〕樓按：圖版第五冊（第141～143頁），僅刊 a1、02、03三號，餘04～15十二號未刊。

〔註85〕樓按：〈敘錄〉：「館方目錄原注 Missing」（第63頁）圖版第五冊（第144頁）刊此號。

3831.3（K.K.）妙法蓮華經觀世音菩薩普門品（漢文）		
3831.4（K.K.）妙法蓮華經化城喻品（漢文）		
3831.5（K.K.）金剛經（漢文）		
3831.6（K.K.）金剛經（漢文）〔註86〕		
3834（K.K.）金剛經無為福勝分第十一（漢文）〔註87〕		

〔註86〕樓按：〈敘錄〉載3831.1至3831.6六號。然而，圖版（第5冊，圖版（第144~145頁）標記錯誤，只標3831，且題名標記錯誤。圖版（第144頁）標3831.1、3831.2，應是3831.1、3831.2、3831.3、3831.3、3831.3：圖版（第145頁）標3831.3，應是3831.5、3831.6。

〔註87〕樓按：圖版（第5冊，第146頁）分作3834（K.K.）、3834V（K.K.）。俞樾云：「又是經本不分章，今釐為三十二分。云是梁昭明太子所定，未知然，不以意分，并妄設名目，實非善本。」《金剛經注・序》》《卍續藏經》第40冊，第444頁上）檢諸藏之《麗藏》未見分章，此號《金剛經》加「無為福勝分」可見此乃民間流通用本。

3840（K.K.）佛說三十五佛名經（漢文）〔註88〕				
3878（K.K.）廣大發願頌（漢文）〔註89〕				
3915.1（K.K.）佛經（漢文）〔註90〕				
3915.4（K.K.）佛經（漢文）〔註91〕				
3915.5（K.K.）佛經（漢文）〔註92〕				

〔註88〕樓按：此號乃《大寶積經》卷九十〈優波離會第二十四〉抽出單獨刊印，菩提流支譯本《大寶積經》作「舍利弗」，而此本作「舍利子」。另，《出三藏記集》、《法經錄》、《大周錄》、《開元錄》、《貞元錄》所載《三十五佛名經》，亦載《決定毗（毗）尼經》：《續開元錄》、《貞元錄》所載《三十五佛名經》，謂「經內題云：佛說三十五佛名禮懺文出烏波離所問同《大寶積經》卷九十〈優波離會〉與《決定毗尼經》同本。

〔註89〕樓按：經末有四句發願文「願將以此功德，迴向法界諸眾生，同見西方無量光，成就普賢廣大願。」可參見圖版第五冊（第232頁）。

〔註90〕樓按：六件。

〔註91〕樓按：五件漢文，一件西夏文。

〔註92〕樓按：六件。另，3915.1（K.K.）、3915.4（K.K.）、3915.5（K.K.）三號，每件僅存少則一字，多則亦不過五字，殘字文意難以貫通，雖見「唵」，亦無法與經文比對，無法確定為佛教文獻。

3917.3（k.k.）佛經					《一切經音義》殘片
3917.5（k.k.）佛經					《慧琳音義》卷五十八殘片
3921.2～6（K.K.）佛經（5號）					《佛說天地八陽神咒經》殘片
3921.5V（K.K.）佛經					
3921.1（k.k.）佛經·佛說天地八陽神咒經					1. 不空成就如來真言、無量壽如來真言等咒語殘片，2. 漢文殘片
3921V.1 講唱文					講唱文
3921V.2、3921V.3 佛經（註93）					講唱文

（註93）〈敘錄〉（第65頁）與圖版標識略有差異，第五冊圖版3921.4V=3921V.1；3921.5V=3921V.2、3921.6V=3921V.3。（第346~348頁）

第二節　黑水城漢文佛教文獻分類總錄

文獻分類，是以文獻的本質屬性，即文獻所體現的學科知識內容作為文獻分類的主要標準，以文獻的其他屬性特徵作為文獻分類的輔助標準。〔註94〕傳統佛教藏經以經律論三藏為主要劃分對象，又輔以著述人的國別分作西土撰述（西土賢聖）、此方撰述（此方賢聖）。傳統藏經多重視印度典籍，中土古德撰述多有失收，於教義而論，則重大輕小。《大正藏》編纂時，打破傳統佛教文獻分類的標準，然其分類法仍未盡其善，此方廣錩先生有詳述，〔註95〕此不贅述。現代佛教圖書分類法，或因佛教研究所形成的諸多新學科，如佛教文獻學、佛教倫理學等；或因佛教佛教發展中所形成的非教義類文獻，如文學、原典語言、藝術、佛教史等；或因文獻新形式的出現，如論文集、會議錄、年鑒等，凡此種種，使得現代圖書分類法其所涵蓋的內容遠勝於傳統藏經。

一、黑水城漢文佛教文獻分類類目及其品種數簡表

黑水城漢文佛教文獻，在形式上以散葉為主，多見殘卷、殘頁（片），在內容上密宗文獻遠甚於傳統漢文大藏經。部份漢文文獻亦未收錄於大藏經中，如西方淨土禮（慈覺大師集）、講唱文、究竟一乘圓通心要（通理大師集）等；密教文獻則具有多、散的特點，相當數量譯自藏文且未見傳世漢譯文本，其主要集中於密續部份，如吉祥大黑修法、吉祥持大輪寶蓮花瓶修習儀軌等。

由於黑水城漢文佛教文獻的散片化、複雜性，且存有 116 種密宗文獻，使得傳統的漢文藏經分類、佛教圖書分類法〔註96〕並不適用於此類文獻的分

〔註94〕俞君立、陳樹年主編：《文獻分類學》，武漢：武漢大學出版社，2001 年，第 23 頁。

〔註95〕方廣錩：《評〈大正新修大藏經〉》http://blog.sina.com.cn/s/blog_53c23f3901000 air.html，2013-01-08。

　　　　另，參見藍吉富：《佛教史料學》，臺北：東大圖書股份有限公司，1997 年，第 8～11 頁。

〔註96〕目前可查閱的佛教圖書分類法，如王文山《南開大學圖書館目錄‧佛教》（1925）、陳子彝《中央大學區立蘇州圖書館分類法‧佛學》（1929）、劉國鈞《中國圖書分類法‧佛教》（1929、1936）、陳鴻飛《佛教典籍分類法》（1932）、袁湧進《中國圖書分類法‧宗教部佛教分類詳表》（1946）、李世傑《佛教圖書分類法》（1962）、無名氏《佛學圖書分類法》（戒幢佛學研究所圖書館藏）、香光尼眾佛學院圖書館《佛教圖書分類法》（1996、2011）、白化文《佛教圖書分類法（改定本）》（2001）、周子榮《雲林佛教圖書分類法》（2005）、路彬等《佛教文獻分類表（修訂試用本）》（2012）。

類，故本錄在文獻分類設置上，將結合《大正藏》之部類設置、佛教圖書分類法、藏傳佛教典籍分類法之類目、類名，並適當地考慮傳統經錄的分類。又，黑水城漢文密教文獻，因筆者不諳藏文，一時無法與之比勘出處，故僅參考布頓大師《佛教史大寶藏論》之「密宗方面」、東嘎‧洛桑赤列《藏文文獻目錄學》、黃明信《北京圖書館藏文古舊圖書著錄暫行條例說明》中，〔註97〕相關密宗文獻的分類，藉此作為黑水城漢文密教文獻分類的基本依據。

又，佛教文獻既是教徒研習教義的基礎，亦是彰顯個人或群體信仰宗派傾向性的一個表徵，而黑水城漢文佛教文獻的構成情況恰恰可以從一個側面反映黑水城民眾佛教信仰的一個傾向性，當然若欲完整地呈現黑水城民眾，乃至西夏國民眾佛教信仰的特徵，則需要通過西夏文、漢文，及其他語言佛教文獻的統計分析才能夠完成，今僅擬將黑水城漢文佛教文獻各個類目的品種數量予以統計，並將統計數一併附於各類目下。又，束錫紅《西夏文獻學研究》附表9〈西夏文獻總目〉，中國藏黑水城文獻並未著錄，而俄藏、英藏黑水城文獻二家皆有失收情況，如並未將所有俄藏敦煌文獻中黑水城文獻全部著錄，著者稱：「涅槃部是禪宗佛性和頓悟的主要理論基礎，故漢文部份缺失是很奇怪的現象」，〔註98〕然而，混入俄藏敦煌文獻即有漢文《涅槃經》，Дх.9241、Дх.9225 二號皆為「大般涅槃經迦葉菩薩品殘片」（俄敦14）。

英藏黑水城文獻中，僅著錄 Or.12380 特藏中黑水城文獻，而 Or.8212 特藏中黑水城文獻均失收；另外，英俄兩國所藏黑水城文獻未定名文獻亦未著錄。

黑水城漢文佛教文獻分類類目及其品種數簡表

	顯教部—78			密教部—123
傳統藏經類目—201	經及經疏部—60	律及律疏部—4	論及論疏部—14	密典部（續部）—18 咒語部—22 修持部—81
	小乘經—20 阿含部—15 小乘經經餘部—5	小乘律—3	小乘論—2 毘曇部—2	

〔註97〕〔元〕布頓大師《佛教史大寶藏論》，郭和卿譯，北京：民族出版社，1986年，第302～435頁；東嘎‧洛桑赤列《藏文文獻目錄學》（中），陳慶紅、敖紅譯，《西藏研究》1988年第二期，第116～117頁；黃明信、謝淑婧、丹珍卓瑪《北京圖書館藏文古舊圖書著錄暫行條例說明》，《中國藏學》1988年第1期，第67～69頁。

〔註98〕《西夏文獻學研究》，南京：南京師範大學博士論文，2007年，第112頁。

	大乘經—40 　般若部—11 　法華部—3 　華嚴部—3 　寶積部—5 　涅槃部—1 　大集部（無） 大乘經餘部—9 疑偽部—8	大乘律—1		大乘論—12 釋經論—2 宗經論—3 中觀部—1 瑜伽部—2 大乘論餘部—7		
非傳統 文獻類目 —97	佛教目錄・辭書—3	佛教儀注—56	佛教宗派—20 華嚴宗—2 禪宗—17 其他—1	佛教寺院—6	佛教語文・佛教文藝—13 佛教語文—6 佛教文學—7 佛教藝術（88號）〔註99〕	佛教史傳—1	未定名佛教文獻（63號）
合計	298 種					

二、黑水城漢文佛教文獻分類目錄

凡例

1. 收錄對象

目錄涵蓋中國、英國、俄羅斯所收藏的，並已對外刊佈的黑水城漢文佛教寫本、刻本。

2. 文獻定名

（1）以寫本、刻本所存首題、尾題。

（2）以寫本、刻本的內容比定。

（3）若無前二項，則據內容所反映的佛教儀禮、宗派等，為之擬定。

（4）若殘損嚴重，殘文難以通讀，或存文所多，然內容一時難以判別佛教儀禮、宗派等，則擬題「漢文佛教文獻」。

（5）部份原定名未標明卷數、或品名，凡可與大藏經比對之文獻，又可查看圖版，現一併具名。

〔註99〕佛教藝術、未定名佛教文獻，二項種類統計不便，故僅統計號數。

（6）本目錄之文獻題名，以諸刊本之定名為主，凡經核對原卷需要重定名者，則以
　　筆者論文中文獻定名及其他研究成果予以修訂。

3. 文獻分類

（1）類目、類名設置以《大正藏》為主，然因《大正藏》是以傳統漢文佛教文獻為
　　主，藏密文獻、佛教藝術、佛教儀禮等並未設類目，故亦將參考藏文佛教文獻
　　分類、現代佛教圖書分類法及府憲展所撰《分類目錄‧佛教》補充一些類目。

（2）每一部類中，文獻參照經錄、現代佛教圖書分類法為序排列。

4. 佛教版畫

凡於題名後標記○者，乃此號為單幅作品，而非為佛經卷首畫或插圖。

5. 條目著錄內容、順序

本錄每一條目所包括內容順序依次為文獻名、圖版號（館藏號）、冊名
（序）。

（1）冊名縮略語

中國藏：中黑（《中國藏黑水城漢文文獻》）；國圖黑（《國家圖書館藏西夏文獻
中漢文文獻釋錄》）、李刊黑（李逸友《黑城出土文書（漢文文書卷）：內蒙古
額濟納旗黑城考古報告之一》）。

俄羅斯藏：俄黑（《俄藏黑水城文獻》）；俄敦（《俄藏敦煌文獻》）。

英國藏：北民大黑（北方民族大學、上海古籍出版社、英國國家圖書館編纂：
《英藏黑水城文獻》）；沙刊黑（沙知、吳芳思主編：《斯坦因第三次中亞考古
所獲漢文文獻（非佛經部分）》）；郭刊黑（郭鋒：《斯坦因第三次中亞探險所獲
甘肅新疆出土漢文文書—未經馬斯伯樂刊佈的部分》刊佈錄文之黑城文獻）、
郭錄黑（郭鋒：《大英圖書館斯坦因三探所獲甘肅新疆出土文書記注目錄（初
稿）》，《斯坦因第三次中亞探險所獲甘肅新疆出土漢文文書—未經馬斯伯樂刊
佈的部分》見於目錄之黑城文獻）；馬刊黑（馬伯樂：《斯坦因第三次中亞探險
所獲漢文文書》／Henri Maspero: Les Documents Chinois: De La Troisième
Expédition De Sir Aurel Stein En Asia Centrale）。

（2）冊名（序），按文獻所在國，即以中、俄、英為序。

（3）凡文獻同時著錄（或刊佈）兩種圖版（或目錄）以上，以「／」予以間隔。